HISTOIRE DES JARDINS DE VERSAILLES

REMERCIEMENTS

Pour cette seconde édition des *Jardins de Versailles* comme pour la première, j'adresse mes remerciements à Hubert Astier, président de l'Etablissement public de Versailles, Pierre Arizzoli-Clémentel, directeur général, Béatrix Saule, conservateur en chef au Château de Versailles, Pierre-André Lablaude, architecte en chef des Monuments historiques, Thierry Mariage, architecte des Bâtiments de France, Simone Hoog, conservateur général du Patrimoine, Jean-Baptiste Leroux, photographe, Sylvie Messinger, chef des publications de l'Etablissement public de Versailles, ainsi qu'à ses collaboratrices Florence Renouf et Rachel Coudray, et au service des Fontaines de Versailles, Marly et Saint-Cloud.

Je remercie également Aurélia Rostaing, Magnus Olausson et Linda Henriksson du Musée national de Stockholm.

Enfin, je tiens à dire ma gratitude aux personnels des bibliothèques où j'ai travaillé.

M. B.

Cette édition du texte original *Jardins de Versailles* (2001) a été revue et la bibliographie remaniée et augmentée.

MICHEL BARIDON

Histoire
des jardins
de Versailles

ACTES SUD

INTRODUCTION

En arrivant au château de Versailles, le visiteur est frappé par la largeur des trois avenues convergentes qui semblent drainer la ville entière vers la grille d'entrée. Au-delà de cette grille, il voit se profiler une ligne de bâtiments dont la masse allongée dessine un horizon de brique, d'ardoise et de pierre. La pierre ne tarde pas à venir jusqu'à lui, car dès qu'il entre dans l'enceinte du château, le pavé du roi, large et massif, l'invite à traverser la place d'Armes en montant insensiblement vers une première cour où il reçoit l'escorte des deux ailes des Ministres. Il quitte ainsi l'espace ouvert et chemine vers la statue équestre de Louis XIV et vers les deux frontons où sont gravés les mots A TOUTES LES GLOIRES DE LA FRANCE. Le voici prévenu. Il sait désormais qu'il entre dans un haut lieu du patrimoine national, un lieu qui associe le souvenir du Roi-Soleil à celui d'autres grands hommes et d'autres grands moments d'une histoire qui n'est pas close et dont il fait partie, ne serait-ce que par cette visite.

Il pénètre alors dans une deuxième cour, la cour royale, puis dans une troisième, la cour de marbre, terme de son parcours. A chacune des étapes qui le rapprochent du cœur de l'immense dispositif, l'espace se resserre graduellement autour de lui. Les bâtiments qui barraient l'horizon à son arrivée l'ont peu à peu enveloppé et se sont presque refermés sur lui. Il en occupe le centre, d'où tout rayonne. Mais la logique de son parcours l'engage à pousser plus avant pour traverser le dernier écran qui se dresse devant lui. Il s'aperçoit alors que la base de cet écran est percée en son centre par trois portes-fenêtres éclairées pour ainsi dire du dedans. En s'approchant, il découvre que cette lumière provient de trois autres portes-fenêtres qui leur correspondent sur le mur opposé d'un vestibule, et que de ce vestibule il peut voir, légèrement en contrebas, une esplanade prolongée jusqu'à l'horizon par un grand canal. Ainsi, au moment où le palais semble l'avoir enserré dans ses murs, la lumière des jardins lui parvient par le palais lui-même et cinq marches de marbre, bien visibles dans le vestibule, l'invitent à descendre vers eux en inversant la pente qu'il a gravie depuis la grille d'entrée.

S'il franchit les quelques mètres que représente la largeur du vestibule, il reçoit le choc d'un prodigieux coup de théâtre. L'espace s'ouvre, complètement, à perte de vue et jusqu'au zénith. Il comprend alors pourquoi Louis XIV commençait son célèbre texte Manière de visiter les jardins de Versailles par la phrase : "En sortant du chasteau par le vestibule de la cour de marbre, on ira sur la terrasse ; il faut s'arrester sur le haut des degrez pour considérer la situation des parterres, des pièces d'eau et les fontaines des cabinets."

Devant lui, sur la terrasse visible dans toute son étendue, brillent deux longs miroirs d'eau qui le conduisent jusqu'au haut du parterre de Latone d'où son regard peut maintenant plonger sur les bosquets, remonter le long du Grand Canal qui s'élance vers l'ouest et parcourir la ligne de collines dont les pentes légères ferment l'horizon au nord et au sud. Le contraste est total entre le monde minéral d'où il émerge et le spectacle des arbres, des bassins et des allées qui s'étend à ses pieds. Hors des murs, il se sent libre à présent de diriger ses pas où il le souhaite. S'il se retourne vers le palais, il voit une longue, très longue façade percée de centaines de fenêtres et rehaussée de colonnes dont les motifs se répondent pour mieux en souligner la continuité. Un puissant avant-corps s'avance vers lui avec, au centre de sa base, trois taches de lumière qui rappellent la présence de la cour de marbre de l'autre côté des murs. Entre la ville et lui, c'est comme si un immense rideau de scène avait été tendu pour isoler les jardins et inviter le regard à retourner vers eux.

Le visiteur se sent désormais dans un autre monde. Laissant derrière lui le palais où la disposition des bâtiments lui a bien fait comprendre qu'on approche difficilement le Saint des Saints, que trois avenues ne mènent qu'à une seule cour et que le marbre se mérite en marchant longtemps sur le pavé, il se trouve sous le charme d'un paysage où le miroitement des eaux et la blancheur des statues jettent ici et là des taches de lumière dans la verdure. Autant il a senti s'affirmer la présence de l'autorité politique à mesure qu'il avançait vers le centre du palais, autant il découvre maintenant la splendeur des lieux où elle s'exerce.

L'histoire n'oublie pas ce genre de leçon et le palais du Roi-Soleil a survécu à la chute de l'Ancien Régime qu'il avait eu pour vocation de glorifier. Il a perdu son rôle de siège du gouvernement en 1789, mais les petits enfants des Parisiens qui ont vécu la Révolution ont vu Louis-Philippe, monarque constitutionnel, lui conférer en 1837 le statut, qui est toujours le sien, de haut lieu où la nation retrouve les fastes de son histoire. A la fin des années 1870, après la sanglante répression de la Commune de Paris par le gouvernement provisoire qui siégeait à Versailles, la Troisième République a confirmé les orientations données par la monarchie de Juillet. C'est en effet dans la salle des Congrès que les deux chambres se sont réunies pendant plus d'un siècle pour procéder à l'élection du président de la République ou pour modifier la Constitution, deux moments forts de la vie de nos institutions.

Le rôle historique de Versailles est si bien reconnu qu'il dépasse largement, et depuis longtemps, les frontières de la France. Les préliminaires de paix qui consacraient l'indépendance des Etats-Unis y furent signés en janvier 1783 et la galerie des Glaces a servi de cadre à des cérémonies qui ont marqué, pour le meilleur ou pour le pire, d'autres grands moments de l'histoire de la planète. Après l'effondrement de 1870, Bismarck y a proclamé l'Empire allemand et après la victoire de 1918, les Alliés y ont signé le traité qui mettait fin à la Grande Guerre. Ils allèrent même plus loin puisqu'ils jetèrent les bases de la Société des Nations conférant à Versailles le titre enviable de palais où la coopération internationale vit fonctionner ses premières institutions. La Société des Nations n'a pas survécu à la Seconde Guerre mondiale, mais l'ONU en est la descendante et elle porte aujourd'hui les espoirs fragiles et pourtant bien vivants qui sont nés alors.

Plus de trois siècles d'histoire ont ainsi prolongé, non sans l'infléchir, la mission politique que le Roi-Soleil avait assignée au palais. Cette dimension n'échappe à personne, mais que revient-il aux jardins dans la perception que nous en avons ? Le château a pour lui sa magnifique mise en scène du pouvoir politique, une mise en scène éloquente, explicite. Mais les jardins ? Eux aussi sont vastes, eux aussi sont richement ornés, mais quelle est leur mission propre ? Sont-ils seulement un luxueux écrin de verdure ? Une extension du château dans la nature ? Ou bien une création d'un autre ordre, dotée de sa signification propre ?

Pour répondre à cette question, imaginons que les jardins disparaissent tout d'un coup, qu'ils soient rayés de la carte, non pas par une tempête qui couche des milliers d'arbres en quelques minutes, comme en décembre 1999, mais par un cataclysme qui détruirait aussi les bosquets, l'Orangerie, les bassins, les statues, en un mot, toute la structure demeurée en place depuis trois siècles. Que resterait-il de Versailles ? Le palais, réduit à ses bâtiments, serait irrémédiablement atteint dans ses forces vives. Il n'enfermerait plus dans ses murs que le fantôme d'une époque révolue et resterait seul sur sa colline comme un navire échoué que la mer aurait abandonné. C'est donc aux arbres et aux bosquets, aux nuages dont le reflet dérive sur ses pièces d'eau, à tous les souffles qui passent sur le paysage, *qu'il doit de triompher du temps en acceptant son rythme.*

Ainsi, la très longue durée est donnée à l'architecture par la vie éphémère des plantes, et les jardins eux-mêmes, qui n'en sont pas à une prouesse près, se prêtent aux jeux de trois siècles d'histoire. Ils font vivre en bon voisinage la noble ordonnance de l'âge baroque, la rusticité délicate du Hameau de la reine, et les corbeilles de fleurs que Dufour plaça dans le bosquet de l'Ile royale à l'époque romantique. Ceci leur permet de perpétuer des styles différents, des moments différents de leur histoire et de vivre à leur façon le destin du château. Les restaurer, y travailler sans cesse, c'est prolonger le grand projet politique qui les a fait naître et montrer ce qu'il est devenu au fil du temps. Ce projet politique, le visiteur le moins prévenu le découvre dans les jardins en voyant comment une immense étendue y a été conquise, reconnue, mise en forme par des hommes, et que c'est par des hommes que les jardins gardent leur forme et renaissent sans cesse. Et qu'est-ce que la politique, au meilleur sens du terme, sinon le sens que l'on donne au travail d'une société tout entière ?

On ne force pas les enseignements de l'histoire en disant que le palais et les jardins de Versailles sont nés d'une vision nouvelle et triomphale des forces de l'Etat et que cette vision est toujours la nôtre, même si l'évolution du monde nous porte à l'élargir pour embrasser un horizon international. L'échelle des faits politiques, les contraintes qu'ils nous imposent en nous dépassant, tout cela nous le vivons et nous l'acceptons quand nous voyons, du haut de la terrasse de Versailles, l'immense mise en ordre de la nature par l'intelligence de l'homme.

L'ÉTAT, LE ROI ET LES JARDINS

La France classique, telle que la monarchie l'a voulu définir, c'est à Versailles, au château même peut-on dire, qu'il faut la saisir[1].

ROBERT MANDROU

LA MONARCHIE ET LES JARDINS AVANT LOUIS XIV

Quand Louis XIV décida en 1677 de transporter le siège du gouvernement hors de Paris et dans le château qu'il avait créé, il couronna un dessein clairement énoncé seize ans auparavant en prenant le pouvoir après la mort de Mazarin. Il avait alors senti, en bon tacticien, que le moment était venu de franchir une sorte de Rubicon politique et de faire de la personne du roi non plus seulement le symbole de l'autorité monarchique, mais l'agent actif de son exercice. Aussitôt libre de ses gestes, il s'était intéressé à Versailles, et il faut croire que la création des jardins l'y attirait particulièrement puisqu'il leur a toujours donné priorité sur les bâtiments, y poussant les travaux au point d'achever leur structure alors que le palais était loin d'avoir celle que nous lui connaissons.

Quitter le Louvre, installer la cour et tous les services administratifs d'une monarchie puissante et très centralisée à plus de cinq lieues de Paris dans une capitale neuve, c'était une véritable révolution qui donnait un cadre définitif au nouvel ordre politique. Le goût du roi pour ses jardins y fut pour beaucoup, et comme l'histoire n'a jamais vu aboutir un grand projet sans qu'un concours de circonstances vienne servir les vues d'une personnalité hors du commun, il faut montrer, d'une part, ce que les jardins de Versailles doivent à une tradition inscrite dans l'histoire de la monarchie française et, d'autre part, ce qu'ils doivent aux initiatives d'un jeune roi à qui tout souriait dans les vingt premières années de son règne.

Dans la longue durée, deux facteurs semblent prééminents : la conception que se sont faite de leur fonction les Valois, puis les Bourbons, et l'entrée des Médicis dans la famille royale.

LES VALOIS, CATHERINE DE MÉDICIS ET LES JARDINS

Machiavel remarquait au début du XVIe siècle que la France avait pour elle la force d'une centralisation efficace. Il écrivait dans son *Rapport sur les choses de France* : "Il y a une autre raison, très forte, de la grandeur du roi : le Royaume se trouvait autrefois partagé entre de puissants barons qui n'hésitaient pas à s'engager contre leur suzerain, comme firent les ducs de Guyenne et de Bourbon ; ils sont tous aujourd'hui parfaitement soumis à son autorité qui s'en est trouvée renforcée[2]."

Il aurait pu ajouter que les rois de France savaient donner une image éloquente de cette centralisation, et que leurs rapports avec l'Italie leur servaient à la construire. C'est bien de construction qu'il s'agit. Il suffit, pour le comprendre, de considérer les dépenses qu'ils firent pour leurs palais et leurs jardins. Le rôle de François Ier fut à cet égard déterminant. Ce roi qui porta le budget de sa maison de 200 000 à plus de 1 million de livres en un quart de siècle fut aussi celui qui fit de Fontainebleau une résidence de chasse et de travail. Il sut également s'entourer d'une cour qui grandit rapidement en nombre et en fastes[3], fastes auxquels les jardins, considérés comme les plus beaux de France, ne contribuaient pas peu. "Tout ce que le roi pouvait recouvrer d'excellent", disait Androuet du Cerceau, "c'était pour Fontainebleau." C'est à Fontainebleau que le cardinal Jean Du Bellay lui présenta Hippolyte d'Este auquel il était apparenté par sa femme. Entre ces deux hommes, jeunes mais déjà puissants et ouverts à tous les projets de la pensée humaniste en matière de littérature, d'architecture et de jardins, l'entente fut immédiate.

François Iᵉʳ mourut avant que la villa d'Este ne devienne l'un des grands jardins du monde, mais les conversations qu'il put avoir avec son créateur sont certainement pour quelque chose dans l'embellissement de Fontainebleau. Il y accueillit le Primatice, Vignole et Serlio comme il avait accueilli Léonard à Amboise, et il poursuivit l'œuvre de Charles VIII en transformant le jardin français grâce au modèle italien désormais reconnu comme un art à part entière depuis la publication du *Songe de Poliphile* et de la version imprimée du *De re œdificatoria* d'Alberti.

Le monde des jardins italiens entra donc à Fontainebleau avec ses galeries, sa grotte, sa galerie d'art, ses fresques et son nouvel art de vivre, ceci juste au moment où la monarchie affermissait sa puissance en mettant en place les rouages de l'Etat moderne. Jouant pleinement de l'éclat que la Renaissance donnait à la personne royale, notamment par le mécénat, François Iᵉʳ n'en maintenait pas moins l'image d'un monarque chasseur, habile aux exercices physiques et guerriers quand l'occasion s'en présentait. Le premier gentilhomme du royaume portait les armes, et il s'en servait, que ce fût pour contenir la maison d'Autriche, pour s'ouvrir le chemin de l'Italie, ou, presque quotidiennement, contre les animaux qui peuplaient ses parcs. La dépense physique et les plaisirs de la chasse faisaient partie du métier de prince. A Fontainebleau comme plus tard à Versailles, le parc en était le cadre tout tracé et il grandit comme les jardins, comme la maison du roi, déjà quatre fois plus nombreuse sous Charles VIII que sous Louis XI, et qui doubla au cours de la première moitié du XVIᵉ siècle.

A la mort de François Iᵉʳ, Henri II lui succéda et l'influence de sa femme Catherine de Médicis se fit aussitôt sentir à la cour de France. François Iᵉʳ avait organisé ce mariage afin d'unir la famille royale à une illustre lignée de manufacturiers et de banquiers qui avait donné deux papes à la chrétienté, et dont les liens avec les artistes et les humanistes de Florence étaient aussi connus que leur puissance économique. Catherine était la petite-fille de Laurent le Magnifique, lui-même petit-fils de Cosme l'Ancien qui avait transformé sa villa de Fiesole en un centre intellectuel de tout premier plan. Cet exemple fut suivi par ses descendants, qui firent de leurs jardins des lieux d'élection où ils se mêlaient aux intellectuels et aux artistes, et conduisaient une politique culturelle qui ne nuisait ni à leurs affaires ni à leur rôle dans la cité[4].

Les Médicis étaient assez puissants pour se poser en gouverneurs de Florence et ils le montrèrent bien quand, plus tard, ils se constituèrent en dynastie. Ils concevaient leurs jardins comme une illustration de ce rôle historique, une image vivante du bon gouvernement de la ville et de la province. Ils se plaçaient ainsi dans une tradition illustrée par Pierre de Crescens et par les fresques peintes par Lorenzetti pour le Palazzo comunale de la ville rivale, Sienne. En présentant le contraste entre le bon et le mauvais gouvernement par le simple aspect de la campagne, ces fresques avaient établi un rapport direct entre la nature et la politique. Les Médicis retinrent la leçon et se posèrent en gouvernants assez puissants pour en faire profiter Florence. Leurs jardins leur tenaient tant à cœur qu'ils les firent peindre dans la dernière décennie du XVIe siècle par le Hollandais Juste Utens dont les "lunettes" sont aujourd'hui bien connues.

Valori écrivait à ce propos : "Laurent le Magnifique, sachant combien l'agriculture est utile, plaisante et non indigne d'un prince, s'intéressa au-delà de toute mesure à de tels revenus et gains ; dans la campagne de Pise, il fit aménager une très agréable propriété, asséchant des marais et des lieux humides, ce qui fut d'une grande utilité pour les voisins et qui le serait encore plus aujourd'hui si cette œuvre avait survécu. De même, dans la campagne de Volterra, il fit si bien cultiver cette terre boisée et stérile qu'elle devint très profitable pour lui-même et pour tous les habitants[5]."

Ainsi, par tradition familiale, Catherine de Médicis connaissait l'importance des jardins comme image idéale de l'Etat, et comme elle donna trois rois à la France,

16

on ne peut s'empêcher de penser que Louis XIV a renoué avec cette tradition en faisant naître des splendeurs sur le sol ingrat de Versailles. Au XVIᵉ siècle, les Valois possédaient en Ile-de-France les jardins des Tuileries, des Tournelles, de Vincennes, de Madrid dans l'actuel bois de Boulogne, de Saint-Germain et de Fontainebleau. Catherine de Médicis ne manqua pas une occasion de leur associer son nom. De plus, elle avait son propre jardin à Chenonceau où elle vécut souvent après que Diane de Poitiers eut quitté le château. Elle y aménagea des cascades et y fit élever une volière pour ses oiseaux exotiques tout en rendant le domaine rentable par l'élevage de vers à soie[6]. Elle y organisa des fêtes en l'honneur de François II et de Marie Stuart en 1560[7], fêtes au cours desquelles on put voir des arcs de triomphe et des obélisques, des berceaux, des petits théâtres de verdure, et même un oratoire construit dans une clairière dont le silence invitait à la méditation.

En 1563, Chenonceau fut le cadre de nouvelles fêtes pour célébrer la défaite des huguenots à La Charité-sur-Loire. On y représentait des pastorales comme l'*Aminta* du Tasse ou *Il Pastor fido* de Guarini, également jouée à Fontainebleau en 1564. Avec un sens tout louis-quatorzien du spectacle, elle écrivait à Henri III quelques années plus tard : "J'ai ouï dire du roi votre grand-père qu'il fallait deux choses pour vivre en repos avec les Français et qu'ils aimassent leur roi : les tenir joyeux et occupés en quelque exercice[8]."

Quand elle était à Paris, elle aimait particulièrement se rendre dans les jardins que Charles V avait créés dans l'actuel quartier du Marais. Elle avait acheté à côté du Louvre un terrain alors appelé "Thuileries", sans doute en raison de l'argile que l'on y trouvait. Elle se lança alors dans des constructions, aménagea le Grand Jardin et s'assura pour ces travaux la collaboration d'Antoine de Gondi. Alfred Marie[9] a décrit le rôle important joué par ce banquier florentin et ses descendants dans l'histoire des jardins de la famille royale puisque Saint-Cloud fut acheté à Jean-François de Gondi, son petit-fils, par Monsieur, frère du roi, et que ce même Jean-François de Gondi vendit à Louis XIII la seigneurie de Versailles et les terres qui l'entouraient. Aux Tuileries, Catherine de Médicis employa des hommes qui ont marqué l'histoire du jardin français. Bernard Palissy semble bien y avoir construit pour elle une grotte dont le devis et la description sont conservés et dont des restes ont peut-être été retrouvés[10]. Un ambassadeur vénitien admirait fort ces jardins où, disait-il, "les arbres et les plantes sont distribués dans un ordre admirable, où l'on y trouve non seulement des labyrinthes, des bosquets, des ruisseaux, des fontaines, mais où l'on voit reproduits les saisons de l'année et les signes du zodiaque, ce qui est une chose merveilleuse[11]".

C'est là que la monarchie associa les jardins à de grands événements politiques quand fut donnée la fête de 1564 pour célébrer la réconciliation entre protestants et catholiques et faire de l'assassinat du duc de Guise une occasion de se réjouir. On vit alors des sirènes nager dans les canaux du jardin et faire leur compliment au roi, tandis que Neptune leur tenait compagnie sur un char tiré par quatre chevaux. Les Tuileries furent utilisées aux mêmes fins quand des envoyés venus de Varsovie vinrent offrir au duc d'Anjou, le futur Henri III, la couronne de Pologne. Installées sur un grand rocher pour représenter les provinces de France, seize dames d'honneur de Catherine de Médicis en descendirent pour réciter des poèmes composés par Ronsard à la gloire de la France et de la Pologne.

C'est ainsi que les jardins furent directement associés à la vie politique du royaume, initiative que Louis XIV imita un siècle plus tard avec l'éclat que l'on sait. Ces fêtes, remarque Kenneth Woodbridge[12], annoncent celles de *L'Île enchantée*. On peut ajouter qu'elles préfigurent davantage encore celles qui célébrèrent la fin de la guerre de Dévolution en 1668 et la conquête de la Franche-Comté en 1674. Pour le mariage de l'un de ses mignons, le vicomte de Joyeuse, Henri III donna des fêtes dont on parla longtemps. "Le jardin fut converti en une grande lice où le roi prit part à une joute de quatorze blancs contre quatorze jaunes à huit heures du soir, aux torches et aux flambeaux." Au cours du ballet que la reine mère fit représenter à cette occasion dans la grande salle de l'hôtel de Bourbon, les jardins refirent une apparition : "Des bocages, illustrés de lampes d'or en forme de navires, des grottes, un jardin artificiel planté d'arbustes exotiques, au fond duquel on apercevait la silhouette d'une ville et de ses clochers, des nuées pleines d'étoiles, se dressaient sur divers points de la vaste salle[13]."

On créait ainsi une évocation nocturne des jardins où il arrivait souvent que l'on dresse des architectures éphémères. On érigeait alors des sortes d'Olympe ou de Parnasse sur les bancs desquels prenaient place non point les neuf muses classiques mais les person- nifications mythologiques de toutes les provinces françaises. Ce Parnasse ou cet Olympe en charpente recouverte de drap d'or et d'argent étaient mobiles et on les promenait le long des grandes allées du jardin. A ces montagnes ambulantes s'adossait une scène de verdure, sorte de théâtre de plein air, où toute la cour prenait place pour assister à la représentation de ballets. Ce goût du féérique dans un cadre naturel est l'une des caractéristiques des nombreuses fêtes de la Renais- sance[14].

LES BOURBONS ET LES JARDINS

Avec Henri IV, roi jardinier qui fit aussi beaucoup pour Fontainebleau[15], les Tuileries changèrent d'aspect. Dans les jardins qui avaient beaucoup souffert de la guerre contre la Ligue, le roi se mit aussitôt au travail et il mena rondement un programme de rénovation confié à Pierre, puis à Jean Le Nôtre ainsi qu'à André Tarquin, Claude Mollet et Guillaume Moisy. Il remania le Grand Jardin de Catherine de Médicis et créa le Jar- din neuf entre les Tuileries et le canal qui les séparait des autres bâtiments du Louvre. Après le rude hiver de 1609 qui fit geler les cyprès des bordures, il approuva leur remplacement par des buis, jusque-là jugés trop malodorants, mais qui avaient l'avantage de mieux résister aux rigueurs du climat. Mais c'est surtout par la terrasse dite des Feuillants sur le côté nord du Louvre, le long de l'actuelle rue de Rivoli, qu'il attacha son nom aux Tuileries. Il y fit planter une double rangée de mûriers blancs fournis par Olivier de Serres, et l'on construisit même une magnanerie à l'ouest des jardins, qui devinrent ainsi une illustration des thèses du célèbre agronome et de Sully sur le bon gouvernement de la France par la gestion mesurée de son agriculture. C'était la modernisation d'un vieux thème iconographique, la France jardin des lys, thème qui servait à indiquer dans les entrées royales que le pouvoir du roi fertilisait le territoire qu'il avait sous son autorité[16].

Ce fait n'a pas échappé à Claude Mollet, l'auteur du *Théâtre des plans et jardinages*. Dans la première préface de ce livre, il a décrit le roi se promenant comme il le faisait souvent dans des jardins où il se sentait chez lui et libre de se laisser aller aux manières familières qu'il tenait de sa vie de soldat : "Ces parolles me font souvenir des instructions de ce grand Monarque LE FEU ROY HENRY LE GRAND lequel prenant son plaisir sur sa haute Allée du grand Jardin des Tuilleries comme je faisais planter les Meuriers qui y sont encores à présent recognoissant que Je me rendais soingneux et dilligent tenant Monseigneur le Duc d'Espernon en s'appuyant sur luy du costé de la main droicte et sur moy du costé de la gauche en se promenant me disait ces mots LA PRÉVOYANCE rend l'homme opulent, et la négligence le rend misérable, cest dont ce à quoy il faut que le jardinier prenne garde CAR TANT VAUT L'HOMME TANT VAULT LA TERRE."

Ce fut l'époque où l'idée commença à se répandre, bien au-delà des milieux restreints de la haute administration, que la vie d'un grand royaume dépendait de facteurs économiques. Sully en était très conscient. A Henrichemont, dans le Berry, il fit construire une ville carrée d'environ 500 mètres de côté pour faire l'éloge d'Henri IV et le sien propre. Il donna les noms de la reine et des trois enfants du roi aux quatre rues perpendiculaires qui reliaient la place centrale aux portes et fit apposer sur les remparts une inscription où il s'attribuait le mérite d'avoir "fait prospérer les affaires, banni la nécessité, rétabli l'ordre des lois et l'abondance[17]". Ses efforts pour faire reconnaître l'importance des grandes sources de richesse du pays s'accompagnèrent d'un essor de la pensée économique qui fit considérer un Etat comme une communauté dont tous les membres étaient en quelque sorte liés par l'intérêt national. Montchrestien, en même temps qu'il créa le terme d'*économie politique* puisque tel est le titre qu'il donna à son traité, fit reconnaître les frontières comme les limites poreuses par lesquelles les entités politiques faisaient circuler les richesses dont elles étaient productrices et comptables. Rien ne pouvait pousser davantage à la centralisation politique que l'idée que les frontières formaient une sorte de réceptacle de la richesse économique d'un royaume. De cette idée procédait toute la doctrine mercantiliste qui évaluait la richesse d'un pays par sa possibilité de s'enrichir aux dépens de ses voisins et qui misait pour y parvenir sur l'amélioration du réseau routier, des canaux et des circuits bancaires. Selon Montchrestien, "ce n'est point l'abondance d'or et d'argent, la quantité de perles et de diamants qui fait les Etats riches et opulents ; c'est l'accommodement des choses nécessaires à la vie et propres aux vêtements[18]".

C'était déjà le programme de Colbert. C'était aussi celui d'Olivier de Serres dont le *Théâtre d'agriculture et mesnage des champs* portait une dédicace à Henri IV, dédicace où il donnait un ton nouveau au rapport entre les jardins et la monarchie. Selon lui, l'agriculture ramenait dans le royaume l'abondance et la paix "que les guerres civiles lui avaient ravies[19]". Ce propos était illustré par un frontispice où la figure du roi trônait au milieu d'un jardin entouré de figures représentant la justice, la paix et l'abondance. On reconnaît

Frontispice du *Théâtre d'agriculture et mesnage des champs*
d'Olivier de Serres, éd. de 1615, Bibliothèque municipale, Dijon

La gravure représente un arc de triomphe élevé en l'honneur de la sécurité publique. Sur la terrasse qui le couronne et qui dessine une quadrature précise, un jardin sert d'emblème à la politique de Sully. Au centre, le roi, tenant son sceptre, entre la Justice et l'Abondance. Un jardinier s'affaire au premier plan. Le royaume est mis en valeur, comme un jardin, par une administration judicieuse et par le travail de tous.

dans tout ceci certaines des thèses en vogue dans les milieux huguenots. Ces milieux, qui avaient fait l'éducation d'Henri IV, ont beaucoup compté dans l'histoire du jardin français au XVIe siècle[20] parce qu'ils mettaient l'accent sur la nécessité de rendre la nature à la fois belle et profitable, ce qui est la définition même de l'art des jardins.

Henri IV ne se contenta pas de faire des Tuileries une image du bon gouvernement de la France au centre de sa capitale. Il se lança dans la construction de grands jardins aujourd'hui disparus à Saint-Germain-en-Laye. Ces jardins, conçus par Dupérac, le maître de Claude Mollet, descendaient par paliers successifs du niveau de la terrasse actuelle à celui de la Seine. Ils comportaient des grottes décorées de rocaille dans lesquelles jouaient des machines dont on peut se faire une idée par les illustrations du livre de Salomon de Caus, *Les Raisons des forces mouvantes*. La dénivellation considérable permettait d'obtenir assez de pression d'eau pour faire mouvoir des automates. On pouvait voir ainsi Persée venir au secours d'Andromède et pourfendre un dragon dont le sang giclait avec une abondance prévisible. Louis XIII enfant venait souvent à Saint-Germain. Louis XIV y est né. Autant d'indications que la cour y trouvait un lieu d'épanouissement qui lui manquait à Paris en dépit des travaux que Marie

22

Les Jardins de Saint-Germain, 1614,
d'après Alexandre Francine,
Kungliga Biblioteket, Stockholm

Sans doute le plus beau jardin Renaissance en France au temps d'Henri IV et de Louis XIII.
La structure en terrasses favorise la création de grottes et souligne la succession des quadra-
tures qui s'étagent depuis le niveau de la Seine jusqu'au sommet de la colline où s'élève le
château.

de Médicis y entreprit dès qu'elle fut en charge des affaires du royaume à la mort d'Henri IV.

Marie de Médicis, la seconde reine de France issue de l'illustre famille florentine, avait épousé Henri IV après la répudiation de Marguerite de Valois. Petite-fille de Cosme Ier, elle avait pour oncle Ferdinand de Médicis qui avait aidé le futur roi de France dans sa lutte contre la Ligue et qui s'entremit auprès du pape pour faciliter sa réadmission au sein de l'Eglise catholique. C'est ainsi que la France eut une reine qui avait vécu à Castello, au palais Pitti, et dans les jardins Boboli, et Henri IV, qui connaissait ses goûts et qui ne manquait pas d'esprit de famille, l'installa à Montceaux, en Brie, dans un château qu'il avait racheté aux créanciers de Catherine de Médicis pour y loger Gabrielle d'Estrées, opportunément disparue.

Une fois devenue régente, Marie de Médicis, fidèle à la tradition de sa famille et à celle de la monarchie française, entreprit de doter la capitale d'un palais et d'un jardin auquel elle souhaitait donner le rôle et le style du palais Pitti. Avec Salomon de Brosse pour architecte, Boyceau comme jardinier et les Francine comme fontainiers, elle ne pouvait pas commettre d'erreurs, et de fait, le Luxembourg est apparu dès sa création comme l'un des joyaux de Paris. Dominé par le majestueux ensemble du palais qui lui donnait son nom, le jardin impressionnait par ses ressources en eau, par son parterre de broderie et par sa grotte. L'eau était amenée d'Arcueil par un monumental aqueduc, œuvre des Francine, qui préfigurait l'aqueduc de Maintenon par lequel Louis XIV chercha à capter les eaux de l'Eure pour les fontaines de Versailles ; le parterre de broderie était l'œuvre de Boyceau, le plus rigoureux théoricien du jardin baroque, qui dessina pour Louis XIII le parterre de la terrasse de Versailles demeuré en place jusqu'au creusement du premier parterre d'eau ; la grotte, peut-être l'œuvre d'Alexandre Francine, fermait l'axe transversal qui se terminait rue d'Enfer et formait une sorte de majestueux écran portant les effigies de la Seine et du Rhône. Ici encore on pense à

Versailles avec ses statues de fleuves le long des miroirs d'eau et surtout avec sa grotte de Téthys, détruite en 1684 pour faire place à l'aile nord du château.

En matière de jardins, Louis XIII n'avait pas d'aussi grandes ambitions que ses parents, mais son ministre en eut pour lui et il attacha son nom à la création du château de Richelieu, du Palais-Royal et de Rueil qui n'ont de commun que le style. Les jardins du Palais-Royal, ou Palais-Cardinal comme on l'appelait alors, pouvaient rivaliser en étendue avec les Tuileries et avec le Luxembourg. C'est assez dire que Richelieu entendait faire reconnaître son rôle politique en se logeant près du Louvre pour être à deux pas du cœur politique du royaume. Rueil lui servait de villégiature quand la cour était à Saint-Germain. Tous les visiteurs de Rueil ont témoigné de l'étendue des jardins. Les machines qui s'y trouvaient leur valaient un beau succès de curiosité. Certains jets d'eau recherchaient des effets comiques assez lestes. On sent se manifester ici l'influence du maniérisme italien, encore plus présente dans l'entrée de la grotte qui figurait une énorme bouche ouverte assez comparable à celle de l'Enfer de Bomarzo. L'ensemble était de fort belle taille puisque l'allée centrale atteignait 800 mètres de long avec une cascade à l'italienne, une orangerie et des bassins ornés de statues mythologiques dont certaines avaient été achetées à Florence.

UNE ANTICIPATION DE VERSAILLES :
RICHELIEU, LE CHÂTEAU ET LA VILLE MODÈLE

C'est encore la présence culturelle de l'Italie qui se manifestait dans le château et dans les jardins aujourd'hui disparus que Richelieu a créés en Poitou, dans son pays natal. L'ensemble était de grande taille, et Lemercier avait eu quelques difficultés à dessiner le château parce que Richelieu, comme plus tard Louis XIV à Versailles, tenait à conserver le corps de bâtiment élevé par son père[21]. Cinq larges allées convergeaient

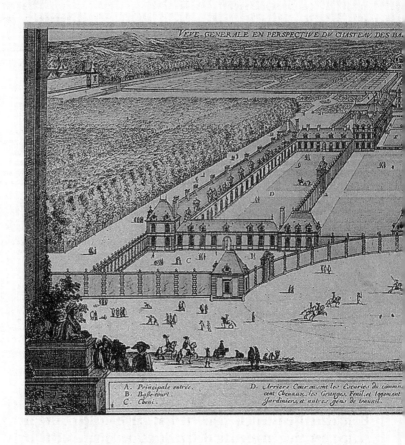

A. *Principale entrée.*
B. *Basse-court.*
C. *Cheni.*

D. *Arriere Cour ou sont les Escuries du commu*
cent chevaux, les Granges, Fenil et logement
Jardiniers et autres gens de trauail.

vers un cercle de 100 mètres de diamètre par où l'on pénétrait dans une première avant-cour longue de 140 mètres, puis dans une seconde plus étroite (124 mètres de long sur 112 de large) et enfin, dans la cour du château (70 mètres sur 60), à laquelle on accédait en passant sous un portique qui joignait les deux ailes du bâtiment principal. Du château, on dominait des parterres qui longeaient l'axe principal et se terminaient en formant un demi-cercle de même diamètre que celui de l'entrée. D'autres parterres, beaucoup plus vastes, s'allongeaient à la perpendiculaire jusqu'à la ville toute proche dont l'axe central arrivait précisément

Richelieu : la ville et le château,
Bibliothèque nationale de France,
Cabinet des estampes, Paris

Le château est au centre de la gravure. On distingue le coin de l'enceinte de la ville à gauche. Dans cette audacieuse préfiguration de Versailles, Richelieu associe de grands jardins aujourd'hui disparus à une capitale administrative construite de toutes pièces et qui existe encore.

devant la cour du château. Cet ensemble impressionnant était abondamment décoré de statues représentant des personnages de l'ancienne Rome presque tous liés à l'histoire de l'Empire.

Richelieu avait toujours aimé la statuaire romaine. Dès 1623, il envoyait son intendant en Italie afin qu'il y achetât des statues anciennes en marbre[22], et nombre d'entre elles trouvèrent le chemin de son château du Poitou sur la terre de ses ancêtres. A propos de sa collection qui rivalisait avec celle du comte d'Arundel en Angleterre, Louis Batiffol écrit : "Au château de Richelieu nous trouvons cent quatre-vingt-quatorze

27

sculptures, bustes et statues, dont une centaine de statues presque toutes antiques sauf une douzaine. Il y en a partout : dans les intérieurs, sur les façades du château où les statues alternent avec les bustes, dans les parterres, ici montées sur des piédestaux[23]." Hercule et Mars veillaient sur l'entrée des lieux. Les deux esclaves que Michel-Ange avait destinés à la tombe de Jules II ornaient le corps de logis, au niveau du balcon de l'étage noble. Mais la tonalité nettement politique de l'ensemble provenait surtout des nombreux bustes et statues d'empereurs romains. On les trouvait sur le parterre dit "des Romains" où Albinus et Pertinax figuraient aux côtés de Vénus et de Bacchus. On les retrouvait dans des niches qui bordaient le parterre de la Demi-Lune où Marc-Aurèle côtoyait Julien l'Apostat, où Vitellius voisinait avec Brutus, Mars et un hermaphrodite. A l'entrée du château, les piliers de la grille d'entrée étaient ornés des effigies d'Auguste, de Claude, d'Othon, de Titus et de Drusus.

La dimension politique était d'autant plus évidente qu'une ville modèle jouxtait le domaine du cardinal, ville modèle édifiée sur les plans de Lemercier selon une disposition rectangulaire parfaitement géométrique. Qu'envisageait Richelieu quand il fit construire ce château vraiment princier dont le secrétaire d'Etat Bouthillier disait en 1635 : "C'est la plus belle grande maison qui soit dans l'Europe, je n'en excepte que Fontainebleau[24] " ?

Nul ne le sait puisqu'il ne lui restait que trois ans à vivre quand l'ensemble fut achevé. La ville qu'il avait fait construire et qui porte toujours son nom ne fut jamais peuplée par les "officiers" qu'il songeait peut-être à y loger. Mais même si le Poitou est loin de Paris, même si Richelieu n'a pas vraiment dirigé la France depuis son château, un parallèle avec Versailles s'impose ici, car l'idée de construire une ville destinée à devenir le satellite d'un lieu de pouvoir, cette idée-là a trouvé à Richelieu une première réalisation complète. La ville devait en effet avoir une fonction commerciale qu'encourageaient des exemptions fiscales, mais elle devait être aussi le centre administratif du duché avec un palais de justice, une académie, une imprimerie et une maison de la mission et de l'ordre des sœurs de Saint-Vincent-de-Paul, ordre qui n'était représenté qu'à Paris et à Saint-Germain, deux résidences royales. Philippe Boudon remarque à ce propos que, par une intention centralisatrice évidente, le cardinal avait réuni dans le siège principal du duché "les institutions économiques, juridiques et culturelles autrefois dispersées", constituant un "aspect miniaturisé des lignes de sa politique nationale[25]". Visiblement, il souhaitait faire de la capitale de son duché une image de ce que pourrait être la capitale administrative du royaume.

Après sa mort, aucun projet aussi ambitieux ne vit le jour avant celui de Louis XIV. Si Mazarin a construit dans Paris des bâtiments aussi célèbres que le collège des Quatre-Nations (aujourd'hui l'Institut de France) et la Salpêtrière, il a préféré les peintures, les objets d'art, les bijoux et les livres aux jardins et aux palais. Son rapport direct avec Versailles, c'est sans doute dans la morale politique de Louis XIV qu'il faut le chercher. Diplomate dont l'habileté a été reconnue par ses adversaires comme par ses amis, homme de pouvoir né pour gouverner par la division et l'insinuation aussi bien que par l'étalage de la force et par l'intelligence politique, il a certainement été un précepteur capable d'impressionner un jeune homme impatient de régner. Louis XIV n'oublia jamais les manœuvres du ministre pour conjurer les périls de la Fronde. Il n'oublia pas non plus les triomphes qu'il connut au moment de la signature du traité de Pyrénées – "l'Eminentissime est vraiment tel et aussi puissant que Dieu le Père au commencement du monde", disait Guy Patin – et l'exemple qu'il lui donna dans le choix de ses hommes de confiance. Colbert le prouve puisque, avant d'être promu aux responsabilités qui furent les siennes jusqu'à sa mort, il avait géré la fortune acquise par Mazarin pendant les vingt ans où celui-ci fit partie du haut personnel politique de la monarchie française. Ces leçons de conduite générale des affaires profitèrent au jeune

Louis XIV et le persuadèrent qu'il pouvait égaler son maître et devenir, après sa mort, son propre ministre. Il héritait d'une longue tradition qu'il allait pouvoir perpétuer par ses moyens propres afin de donner forme à sa conception de l'Etat.

LA NATURE ET LA GLOIRE DU ROI

"LA FACE DU THÉÂTRE CHANGE"

Tous les politiques savent qu'ils pratiquent un art du possible où une situation ne s'apprécie qu'en anticipant sur ce qu'elle deviendra. A la mort de Mazarin, Louis XIV avait déjà appris tout cela. Il avait vu comment, à force de flair et de patience, son mentor avait retourné l'opinion, ramenant à Paris la reine et ses deux fils sous les acclamations de ceux qui les en avaient chassés deux ans plus tôt. Il avait vu aussi que ce retournement de situation n'aurait pas été possible si, dans le profond du corps social, l'aspiration à la paix et au développement économique n'avait pas renforcé le pouvoir monarchique.

Une fois Mazarin disparu, les circonstances étaient favorables pour pousser plus loin dans ce sens. Le pouvoir des grands, frappé par Richelieu, affronté à ses contradictions par Mazarin, ne pouvait plus gêner la centralisation nécessaire à la production des richesses et à leur circulation. Un roi, un jeune roi, pouvait bien apparaître comme un sauveur après ces trente-sept ans où deux cardinaux s'étaient succédé à la direction des affaires, endossant l'impopularité de leurs réformes de structure sans que ce désintéressement apparent affecte l'accroissement prodigieux de leur fortune personnelle.

Louis XIV savait ce qu'il leur devait, et puisque les rouages d'un gouvernement centralisé étaient en place,

31

il entendait leur donner un nouvel élan. Son instinct lui disait que la masse anonyme du corps social s'en remettait à sa jeunesse, à son autorité naturelle, à son sens du paraître pour rendre à la fonction royale le prestige qu'elle avait perdu depuis la mort d'Henri IV. Le 10 mars 1661, il annonça au conseil élargi : "La face du théâtre change. Dans le gouvernement de mon Etat, dans la régie de mes finances et dans les négociations au-dehors, j'aurai d'autres principes que ceux de feu M. le cardinal. Vous savez mes volontés, c'est à vous maintenant, messieurs, de les exécuter[26]."

La "face du théâtre" changeait en effet. Le roi frappa deux grands coups : le premier fut la transformation du Conseil d'en-Haut en un comité de décideurs, le second fut l'arrestation de Fouquet qui apporterait à ce Conseil un nouveau style.

Quand il se trouvait "en son Conseil", le roi était jusqu'alors entouré par les hommes les plus titrés du royaume. Pour que l'efficacité l'emporte, il fallait alléger ce pompeux appareil. Seuls restèrent au Conseil le surintendant Fouquet, encore là pour quelques mois, Le Tellier, secrétaire d'Etat à la Guerre, et de Lionne, chargé des Affaires étrangères. De ce premier coup de force résultaient des obligations que le jeune roi accepta aussitôt. Quand il écrivit ou fit écrire ses *Mémoires*[27] pour l'instruction du Dauphin dans la première décennie de son règne, il expliqua comment il s'était donné une formation politique alors qu'il était encore dans l'ombre du cardinal, tout heureux quand il voyait "des gens habiles et consommés" proposer des solutions qu'il avait découvertes "en secret et sans confident". C'est par ce moyen qu'il avait commencé à jeter sur l'Etat "non pas des yeux indifférents mais des yeux de maître[28]".

Or on n'est le maître que si l'on a en main les ressources de sa politique. Il fallait donc faire un second pas et frapper cette fois le grand argentier.

Les rois avaient jusque-là vécu en considérant le surintendant des Finances comme leur banquier. Or, ce n'était pas d'un banquier que Louis XIV avait besoin,

Louis XIV, roi de France (1638-1715),
attribué à Charles Le Brun,
musée du Château de Versailles

Le roi au début de son règne, à l'époque où les jardins prenaient forme.

mais d'un expert-comptable. Ce rôle, Colbert l'avait joué auprès de Mazarin et il était prêt à mettre sa grande compétence au service du nouveau maître des affaires. Il fallait donc se débarrasser de Fouquet devenu d'autant plus gênant que les splendeurs de son château de Vaux-le-Vicomte éclipsaient celles du domaine royal de Fontainebleau qui en était tout proche. Ce fut bientôt chose faite, et le jour même où d'Artagnan arrêta le surintendant, Louis XIV écrivit de Nantes à sa mère pour lui "mander le détail de cette affaire", tout fier d'avoir trompé le surintendant en lui faisant croire qu'il cherchait des papiers alors qu'il guettait l'arrivée de d'Artagnan dans la cour, et tout fier aussi d'avoir annoncé qu'il entendait désormais travailler lui-même aux Finances. C'était, disait-il, "le vrai moyen de me mettre dans l'abondance et de soulager mon peuple".

Aussitôt après, il signa à Fontainebleau un édit par lequel il se réservait la signature de toutes les ordonnances concernant les dépenses comptables et nommait membre du Conseil l'intendant des Finances désormais chargé de tenir les comptes et de n'en donner communication à personne "sans ordre exprès de Sa Majesté[29]". Colbert devenait ainsi le bras droit du roi en matière de finances. Il se comporta en effet en commis, en instrument de la politique royale, et tint son maître informé de ses ressources et de ses disponibilités[30]. Il réduisit la taille, c'est-à-dire l'impôt sur le revenu (mesure toujours populaire), et ramena les remises faites aux receveurs de vingt-cinq à quatre pour cent. En revanche, il doubla le revenu des fermes (impôts indirects, douanes, gabelles, aides) et multiplia presque par sept ceux du domaine royal qui atteignirent 5 500 000 livres en 1671[31]. Le réseau des traitants et des partisans[32] n'en fut pas pour autant démantelé, mais le système financier vit sa productivité s'améliorer. Ceci explique en grande partie les dépenses considérables que le roi put engager à Versailles et ailleurs.

On comprend qu'il ait eu l'impression de remettre de l'ordre partout et de clarifier la situation en prenant des mesures équitables et salutaires parce que rationnelles.

Il gouvernait alors avec délices, écrivant dans ses *Mémoires* : "Je m'imposai pour loi de travailler régulièrement deux fois par jour et deux ou trois heures chaque fois avec diverses personnes. [...] Je ne puis vous dire quel fruit je recueillis aussitôt après cette résolution. Je me sentis comme élever l'esprit et le courage, je me trouvai tout autre, je découvris en moi ce que je n'y connaissais pas. Il me sembla alors que j'étais roi et né pour l'être[33]."

Tels sont les mots qui marquent le prélude des vingt premières années du règne, celles qui virent grandir et prendre forme le palais et les jardins de Versailles, celles qui valurent au jeune monarque d'être célébré comme une sorte de prodige de son vivant et même au siècle suivant puisque Voltaire écrit dans le *Siècle de Louis XIV* : "Il fit voir qu'un roi absolu qui veut le bien vient à bout de tout sans peine. Il n'avait qu'à commander, et les succès dans l'administration étaient aussi rapides qu'ils l'avaient été dans ses conquêtes. C'était une chose véritablement admirable de voir les ports de mer auparavant déserts, ruinés, maintenant entourés d'ouvrages qui faisaient leur ornement et leur défense, couverts de navires et de matelots, et contenant déjà soixante grands vaisseaux qu'il pouvait armer en guerre. De nouvelles colonies protégées par son pavillon partaient de tous côtés vers l'Amérique, pour les Indes orientales, pour les côtes de l'Afrique. Cependant en France, et sous ses yeux, des édifices immenses occupaient des milliers d'hommes avec tous les arts que l'architecture entraîne après elle ; et dans l'intérieur de sa cour et de sa capitale, des arts plus nobles et plus ingénieux donnaient à la France des plaisirs et une gloire dont les siècles précédents n'avaient pas eu même l'idée[34]."

Un tel bilan, dressé bien après la mort de Louis XIV par un historien au demeurant critique des institutions de l'absolutisme, explique très bien les débordements auxquels se laissèrent aller certains des contemporains du Roi-Soleil, notamment ceux qui avaient le plus intérêt à organiser un véritable culte de la personne royale afin de bien contrecarrer tout réveil éventuel de la Fronde et de travailler à la modernisation de l'Etat par les voies préconisées par Colbert et ses conseillers.

LE MONARQUE, TÊTE DU CORPS SOCIAL

Les images qu'utilisaient les laudateurs du régime ont souvent un rapport à la nature et elles expliquent que les jardins aient pu apparaître comme des lieux propices à l'exaltation de leurs idées. Un simple chroniqueur pouvait exprimer dès 1649 un sentiment qui devint quasi général dans les années 1660, en faisant miroiter toutes les métaphores du mythe solaire. La couronne, selon lui, c'était "cet astre brillant, ce soleil radieux, ce jour sans nuit, ce centre où toutes les lignes de la circonférence visent, en un mot, ce premier mobile français qui donne le mouvement à tous les autres[35]". Le rôle de la souveraineté royale est ici défini en termes de mécanique, ce qui correspondait aux travaux scientifiques de l'époque. Mais Bossuet aboutit à des comparaisons aussi lyriques en partant des Ecritures : "Considérez le prince dans son cabinet. De là partent les ordres qui font aller de concert les magistrats et les capitaines, les citoyens et les soldats, les provinces et les armées par terre et par mer. C'est l'image de Dieu, qui assis sur son trône au plus haut des cieux fait aller toute la nature[36]."

Comment expliquer cette curieuse convergence de l'ancien et du moderne, du religieux et du profane, et l'accent mis sur les lois éternelles de la nature ?

On peut remarquer que le zèle dont font preuve un modeste chroniqueur et un grand prélat s'explique par la force du courant profond par lequel le roi se sentait porté. Grâce à la paix religieuse, grâce à son triomphe sur la Fronde, l'absolutisme de droit divin avait en France une base consensuelle constituée par les croyances populaires – le toucher des écrouelles le prouve et Louis XIV ne négligea jamais cette cérémonie –, par l'enseignement traditionnel de l'Eglise catholique, par les craintes des protestants qui souhaitaient le maintien d'un pouvoir fort pour garantir l'édit de Nantes et surtout par les gens de robe qui devaient leur ascension sociale à l'administration royale. Ces derniers savaient se servir d'une plume pour célébrer dans le monarque "une seconde âme de l'univers, un arc-boutant qui soutient le monde[37]". Ils savaient aussi qu'ils ne perdraient rien à mettre en œuvre la politique centralisatrice de la monarchie, car qui dit centralisation dit rationalisation, lutte contre les coutumes et les individualités provinciales et mise en conformité de la vie publique avec les normes du droit qui sont par définition abstraites et donc universelles. Le roi, se voulant moderne, pouvait s'appuyer sur eux, et eux, en retour, servaient sa gloire, c'est-à-dire le prestige de l'Etat indissolublement lié à sa personne.

Or Louis XIV, très conscient de ce que représentait pour lui le soutien de ceux qu'on appelait "les intelligents", n'oubliait pas pour autant la tradition immémoriale qui unissait le trône à l'Eglise. Elle n'avait rien de moderne, mais elle nouait un lien entre le profond du peuple et lui. Il ne faut donc pas s'étonner que la voix de la tradition et la voix de l'innovation aient pu se faire entendre de concert pour célébrer la personne royale par des images qui se voulaient elles aussi universelles et comprises de tous. Et qu'y a-t-il de plus universel et de plus simple que le spectacle du soleil illuminant toute la nature ?

A propos de la foi de Louis XIV, Voltaire disait tenir du cardinal Fleury que c'était "la foi du charbonnier"[38]. On peut, partant de là, épiloguer sur la construction relativement tardive de la chapelle, sur les statues des dieux païens partout présentes dans les jardins de Versailles, et sur la figure d'Apollon, expression du mythe solaire. Il n'empêche. La piété du roi était sincère et respectueuse de toutes les cérémonies du culte ; mais c'était aussi une piété de politique qui lui permettait de se fermer à la métaphysique pour se consacrer à l'action. Ce qu'il en a dit dans ses *Mémoires* montre qu'il s'en servait pour garantir la hiérarchie d'une société dont on retrouve la structure dans l'ordre que les jardins imprimaient à la nature.

Or les *Mémoires* furent écrits pour le Dauphin en un temps où Bossuet en était le précepteur et où il était au travail sur la première partie de sa *Politique tirée des propres paroles de l'Ecriture sainte*[39]. On peut donc tenir pour assuré qu'au cours des années où le palais et les jardins de Versailles prenaient forme le roi et le prélat se sont vus presque quotidiennement et se sont entretenus de "questions d'intérêt commun", comme disent les diplomates. Il s'est établi alors une relation suffisamment forte pour que Louis XIV consulte Bossuet trente ans plus tard quand il décida de sévir contre le quiétisme et de raser Port-Royal-des-Champs. Et c'est sans doute ce qui décida ce dernier à achever sa *Politique* à ce moment-là, afin de remplir pleinement sa mission de théoricien de l'absolutisme de droit divin.

Selon Bossuet, le roi est de chair et de sang comme tout être humain, mais il est aussi l'oint du Seigneur et, à ce titre, investi d'une mission qui fait de lui l'image de Dieu et son agent dans les affaires de ce monde[40]. Tel est le sens du célèbre sermon qu'il prononça en 1662 devant Louis XIV qui venait de prendre le pouvoir : "Vous êtes des dieux… mais ô dieux de chair et de sang, ô dieux de terre et de poussière, vous mourrez comme des hommes. N'importe, vous êtes des dieux encore que vous mouriez et votre autorité ne meurt pas : cet esprit de royauté passe tout entier à vos successeurs […] l'homme meurt, il est vrai, mais le roi, disons-nous, ne meurt jamais : l'image de dieu est immortelle[41]." Bossuet énonce ici un principe alors largement accepté et qui avait traversé les siècles. Tout se passe donc comme si des idées venues du Moyen Age avaient été revigorées par le développement de l'absolutisme à l'époque baroque. Le déclin de la féodalité et la centralisation allaient de pair, et la couronne, détentrice de la souveraineté, semblait d'autant plus puissante qu'il émanait d'elle une autorité semblant venir de plus haut et de plus loin que jamais auparavant.

Dans ses *Mémoires*, Louis XIV, sans poser au rat de bibliothèque, se comporte et raisonne comme s'il avait les mêmes lectures que le prélat. Sur l'essentiel, ils parlent d'une même voix. Le livre III de la *Politique*, "Où l'on commence à expliquer la nature et les propriétés de l'autorité royale", s'ouvre par un article unique qui ne contient qu'une seule proposition : "Il y a quatre caractères essentiels à l'autorité royale : Premièrement, l'autorité royale est sacrée, Secondement, elle est paternelle, Troisièmement, elle est absolue, Quatrièmement, elle est soumise à la raison[42]." Louis XIV écrit de son côté : "Celui qui a donné des rois aux hommes a voulu qu'on les respectât comme ses lieutenants, se réservant à lui seul d'examiner leur conduite. Sa volonté est que quiconque est né sujet obéisse sans discernement[43]." Le caractère sacré de sa fonction donne au roi des prérogatives qui résultent de sa position, laquelle le place plus haut que tous les autres hommes. Bossuet dit : "Le prince est par sa charge le père du peuple : il est par sa grandeur au-dessus des petits intérêts[44]." Le roi, de même : "Je vous ai dit ailleurs qu'un souverain, comme il est d'un rang au-dessus des autres hommes, voit aussi les choses qui se présentent à lui d'une façon plus parfaite qu'eux[45]."

Cette position, il la doit à sa fonction de "lieutenant de Dieu" et c'est ainsi qu'il fonde son droit à légiférer pour tous et sa théorie de la souveraineté. Louis XIV écrit, toujours dans ses *Mémoires* : "Notre soumission pour Lui est la règle et l'exemple de celle qui nous est due. Les armées, les conseils, toute l'industrie humaine seraient de faibles moyens pour nous maintenir sur le trône, si chacun y croyait avoir le même droit que nous, et ne révérait pas une puissance supérieure, dont la nôtre est partie. Les respects publics que nous rendons à cette puissance invisible pourraient enfin être nommés justement la première et la plus importante partie de notre politique, s'ils ne devaient avoir un motif plus noble et plus désintéressé[46]."

On ne saurait dire plus subtilement que la religion est utile au magistrat suprême en ce qu'elle assure son autorité. "Les respects publics" dus à Dieu sont à l'image de ceux qu'on doit aux princes, et justifient tout le cérémonial dont le roi s'entoure. Il se doit de vivre en public et de donner en spectacle la pompe dont il entoure sa charge. Comme symbole vivant de l'Etat, il doit apparaître présent partout et connaître "l'intime de chacun", pour reprendre la formule de Primi Visconti[47]. Son palais et ses jardins lui servent de théâtre pour déployer les fastes de la majesté monarchique. Ici encore, Bossuet exprime la pensée du roi : "La majesté est l'image de la grandeur de Dieu dans le prince[48]."

Le paradoxe, c'est qu'il exprime ces idées fort anciennes dans un traité d'une forme résolument moderne. La *Politique* de Bossuet est en effet conçue *more geometrico* : elle procède par l'énonciation de principes qu'elle démontre ensuite comme des théorèmes. Nous sommes ici tout près de Hobbes et de l'athée Spinoza. Comment s'en étonner ? Tous ces auteurs figuraient dans la bibliothèque de Bossuet, et le roi avait de la politique une expérience suffisante pour en sentir l'intérêt par de simples allusions au détour d'une conversation. C'est ainsi qu'il s'ouvrait à la pensée politique de son temps.

Ce que Louis XIV ajoute de moderne à l'image médiévale du prince, c'est la conscience d'être le pivot par lequel et autour duquel se fait tout le mouvement d'une société figurée comme un vaste ensemble. Nous retrouvons ici la définition de la souveraineté donnée par Cardin Le Bret, l'un des conseillers de Richelieu, dans son livre *De la souveraineté du roi* : "La souveraineté n'est non plus divisible que le point en géométrie[49]."

Pour bien signifier que le caractère absolu de la souveraineté rendait tous les sujets égaux devant le roi, la métaphore de la circonférence fut souvent reprise dans le discours politique du temps. Nivelon dit que le roi gagne des batailles en envoyant ses ordres "du centre à la circonférence de l'Etat" et Racine le montre répandant sa lumière jusqu'au bout du monde "sans

Frontispice du *Léviathan* de Thomas Hobbes, éd. de 1651,
Bibliothèque nationale de France, Paris

L'absolutisme expliqué par l'image : le corps politique de la Nation est composé d'hommes tous différents mais tous agglomérés. Ce corps n'a qu'une tête, celle du monarque détenteur de la souveraineté.

s'éloigner presque du centre de son royaume[50]". Nous retrouvons ici les "cordes d'autorité" que Pascal tend entre le prince et les autres hommes. Nous retrouvons aussi le *Léviathan* de Hobbes, ce grand corps social auquel la solidarité économique impose un ordre. Or Hobbes était lui aussi partisan de s'appuyer sur la méthode géométrique pour centraliser l'Etat en le rationalisant. Il dit sans ambages que les hommes, s'ils veulent éviter de se faire du mal les uns aux autres, doivent "confier tout leur pouvoir et toute leur force à un seul homme ou une seule assemblée[51]". Pour cela, il leur faut construire un édifice politique par les mathématiques : "L'art d'établir et de maintenir les républiques repose, comme l'arithmétique et la géométrie, sur des règles déterminées ; et non, comme le jeu de paume sur la seule pratique[52]."

Or la géométrie et l'arithmétique reposent sur les nombres et les figures, c'est-à-dire des symboles qui ont une valeur éternelle et universelle. La pensée politique de l'âge baroque, en même temps qu'elle prenait la mesure du gigantesque Léviathan, inoculait au monstre une dose de rationalité qui lui faisait prendre conscience de son organisation. Descartes en est bien conscient et formule lui aussi une théorie mathématique de l'absolutisme. Il écrivait à l'abbé Mersenne : "Les vérités mathématiques, lesquelles vous nommez éternelles, ont été établies de Dieu, et en dépendent entièrement, aussi bien que tout le reste des créatures. [...] Ne craignez point, je vous prie, d'assurer et de publier partout que c'est Dieu qui a établi ces lois en la nature, ainsi qu'un roi établit des lois en son royaume[53]."

De là l'emploi fréquent du mot *raison* par Louis XIV, de là le vocable *raison d'Etat* dont il se sert une fois, de là cette certitude que l'action du roi doit être inspirée par une logique transcendante qui est celle de l'organisation rationnelle de toute la Création. Descartes n'était sans doute pas un des auteurs favoris du roi mais, si d'aventure il avait pu lire cette lettre à Mersenne, il l'aurait trouvée très pertinente pour illustrer sa conception du pouvoir. Il exprime en effet la même idée dans ses *Mémoires* : "Tenant pour ainsi dire la place de Dieu, nous semblons être participant de sa connaissance aussi bien que de son autorité[54]."

Si les lois du royaume ont le même caractère à la fois sacré et rationnel que celles de la nature, on ne peut s'étonner que le roi ait pu dire sur son lit de mort : "Je m'en vais, mais l'Etat demeurera toujours[55]."

Des phrases comme celles-ci permettent de comprendre que les jardins aient pu apparaître aux yeux du roi comme une projection dans le paysage de l'ordre qu'il entendait donner à la société. Pour un homme comme lui, toujours préoccupé de sembler maître de lui-même et capable d'équilibrer les tensions – entre le clan Colbert et le clan Louvois, entre le gallicanisme et le pape, entre l'orthodoxie et le jansénisme puis le quiétisme – ou de les faire travailler à l'extension du royaume par la guerre, la contemplation de l'ordre dans la nature devait apparaître comme "un long regard sur le calme des dieux".

Mais le roi, ce "point indivisible" où se rattachaient toutes les "cordes d'autorité" qui le liaient aux autres hommes, ce "lieutenant de Dieu" qui décida de construire Versailles, que savons-nous de ce que furent son amour de la nature et son sens du paysage ? On l'a tant loué de son vivant, tant dénigré par la suite, que l'on doit retourner aux documents d'époque pour parvenir à le voir tel qu'il fut.

Avec une intuition très sûre de son pouvoir sur les imaginations, Louis XIV fit du soleil l'image de la majesté royale. Il s'est expliqué sur cette décision dans ses *Mémoires*. Le texte est très connu, et à juste titre, mais il mérite qu'on s'y arrête : "On choisit pour corps le soleil, qui, dans les règles de cet art, est le plus noble de tous, et qui, par la qualité d'unique, par l'éclat qui l'environne, par la lumière qu'il communique aux autres astres qui lui composent comme une espèce de cour, par le partage égal et juste qu'il fait de cette même lumière à tous les divers climats du monde, par le bien qu'il fait en tous lieux, produisant sans cesse de tous côtés la vie, la joie et l'action, par son mouvement sans relâche, où il paraît néanmoins toujours tranquille, par cette course constante et invariable dont il ne s'écarte et ne se détourne jamais, est assurément la plus vive et la plus belle image d'un grand monarque."

Visiblement, le roi cherchait à frapper les imaginations par une symbolique simple et puissante, et l'idée-image du soleil convenait au but politique qu'il lui assignait. Une fois de plus, il alliait l'ancien et le nouveau. Au temps d'Henri III, on se servait déjà du soleil comme emblème de la majesté royale. Dans le *Panégyrique pour le bienvenu et retour du très-chrétien Henry Roy de France et de Pologne* on peut lire : "Des pauvres habitants des champs, ceux des villes et autres gens paisibles vous regardent comme le Soleil, qui luyt esgalement pour tous, donne la chaleur nécessaire à toutes plantes et animaux pour les eschauffer et vivifier[56]."

Louis XIV a repris l'image, mais il l'a rajeunie. Elle était suffisamment prégnante pour frapper les regards des humbles et des puissants, suffisamment universelle pour évoquer l'"œil ubique" du prince, et susceptible de se prêter à une interprétation moderne parce que liée à l'astronomie, science en plein essor depuis Copernic. Le roi devenait grâce à elle une figure politique moderne placée au centre du système social. Les atomes humains gravitaient autour de lui, plus ou moins loin, et à tous il communiquait l'élan de sa course irrésistible et régulière. A tous, il donnait chaleur et lumière, répandant à la ronde les bienfaits de la fécondité.

L'abbé Laurent Morelet, dans son *Explication historique de ce qu'il y a de plus remarquable dans la maison royale de Versailles et en celle de Monsieur à Saint-Cloud*, disait en parlant d'Apollon : "Il partage l'année avec Diane sa sœur où ils communiquent leurs douces influences à la Terre afin qu'elle produise toutes sortes de Plantes[57]." Le pouvoir du Roi-Soleil devait, selon Louis XIV lui-même, "apporter de tous côtés la vie, la joie et l'action". En ceci, Saint-Simon ne l'a pas compris quand il lui a reproché d'avoir choisi pour créer les jardins de Versailles "le plus triste et le plus ingrat de tous les lieux, sans vue, sans bois, sans eau, sans terre, parce que tout y est sable mouvant ou marécage, sans air par conséquent, qui n'y peut être bon[58]".

C'est précisément un lieu ingrat que le roi cherchait pour faire la démonstration de son pouvoir sur la nature car il voulait donner de la monarchie une image puissante, riante et riche. Saint-Simon condamne ici par incompréhension. Il ne voit pas que Louis XIV veut aller au plus difficile pour faire mieux que ses prédécesseurs et couronner la longue tradition qui unit la monarchie française aux jardins par une œuvre digne de passer à la postérité. Il néglige donc un trait essentiel de la personnalité du roi, non pas par malveillance – une fois n'est pas coutume – mais par simple myopie.

Ceci pose tout le problème des rapports du roi à ceux qui l'ont vu à l'œuvre. Parmi ces derniers, il y a des chroniqueurs comme Dangeau et le marquis de Sourches qui n'émettent jamais de jugement ou de vue générale. Il y a aussi des curieux comme Mme de Sévigné, la duchesse d'Orléans (princesse Palatine) et l'abbé de Choisy qui d'un trait de plume ajoutent une sorte de frémissement à l'image hiératique que le roi donnait de lui-même. Il y a enfin les mémorialistes et les historiens comme Saint-Simon, Voltaire et Spanheim. Le témoignage de ces derniers demeure essentiel, à condition de savoir s'en servir.

Voltaire ne prétend pas être un témoin. Il commence son *Siècle de Louis XIV* en 1736 alors que le roi est mort depuis longtemps, mais, fasciné par l'éclat de son règne, il s'ingénie à retrouver des témoins oculaires pour faire vivre un récit où il se laisse parfois emporter par sa verve tout en faisant preuve de réelles qualités d'historien.

Saint-Simon, lui, est un grand seigneur de très ancien lignage. Il hait la "vile bourgeoisie" qui entoure le roi et s'il écrit, c'est par dépit et pour l'honneur du métier des armes. Il se bat par la plume et il lui suffit de faire mouche pour se croire dans le vrai. Mais il fait mouche parce qu'il voit juste, du moins dans son propre système de pensée, et quand on le connaît assez bien pour redresser les déformations qu'il impose, on comprend comment, à scruter les personnages de ce prodigieux théâtre que fut la cour, il perce à jour la vérité des êtres.

Le très savant Ezechiel Spanheim, auteur d'un traité de numismatique célèbre, se présente également comme un témoin oculaire, mais c'est un étranger et qui n'a rien d'un duc et pair. Erudit venu à l'histoire, comme Bayle, avec le souci sincère mais peut-être illusoire de se montrer impartial, il a été l'envoyé de l'électeur de Brandebourg à la cour de France de 1680 à 1689. Aux trois quarts français par sa mère et par sa grand-mère paternelle, il a écrit dans notre langue une *Relation de la cour de France* marquée à la fois par sa loyauté envers la cause protestante et par le désir d'écrire une histoire véridique.

Le témoignage de ces trois historiens compte pour comprendre le grand dessein du roi à Versailles, et il faut les entendre avant de passer à des témoins plus modestes peut-être, mais non moins indispensables.

Pour Voltaire, Louis XIV fut un nouvel Auguste qui "s'exprimait toujours noblement et avec précision, s'étudiant en public à parler comme à agir en souverain[59]". Il concède que "Louis XIV avait dans l'esprit plus de justesse et de dignité que de saillies", mais il le loue d'avoir voulu "réformer son royaume, embellir sa cour et perfectionner les arts", et il y parvint car, toujours selon Voltaire, "Louis XIV avait du goût pour l'architecture, pour les jardins, pour la sculpture ; et ce goût était en tout dans le grand et dans le noble[60]". Il a, pour la personnalité du roi, la plus haute estime et il lui attribue tout le mérite de la politique culturelle mise en place en 1661 : "Plusieurs écrivains ont attribué uniquement à Colbert cette protection donnée aux arts, et cette magnificence de Louis XIV ; mais il n'eut d'autre mérite en cela que de seconder la magnanimité et le goût de son maître[61]." Il ajoute : "Si l'on trouvait un jour sous des ruines des morceaux tels que les bains d'Apollon, exposés aux injures de l'air dans les bosquets de Versailles [...] il est à croire que ces productions de nos jours seraient mises à côté des plus belles antiquités grecques[62]."

Saint-Simon n'est pas de cet avis. A l'en croire, Louis XIV a beaucoup bâti, mais mal : "Ses bâtiments, qui les pourrait nombrer ? En même temps qui n'en déplorera pas l'orgueil, le caprice et le mauvais goût[63] ?" Le château de Versailles ne fait pas exception : "Il y bâtit tout l'un après l'autre sans dessein général ; le beau et le vilain furent cousus ensemble, le vaste et l'étranglé." En revanche, trouvent grâce à ses yeux le Trianon, "palais de marbre, de jaspe et de porphyre", Clagny, "château superbe avec ses eaux, ses jardins, son parc", et la décoration des jardins de Versailles dont il dit que "l'Asie ni l'Antiquité n'offrent rien de si vaste, de si multiplié, de si travaillé, de si superbe, de si rempli des monuments les plus rares de tous les siècles, en marbres les plus exquis de toutes les sortes, en bronzes, en peintures, en sculptures, ni de si achevés des derniers [siècles][64]". Cet éloge ne l'empêche pas de trouver scandaleuses les dépenses faites pour amener aux fontaines les eaux de l'Eure "tout entière", ce qui est une contre-vérité tirée on ne sait d'où. Aux yeux de Saint-Simon, Versailles est l'image même de l'orgueil du roi, qui "aima en tout la splendeur, la magnificence, la profusion" et ne sut jamais raisonner son goût du paraître. Selon lui, les jardins de Versailles sont nés du "plaisir superbe de forcer la nature" et si on lui avait fait observer que c'était Descartes qui voulait rendre les hommes "maîtres et possesseurs de la nature", il aurait sans doute répondu que la monarchie était tombé bien bas si le roi prenait pour conseiller un philosophe.

Aux témoignages discordants de Voltaire et de Saint-Simon, Spanheim apporte d'utiles correctifs. Il loue ce qu'il appelle "l'application du roi aux affaires" et parle, comme Voltaire et Saint-Simon, de son éducation "négligée", mais – et c'est un point important – il insiste sur la transformation qu'opéra en lui l'exercice du pouvoir. Il dit qu'une fois maître de sa politique, son génie "prit de nouvelles forces et parut assez grand dans la suite pour soutenir lui-même le poids des affaires et du gouvernement[65]". Il ajoute : "Sans être savant, ni s'appliquer à la lecture ou s'y être jamais attaché, il écrit bien et juste ; il aime les beaux-arts et les protège ; il se connaît particulièrement en musique, en peinture et en bâtiments. Il juge sainement et équitablement des choses et des personnes, autant qu'elles lui sont connues." Ce passage a son importance, car il attire l'attention sur ce qui semble avoir été les grands mérites de Louis XIV, son discernement dans le choix des hommes, son goût des arts et son sens de l'expression juste. Pour ce qui touche aux arts, d'autres témoignages sont également inté-ressants, notamment la relation par Daniel Cron-ström[66], attaché d'ambassade de Suède à Paris, de la remise d'un *Saint Jérôme* peint par le Corrège et dont l'architecte suédois Tessin faisait présent à Louis XIV. Cronström nous montre le roi fort occupé à contempler le tableau et disant au bout d'un moment : "Je vois bien qu'il est fort beau, mais je ne m'y connais pas assez pour en découvrir toutes les beautés." Ceci ne l'empêche pas de remarquer : "L'on trouve les draperies d'un autre goût que celles des autres tableaux du Corrège, mais, comme c'est l'esquisse du grand tableau qui est à Parme, il ne faut pas s'en estonner." Toutes ces réflexions sont celles d'un amateur avisé qui sait remarquer des dif-férences de style dans la peinture des draperies, diffé-rences de style qui firent par la suite douter de l'attribution au Corrège. Il apparaît clairement de ce genre de témoignage que Louis XIV était un homme plus sensible à la peinture et à l'architecture qu'à la littérature, et assez curieux des choses de l'art pour dire à Le Brun qu'il se ferait "un plaisir de donner quelques moments de ses heures de relâche à le voir peindre[67]".

De tous les historiens et mémorialistes qui l'ont vu vivre, c'est Saint-Simon qui a le mieux exprimé l'amour du roi pour les jardins. Avant de le citer une fois de plus, il faut donner la parole au marquis de Sourches qui, au détour d'une simple phrase, nous montre le roi parcourant seul ses jardins ou bravant les intempéries pour s'y attarder : "Le soir entre cinq et six heures, le roi, après s'être promené deux heures dans ses jardins comme pour leur dire adieu, partit dans sa calèche pour aller coucher à Meudon[68]." Ou encore, six ans plus tard (Louis XIV avait alors soixante-quatorze ans) : "Pour le Roi, il fut tout le matin dans ses jardins malgré la pluie, et toute l'après-dînée, malgré le froid[69]."

Mais laissons parler Saint-Simon :

"Le roi aimait extrêmement l'air, et quand il en était privé, sa santé en souffrait par des maux de tête et par des vapeurs que lui avaient causés un grand usage des parfums autrefois, tellement que, il y avait bien des années, excepté l'odeur de la fleur d'oranger, il n'en pouvait souffrir aucune, et qu'il fallait être fort en garde de n'en avoir point, pour peu qu'on eût à l'approcher.

"Comme il était peu sensible au froid et au chaud, même à la pluie, il n'y avait que des temps extrêmes qui l'empêchassent de sortir tous les jours. Ces sorties n'avaient que trois objets : courre le cerf, au moins une fois la semaine et souvent plusieurs, à Marly et à Fontainebleau, avec ses meutes et quelques autres ; tirer dans ses parcs, et homme en France ne tirait si juste et si adroitement ni de si bonne grâce, et il y allait aussi une ou deux fois la semaine, surtout les Dimanches et fêtes qu'il ne voulait point voir de grandes chasses et qu'il n'avait point d'ouvriers ; les autres jours voir travailler et se promener dans ses jardins et ses bâtiments ; quelquefois des promenades avec des dames, et la collation pour elles dans la forêt de Marly et dans celle de Fontainebleau, et dans ce dernier lieu des promenades avec toute la cour autour du canal, qui était un spectacle magnifique où quelques courtisans se trouvaient à cheval[70]."

Le témoignage de Saint-Simon dit bien le plaisir que prenait le roi à vivre au-dehors dans la plénitude physique d'une personnalité robuste. Ceci établit un lien entre les jardins et le château où étaient peints au plafond du salon de Mercure, dans les quatre angles, "l'adresse du corps, la connaissance des beaux-arts, la justice, l'autorité royale". Pour Louis XIV, la magnificence du prince tenait à l'aura qui émanait de sa personne, et les jardins lui permettaient de montrer que, comme le disait Bossuet, "à la grandeur conviennent les choses grandes". Le roi écrit dans ses mémoires : "Quant aux étrangers dans un Etat qu'ils voient florissant et bien réglé, ce qui se consume en ces dépenses qui peuvent passer pour superflues fait sur eux une impression très avantageuse de magnificence, de puissance, de richesse et de grandeur sans compter que l'adresse en tous les exercices du corps, qui ne peut être entretenue et confirmée que par là, est toujours de bonne grâce à un prince et fait juger avantageusement par ce qu'on voit de ce qu'on ne voit pas[71]."

Et "ce qu'on voit" ou plus exactement, ce qu'il voulait montrer, c'était l'image du bon gouvernement de la France.

UNE NOUVELLE IMAGE
DU BON GOUVERNEMENT DE LA FRANCE

UNE POLITIQUE DU PAYSAGE :
L'IRRÉSISTIBLE ASCENSION DE VERSAILLES

La personnalité et les idées du roi le portaient vers Versailles pour des raisons personnelles qui ont souvent été évoquées. On a parlé de ses amours avec Mlle de La Vallière, de son goût de la chasse et du plein air, et l'on pourrait y ajouter le souvenir de son père qui recherchait Versailles quand il avait besoin de se laisser aller à la mélancolie. Mais il y avait autre chose de tout aussi profond et de tout aussi personnel pour quelqu'un qui créait une nouvelle forme de gouvernement : avoir un lieu bien à soi pour y penser sa politique, c'était l'assurance d'y travailler en paix et en secret si nécessaire. D'où l'idée de rendre Versailles assez accueillant pour y faire venir de temps en temps le Conseil d'en-Haut et y rester pour chasser et travailler. Cette idée fit son chemin parce qu'elle offrait une perspective doublement séduisante : si la cour était invitée à y venir, elle se plairait dans un cadre neuf et qu'on pouvait rendre magnifique pour couper la noblesse de ses bases provinciales ; quant à la bourgeoisie, qui grandissait son rôle en grandissant celui du roi, c'est de Paris qu'il fallait couper ses éléments les plus ambitieux et les plus prometteurs.

Louis XIV était assez politique et assez paysagiste pour pressentir tout cela.

Colbert, qui tenait à cette bourgeoisie par ses origines et par toutes ses fibres, Colbert, le conseiller irremplaçable, le mentor respectueux, n'était pas du tout de cet avis. Selon lui, le roi de France devait rester à Paris, au Louvre. A Versailles, il n'avait besoin que d'un pavillon de chasse. S'il souhaitait transformer le domaine, il pouvait remplacer le petit château de Louis XIII par "une belle maison" de fière allure, mais certainement pas construire une "enveloppe" neuve autour des bâtiments existants. Quant aux jardins, mieux valait ne pas y toucher. Tout ceci fut dit à Louis XIV dans un mémoire cité dans la correspondance de Colbert : "Il est impossible de faire une grande maison dans cet espace. Le terrain est serré non seulement par les parterres mais encore par le village, l'église, l'estang. La grande pente des parterres et des avenues ne permet pas d'estendre ni d'occuper davantage de terrain sans renverser tout et sans faire une dépense prodigieuse. Il est vrai que le parterre de fleurs est au niveau du château, mais l'autre a une grande pente, joint qu'il faut du château avoir un parterre uny ou de plain pied, ou une terrasse, ce qui serait impossible[72]."

Le roi, lui, tenait à l'enveloppe de Le Vau sans doute parce qu'elle serait construite sur les trois côtés qui dominaient la campagne et qu'elle révélerait ainsi les possibilités paysagères du site. Il fit commencer les travaux, et Colbert, se réclamant toujours de la franchise qu'il lui recommandait, lui envoya un mémoire respectueux mais acerbe : "Si Votre Majesté veut bien chercher dans Versailles où sont plus de cinq cent mille écus qui y ont été dépensés en deux ans elle aura assurément peine à les trouver. [...] O quelle pitié que le plus grand roy et le plus vertueux, de la véritable vertu qui fait les plus grands princes, fust mesuré à l'aune de Versailles ! Et toutefois, il y a lieu de craindre ce malheur[73]." Il ajoutait, espérant conjurer ce "malheur" : "Vostre Majesté observera de plus, s'il luy plaist, qu'elle est entre les mains de deux hommes qui ne la connaissent presque qu'à Versailles, c'est-à-dire dans le plaisir et dans le divertissement et qui ne connaissent point du tout l'amour qu'elle a pour la gloire, de quelque part qu'elle doive venir : que la portée de leurs esprits ; suivant leurs conditions, divers intérêts particuliers, la pensée qu'ils ont de faire bien leur cour auprès de Vostre Majesté, joint à la patronance dont ils sont en possession, fera qu'ils traisneront Vostre Majesté de desseins en desseins pour rendre ces ouvrages immortels, si elle n'est en garde contre eux[74]."

Quels étaient ces deux hommes qui ne connaissaient Louis XIV qu'à Versailles ou "presque", et dont "les intérêts", "la condition" et "la portée de leurs esprits" enfermaient en ce lieu la gloire du roi ? Sans doute Le Vau et Le Nôtre[75]. Le Brun est hors de cause, car il dirigeait l'Académie de peinture et avait d'excellentes relations avec Colbert dont il fit le portrait. En revanche, aux yeux du ministre, Le Vau faisait figure d'affairiste, de bon conseil certes, mais autant "maçon", c'est-à-dire entrepreneur, qu'architecte, et c'est sans doute pourquoi l'Académie d'architecture ne fut fondée qu'après sa mort. Quant à Le Nôtre, c'était sans doute un jardinier dont on admirait les parterres aux Tuileries, mais il était capable d'avoir des visées sur tout un paysage – cela s'était vu à Vaux-le-Vicomte – et d'engloutir ainsi des sommes folles dans des lieux voués au seul plaisir des yeux. Ce n'était pas à cette aune qu'on mesurait la gloire d'un roi.

Mais il semble bien, n'en déplaise à Colbert, qu'une sorte de complicité s'était déjà établie entre le jardinier et le roi, une complicité qui reposait sur les virtualités du site qui s'offraient à Versailles. Le Nôtre s'y connaissait assez en hommes pour savoir qu'un grand ministre peut n'avoir pas l'âme paysagère alors qu'un jeune roi peut s'éprendre d'un lieu et y projeter l'image de ses projets et de ses goûts. Comme Louis XIV, il voyait dans l'ingrate plaine de Versailles la possibilité de concevoir quelque chose d'encore plus vaste que Vaux-le-Vicomte. Il avait devant lui une perspective libre de tout obstacle, une perspective ouverte à un axe médian tracé par le soleil lui-même. On pouvait ainsi faire descendre le regard vers la pièce d'eau – visible depuis les fenêtres de l'enveloppe de Le Vau –, d'où il glisserait ensuite sur un canal encore plus long qu'à Fontainebleau, un grand canal lancé vers l'horizon comme une coulée de lumière.

Quand il fut bien clair que le roi ne renoncerait ni à l'enveloppe de Le Vau, ni aux grands jardins dont il entrevoyait déjà l'image, Colbert s'inclina. Certes, on peut constater qu'en 1667 les dépenses diminuèrent à Versailles, ce qui laisse penser que le roi avait peut-être entendu son ministre, à moins que la guerre de Dévolution n'ait posé des problèmes financiers[76], mais les travaux reprirent de plus belle en 1668 et les dépenses doublèrent en 1669.

Une fois qu'il se fut résigné, Colbert servit son maître avec sa compétence et sa minutie habituelles, et il le tint au courant de tout. Dans une lettre écrite en 1672, alors que le roi se trouvait en Flandre, on peut lire : "La tige de l'arbre du marais, qui est de fonte, est sur le lieu, et on y a soudé desja plusieurs branches. Tous les feuillages sont redressés et en estat d'estre joints aux branches. J'ay fait faire un petit contre-mur dans le bassin du Marais pour porter les planches de roseaux, après quoi il n'y a pas à craindre qu'ils tombent dans l'eau comme ils ont fait[77]."

On a peine à croire que le même homme puisse faire le chef de chantier dans l'un des bosquets de Versailles tout en donnant ses directives au directeur de l'Académie de France à Rome. Mais Colbert est parvenu à être tout cela à la fois. Cherchait-il à flatter le roi en lui parlant de ce qui lui était particulièrement cher ? Ou bien, une fois qu'il eut accepté Versailles, se laissa-t-il convaincre par Le Nôtre que la gloire du roi serait aussi bien servie par des jardins que par des bâtiments ? Les documents n'apportent pas de réponse définitive, mais ils inclinent à penser que Colbert se prit d'un intérêt sincère pour l'art des jardins. Il se mit à juger de leurs effets et, en 1670, il formula même un jugement esthétique – fait rarissime – dans une lettre au roi : "Nous avons trouvé que l'élévation de quatre pouces des dessins portés par des figures de l'allée d'Eau réussira bien et mesme l'éloignement de quatre pieds des figures du bassin du Dragon[78]."

Voilà qui témoigne d'un intérêt certain pour les jardins. Cet intérêt se confirma suffisamment pour qu'il demande à Le Nôtre de lui en dessiner un pour son château de Sceaux. Sans doute lui avait-il découvert un esprit d'une "portée" suffisante pour servir à la fois la gloire du roi et celle de son ministre.

Mais la gloire du roi, comment la projeter dans le paysage ?

HIÉRARCHIE DES SUJETS ET HIÉRARCHIE DES ESPACES : LES ALLÉES, LES BOSQUETS, LES JARDINS

La pensée politique officielle, celle de Bossuet, celle du roi lui-même, donnait de la société une idée précise. Voici comment les *Mémoires* décrivent le corps social, immense foule en mouvement et au travail sous la conduite de "l'Etat". "Chaque profession contribue, à sa manière, au soutien de la monarchie. Le laboureur fournit par son travail la nourriture à tout ce grand corps ; l'artisan donne par son industrie toutes les choses qui servent à la commodité du public ; et le marchand assemble de mille endroits différents tout ce que le monde entier produit d'utile ou d'agréable pour le fournir à chaque particulier au moment qu'il en a besoin. Les financiers, en recueillant les deniers publics, servent à la subsistance de l'Etat ; les juges, en faisant l'application des lois, entretiennent la sûreté parmi les hommes ; et les ecclésiastiques, en instruisant les peuples à la religion, attirent les bénédictions du ciel en conservant le repos sur la terre. C'est pour quoi, bien loin de mépriser l'une de ces conditions, nous devons être le père commun de toutes, prendre soin de les porter toutes, s'il se peut, à la perfection qui leur est convenable[79]."

La société apparaît ici comme un tout harmonieux, un corps vivant, dont chacun des organes contribue à la vie des autres sous l'autorité suprême du roi, seul de son espèce et qui, en ne s'intégrant à aucun groupe, les "porte à la perfection qui leur est convenable". Ce dernier mot indique bien que l'harmonie d'une société implique l'inégalité des rangs. Si, comme Louis XIV le dit ailleurs dans ses *Mémoires*, "nous sommes la tête d'un corps dont [les sujets] sont les membres[80]", certains sont faits pour une fonction, d'autres pour une autre, mais chacun doit rester à sa place. L'ordre dépend du rang et le rang de la naissance. Les *Mémoires* présentent le peuple comme une masse indistincte qui tire sa subsistance de son travail, qui est respectable par là même et qu'on ne doit pas écraser d'impôts. Ceux qui en font partie n'ont aucun droit de regard sur la conduite des affaires qu'ils doivent laisser aux princes et à leurs conseillers. C'est ainsi que Louis XIV parle du roturier Cromwell comme d'un homme "à qui le génie, les occasions et le malheur de son pays avaient inspiré des pensées fort au-dessus de sa naissance[81]".

De même, le clergé, toujours empressé à rappeler aux autres leur devoir, doit se rappeler qu'il a le sien propre. Ce que le roi en dit lui permet de passer en revue les trois ordres : "Serait-il juste que la noblesse donnât ses travaux et son sang pour la défense du royaume et consumât si souvent ses biens à soutenir les emplois dont elle est chargée, et que le peuple, qui, possédant si peu de fonds, a[yant] tant de têtes à nourrir, portât encore lui seul toutes les dépenses de l'Etat, pendant que les ecclésiastiques, exempts par leur profession des dangers de la guerre, des profusions du luxe et du poids des familles, jouiraient dans leur abondance de tous les avantages du public sans jamais contribuer en rien à leurs besoins[82] ?"

La noblesse, citée ici en exemple, est de nouveau mentionnée dans le testament que Louis XIV rédigea un an avant sa mort où elle est présentée comme "la principale force" du royaume[83]. Cette force, le roi savait comment s'en servir. Il ne manquait pas une occasion de montrer qu'il avait en commun avec elle l'amour du métier des armes et un sens ombrageux de l'honneur.

Sachant que Richelieu et Mazarin avaient grandement réduit son poids politique, il avait su se l'attacher en chassant de ses rangs les "usurpateurs" qui s'y étaient glissés, manifestant ainsi la volonté de la faire reconnaître comme une élite liée à l'ancienne France et garante de ses valeurs[84]. Et la noblesse, se sentant distinguée, avait accepté de vivre la vie de cour auprès d'un roi qui lui reconnaissait une mission spécifique et lui dispensait ses faveurs sous la forme des "grâces". Elle n'en était pas pour autant une troupe enrubannée qui ne se distinguait que dans les bals et les carrousels. Nombreux sont les témoignages qui montrent comment les guerres de la fin du règne ont décimé les rangs des courtisans. Le roi voyait donc la noblesse comme l'élite traditionnelle de la société française, liée par la "naissance" à l'histoire du pays et faite pour l'entourer comme une garde entoure un chef d'armée.

A cette garde, il fallait un statut, un logement, une tenue qui la distinguent et qui la rendent reconnaissable. Versailles lui a donné tout cela. La noblesse est au royaume ce que la cour de marbre et les bosquets sont à l'ensemble du palais, des jardins et du parc. Puisque sa naissance la distingue, elle doit vivre dans un monde libéré des contraintes du commun. A elle le service des armes, mais à elle aussi "les profusions du luxe" qu'elle partage avec le roi. Louis XIV le dit sans ambages : "Cette société de plaisirs qui donne aux personnes de la cour une honnête familiarité avec nous les touche et les charme plus qu'on ne peut dire."

Tous les mots comptent ici. Par "société de plaisirs" le roi entend "partage des plaisirs" du monarque. Par "honnête familiarité" il définit le code de politesse qui lui sert à bannir toute grossièreté, qu'elle soit liée à la rusticité des provinciaux, à la rudesse des habitudes militaires ou au manque d'éducation des gens de "basse naissance". La société de cour se constitue en modèle pour le reste du royaume. Elle fait partie des spectacles auxquels elle assiste étant elle-même un objet d'attention pour l'ensemble des sujets du roi. Elle contribue donc à rendre harmonieux le fonctionnement de tout le corps social et seconde le roi dans cette tâche : "Les peuples d'un autre côté se plaisent aux spectacles où, au fond, on a toujours pour but de leur plaire ; et tous nos sujets en général sont ravis de voir que nous aimons ce qu'ils aiment ou à quoi ils réussissent le mieux. Par là nous tenons leur esprit et leur cœur quelquefois plus fortement peut-être que par les récompenses et les bienfaits[85]."

Mais puisque tout le fonctionnement de ce vaste ensemble est fondé sur la hiérarchie de la naissance, la cour doit vivre selon le code strict de l'étiquette. Elle seule en effet peut rappeler à tous les membres de ce milieu choisi que leur conduite est une image en quelque sorte plus nette, plus pure, de ce qui se passe ailleurs dans tout le pays. Et qui peut édicter les lois de ce code et punir toute infraction sinon le roi lui-même ?

De là les cérémonies dont il était particulièrement friand, que ce soient celles des revues militaires ou

Vue du bassin d'Apollon dans les jardins de Versailles (détail),
Pierre-Denis Martin, 1713,
musée du Château de Versailles

La promenade du roi entouré de courtisans. C'est la fin du règne, Louis XIV qui ne peut plus marcher longtemps utilise sa "roulette". Le peintre note avec soin les reflets des arbres dans le Grand Canal et les ombres sur le sol.

celles du spectacle permanent donné par la cour. François Bluche écrit à ce propos : "L'étiquette est acceptée par tous comme la règle du jeu, puisqu'elle détermine l'appartenance à l'élite et extériorise la position hiérarchique de chacun [...]. Les règles de présence sont minutieuses, tatillonnes, portent sur d'infimes détails, à première vue risibles et dérisoires, mais obéissant à des impératifs politiques. [...] Tout n'est que subtilités. Lors des séances solennelles du parlement de Paris, les princes du sang traversent obliquement le parquet de la Grande Chambre pour gagner leurs bancs, ce qui est formellement interdit à un duc, invité à longer les murs[86]."

On peut sourire de cette géométrisation des parcours, ligne droite ou ligne brisée selon le rang, mais elle est l'image même de ce que le cérémonial imposait, et de ce que la cour acceptait, pour offrir à tous les regards le spectacle quasi militaire d'un monde parfaitement ordonné. Cette mise en scène de la structure politique s'accommodait bien de la surface plane d'un parquet, mais elle s'imposait encore mieux en trois dimensions. Voici Louis XIV recevant le doge de Venise : "Quand il vint à l'audience, les Cent-Suisses de la garde étaient en haie avec leurs hallebardes dans le grand degré de marbre ; les gardes du corps étaient en haie sous leurs armes dans les deux premières chambres de l'appartement qui servaient de salle des gardes. Tous les gens de la cour et tous ceux qui étaient venus pour voir cette cérémonie étaient rangés en deux files, depuis la seconde pièce jusqu'au bout de la galerie où le roi était assis dans une chaise d'argent en espèce de trône, laquelle était sur un marchepied garni d'un tapis de Perse. Sur ce marchepied étaient Mgr le Dauphin, Monsieur, M. le duc de Chartres, M. le Duc, M. le duc de Bourbon ; M. le duc du Maine, et M. le comte de Toulouse, c'est-à-dire tous les princes de la maison royale ; et, derrière le roi, tous les officiers de la couronne et de sa maison qui avaient droit d'y être. Au pied de l'estrade étaient MM. de Vendôme, M. le Grand, et plusieurs autres princes de la maison de Lorraine, et milord Saint Albans, fils naturel du défunt roi d'Angleterre, et les princes de la maison de Rohan. Tout le reste des seigneurs était pêle-mêle dans la galerie[87]." En n'oubliant ni le grand degré de marbre, ni la disposition en deux files des curieux, ni la longueur de la galerie, ni le marchepied qui donne à chacun la hauteur de son rang, le marquis de Sourches montre admirablement comment s'opérait à la cour la distribution politique de l'espace.

Ce sens de la hiérarchie existe dans les jardins de Versailles. Près du château, les statues du parterre d'eau s'allongent pour dégager l'espace et grandir les bâtiments. Au bas des degrés du parterre de Latone et de l'Orangerie, les bosquets s'alignent le long des allées. Plus bas encore, et plus loin, les arbres moutonnent "pêle-mêle" dans le parc. Heureusement, des jeux subtils viennent rompre ce que la symétrie aurait pu avoir de trop froid, mais il n'en demeure pas moins que les jeux, les fêtes et les promenades de la cour se déroulaient dans le cadre où l'art est le plus présent et la nature la plus "forcée".

RAPPORT DU PALAIS ET DU PROGRAMME ICONOGRAPHIQUE DES JARDINS

Les jardins offrent une expression implicite de leur message politique : les grandes allées portent jusqu'à l'horizon le regard qui vient du palais, tandis que les bosquets et le Grand Canal donnent aux fêtes un cadre architecturé propice à leur déploiement bien réglé. Mais les jardins peuvent aussi prendre une signification explicite grâce aux vases et aux statues dont la valeur symbolique est claire pour tous.

Les historiens se servent parfois du mot *mythe* pour désigner une construction intellectuelle hybride obtenue par le croisement d'une idée avec une image. On dira ainsi que le *mythe* de Rome permet à Louis XIV d'apparaître en empereur sur des médailles. Le mot *mythe* allie ainsi des concepts politiques à des formes littéraires ou artistiques, ce qui est très précieux pour analyser l'histoire de la culture. Mais ce mot est ambigu à cause de son lien avec le panthéon gréco-romain. C'est pourquoi on est en droit de lui préférer le composé *idée-image* qui a le mérite de dire clairement comment fonctionne le mode de pensée qui fait de l'image du soleil un symbole de l'absolutisme en même temps qu'une représentation de la nature sous le double aspect de l'ordre et de la fécondité.

"Le projet versaillais est indissociable de la politique générale lancée par Colbert. Il s'inscrit dans le mouvement de redéploiement économique qui fut tenté alors et qui était basé sur une volonté de modification des structures profondes de la société française", écrit Thierry Mariage[88], dont le livre éclaire particulièrement bien le processus de rationalisation administrative commencé en 1661.

Le témoignage de Colbert lui-même est ici essentiel. Il fut vraiment l'agent de l'absolutisme centralisateur qui souhaita tout rationaliser, y compris les poids et mesures, anticipant ainsi sur la Révolution française. Dans une de ses lettres, il conseille au roi de poursuivre "[…] quelque plus grand dessein comme celui de réduire tout son royaume sous une même loi, même mesure et même poids", et d'une manière très directe il ajoute que ce serait là "un dessein digne de la grandeur de Votre Majesté, digne de son esprit et de son âge, et qui lui attirerait un abîme de bénédictions et de gloire dont toutefois VOTRE MAJESTÉ n'aurait que l'honneur de l'exécution, vu que le dessein en a été premièrement formé par Louis XI qui a été, sans contredit, le plus habile de tous nos rois[89]".

Mais comment les jardins pouvaient-ils illustrer la mise en œuvre de cette politique, sinon justement par des idées-images lisibles dans leurs statues ou dans l'articulation de leur structure ?

Le premier moyen et le plus simple fut d'établir des correspondances entre le palais où se prenaient les décisions et les jardins où le roi venait se délasser, mais sans pour autant oublier la politique.

Le bosquet de l'Encelade,
photographie de Jean-Baptiste Leroux

...ire de l'autorité politique sur la sédition : le géant rebelle est précipité dans l'Etna du haut du ciel. ...r les effets d'hydrostatique : l'eau fuse de la bouche d'Encelade et de son poing serré ; elle exprime ...ainsi la force de sa main crispée et figure l'air qui s'échappe de sa poitrine comprimée par la lave.

Les statues et les vases créent à Versailles un lien explicite entre les bâtiments et les jardins. Comme le remarque Yves Bottineau : "L'iconographie de la façade septentrionale comme celle de la façade sud se comprend mal si l'on ne tient pas compte des jardins voisins[90]." Les statues, en effet, y évoquent le monde des fleurs, des fruits, et même de la cuisine. Sur le grand perron, deux vases de marbre correspondent au salon de la Guerre et au salon de la Paix de part et d'autre de la galerie des Glaces. Le vase de la Paix dû à Tuby illustre les traités d'Aix-la-Chapelle et de Nimègue qui mirent fin aux deux premières guerres de Louis XIV, celles où il connut ses plus grands triomphes. Le sculpteur l'a représenté sous un dais aux côtés d'Hercule et recevant l'hommage de femmes portant des tributs. Le vase de la Guerre de Coysevox montre un lion se soumettant à Athéna, ce qui fait allusion à la querelle diplomatique de 1662 qui vit les ambassadeurs d'Espagne céder la préséance à ceux de France. Il montre également la victoire des Autrichiens sur les Turcs, victoire à laquelle la France avait contribué. Ici encore, Hercule apparaît aux côtés de la France coiffée du coq gaulois. Or Hercule figure souvent dans la galerie des Glaces, et notamment dans *La Conquête de la Franche-Comté*. De même, la statue de *La Renommée écrivant l'histoire du roi*, mise en place en 1686, reprend un thème amplement traité dans la décoration de la galerie des Glaces. De même encore, l'Encelade est le thème du châtiment des rebelles par l'autorité suprême ; à la puissante statue de Gaspard Marsy répond dans la galerie des Glaces la composition de Le Brun sur le thème *Le roi gouverne par lui-même*, où l'on voit la France écrasant de son bouclier fleurdelisé la Discorde couronnée de serpents. Ce sont là des thèmes iconographiques auxquels le roi attachait de l'importance puisqu'ils liaient le château et les jardins par un même réseau d'images et de représentations.

A ces thèmes iconographiques, il faut ajouter l'illustration d'un mythe de portée beaucoup plus grande, car lié à la structure des jardins autant qu'à leur décoration, c'est le mythe d'Apollon, présent dans les jardins aussi bien dans l'axe est-ouest, où le dieu émerge du grand bassin auquel il donne son nom, que dans l'axe nord-sud, où le Python dont il a triomphé se fait cribler de flèches dans le bassin du Dragon. Ce thème est repris dans l'un des salons des appartements du roi où est représenté *Apollon sur son char, accompagnant les saisons, avec la France en repos.* Le contraste entre le monstre, figure du difforme, et la personne du roi, incarnation de l'ordre et de l'harmonie, permet d'illustrer la victoire de l'autorité suprême sur tous les comploteurs. Dès 1618, Louis XIII avait été représenté en Apollon afin de justifier le meurtre de Concini[91]. Le thème fut repris après la Fronde et notamment dans *Le Ballet des noces de Pélée et de Thétis*, ballet de cour de Benserade où Louis XIV, alors âgé de seize ans, joua six rôles différents, dont celui d'Apollon qui disait, entouré des Muses :

> *J'ai vaincu ce python qui désolait le monde,*
> *Ce terrible serpent que l'Enfer et la Fronde,*
> *D'un venin dangereux avaient assaisonné :*
> *La Révolte en un mot ne saurait plus me nuire ;*
> *Et j'ai mieux aimé la détruire*
> *Que de courir après Daphné.*

Mais à Versailles, Apollon n'est pas qu'un emblème. Les idées-images qu'il inspire s'inscrivent dans la structure des jardins aussi bien que dans la statuaire, et un jardin étant une représentation de la nature, c'est la nature elle-même qui est censée l'illustrer. Le dieu d'harmonie et de lumière enlève son char et termine sa course en suivant le grand axe autour duquel s'organise tout le spectacle des jardins et du monde. Chaque matin, il apparaît dans toute sa gloire, communiquant à l'univers la chaleur et la fécondité, donnant à tous les êtres, à toutes les choses, la mesure du temps de ses révolutions. Si, comme le pensait Louis XIV, comme le pensait aussi Bossuet, le monarque de droit divin voit sa fonction s'associer aux lois de la nature, alors le dieu solaire est en effet son image. Le roi se sait mortel, mais puisque "l'Etat demeurera toujours", ce qu'il attend des jardins, c'est que le monde vivant des eaux, des arbres et des fleurs, la course des astres dans le ciel, tout cela exprime à la fois le caractère éphémère de toute chose et la majesté impérissable de l'autorité politique. Tel est le sens que Colbert entendait donner à la grande commande quand il fit sculpter pour les jardins *Les Quatre Continents*, *Les Quatre Saisons*, *Les Quatre Parties du jour*, *Les Quatre Eléments*, *Les Quatre Tempéraments de l'homme* et *Les Quatre Poèmes*.

Louis XIV a exprimé cette idée dans ses *Mémoires* en décrivant son métier de roi au centre de l'Etat, toujours occupé par mille tâches diverses, mais allant son chemin sans que rien le perturbe, comme le soleil dans sa course : "C'est ici la dixième année que je marche, comme il me semble, assez constamment dans la même route, ne relâchant rien de mon application ; informé de tout, écoutant mes moindres sujets, sachant à toute heure le nombre et la qualité de mes troupes et l'état de mes places, donnant incessamment les ordres pour tous leurs besoins, traitant immédiatement avec les ministres étrangers, recevant et lisant les dépêches, faisant moi-même une partie des réponses, et donnant à mes secrétaires la substance des autres, réglant la recette et la dépense de mon Etat, me faisant rendre compte directement par ceux que je mets dans les emplois importants, tenant mes affaires aussi secrètes que d'autres l'ont fait avant moi, distribuant les grâces par mon propre choix et rendant, si je ne me trompe, ceux qui me servent, quoique comblés de bienfaits pour eux-mêmes et pour les leurs, dans une modestie fort éloignée de l'élévation et du pouvoir des premiers ministres[92]."

Saint-Simon n'éxagérait pas quand il disait qu'avec un almanach et une horloge on pouvait savoir ce que le roi faisait même si l'on se trouvait très loin de Versailles. Cette régularité, associée à l'impassibilité de son personnage politique, donnait une force particulière au lien que Louis XIV entendait garder avec les dieux de l'Olympe, les Immortels qui donnent un visage aux forces de la nature, mais sans connaître la déchéance et la mort. Ici, le mythe d'Apollon servait encore ses vues, car il permettait de conférer aux événements de sa vie personnelle une forme d'éternité qui les magnifiait et les universalisait. Apollon enfant avait pourfendu le monstre et qu'est-ce que la sédition sinon une difformité du corps politique ? Le bassin du Dragon prenait ainsi un sens symbolique. De même pour Latone, mère d'Apollon, à qui les paysans lyciens avaient refusé à boire alors qu'elle était en fuite avec ses deux enfants. Le parallèle avec Anne d'Autriche et les moments difficiles qu'elle avait connus pendant la Fronde pouvait expliquer que le roi rende hommage à sa mère puisqu'il s'identifiait avec le dieu solaire, dieu d'harmonie, pourfendeur de la sédition.

Au temps où la grotte de Téthys se trouvait encore sur la terrasse du château, le mythe solaire n'était contrarié que parce qu'Apollon sortait de l'onde en faisant face à l'Est, mais il était en revanche confirmé par le

Vue du château depuis le Grand Canal,
photographie de Jean-Baptiste Leroux

Le Grand Canal est déjà dans l'ombre ; le regard, en montant d'instinct vers la lumière, suit le Tapis vert, les puissantes obliques du bassin de Latone et atteint la façade qui flamboie dans les derniers rayons du soleil. Le Nôtre s'est servi des grandes lignes obliques avec un art inégalé. Audacieuses et néanmoins majestueuses, elles lui permettent d'établir son emprise sur un site.

fait qu'il finissait sa course devant les bâtiments où dormait le roi, reprenant lui aussi des forces pour se lever avec le jour. Par la suite, la destruction de la grotte et l'édification de la chapelle ont affaibli la symbolique solaire, mais elle demeure pourtant expressive grâce au grand axe est-ouest qui offre un lien organique à la structure de l'ensemble. On peut donc dire que le mythe d'Apollon dieu solaire demeure cohérent dans ses grandes lignes, suffisamment en tout cas pour placer les jardins sous le signe du cycle diurne de la vie de la nature. Cette idée-image sert essentiellement à porter la politique au plan de l'esthétique. Aller plus loin et systématiser des correspondances souvent fortuites relève d'un genre d'exercice intellectuel auquel se sont livrés, du vivant même du roi, certains de ses thuriféraires. Tout ce que l'on sait de sa nature, plus portée à l'action politique qu'à la spéculation métaphysique, porte à croire qu'il laissait dire tant qu'on servait sa gloire. Bossuet qui le connaissait bien a donné de lui un portrait ressemblant dans sa *Politique* : "Il ne faut pas s'imaginer le prince un livre à la main avec un front soucieux et des yeux profondément attachés à la lecture. Son livre principal est le monde ; son étude c'est d'être attentif à ce qui se passe devant lui pour en profiter[93]."

S'il en avait été autrement, Louis XIV n'aurait pas écrit dans ses *Mémoires,* non sans désinvolture, que sa devise n'était pas très claire, mais que, puisqu'elle figurait sur tous ses bâtiments, il n'entendait pas en changer. Et en construisant Marly, il aurait soit réactivé la symbolique solaire dans tout le détail qu'on lui prête parfois, soit trouvé une façon d'interpréter la nature par un code plus complexe que celui du système planétaire qu'il a finalement choisi.

PUISSANCE ET HORIZON POLITIQUE DE L'ÉTAT

Pour faire des jardins l'image du bon gouvernement de la France, Louis XIV disposait de moyens pragmatiques qui convenaient mieux à son sens politique que le raffinement de la symbolique solaire. Il pouvait montrer dans ses jardins le pouvoir de l'Etat en élargissant l'horizon politique du royaume par l'acclimatation de plantes et d'animaux. Il soutenait ainsi sa réputation de monarque entièrement dévoué aux intérêts de l'Etat et capable de lui procurer l'abondance et la paix par une bonne administration. Versailles a été le symbole, l'image vivante de cette politique. Il fallait que là où se trouvait le roi, là où apparaissaient les signes de sa fonction et la réalité de sa personne, l'opulence, l'ordre et la beauté naissent comme par magie.

Ce sont des visiteurs comme La Fontaine ou Madeleine de Scudéry ou encore l'évêque de Fréjus qui en témoignent. A propos des eaux que l'on faisait monter de l'étang de Clagny, ce dernier écrivait à Colbert : "J'ai trouvé que l'on tire l'eau d'un abîme et qu'on la fait monter en une hauteur prodigieuse sans qu'elle ait aucune descente, contre sa propre nature, qui a été surmontée par l'art qui la fait aller jusqu'au plus haut des tours [...] Enfin on peut dire avec vérité que notre roi, après avoir soumis des provinces entières, a dompté tous les éléments, ayant forcé la terre et l'air à nourrir et conserver les plantes les plus odorantes qui par le passé ne pouvaient pas endurer la froideur de ce pays[94]." Madeleine de Scudéry emploie les mêmes termes pour décrire le Grand Canal : "[...] un canal de 400 toises de long et de 16 de large, qui malgré la situation du lieu et malgré la nature s'enfonce en droite ligne vers le haut d'un tertre et l'on aperçoit à la gauche et à la droite des bois qui s'abaissent, comme ne voulant pas ôter la vue du lointain qui est au-delà[95]." La "belle étrangère" qu'elle met en scène dans *La Promenade de Versailles* s'émerveille devant les jardins : "Votre prince se plaît à faire que l'art ou surmonte ou embellisse la nature partout[96]." C'est ce que Saint-Simon répète sur un ton moins aimable : "Il se plut à tyranniser la nature, à la dompter à force d'art et de trésors[97]." Il utilise ainsi contre Louis XIV un argument souvent repris ensuite par les créateurs du jardin paysager anglais pour des raisons à la fois esthétiques et politiques[98]. Le roi, lui, savait bien que le caractère moderne de telles entreprises servait sa gloire et élargissait son emprise sur l'organisation administrative du royaume. Parmi les projets les plus ambitieux du règne, et reconnu pour tel puisqu'il figurait sur la voûte de la galerie des Glaces, il faut compter le percement du canal du Midi qui joignit l'Atlantique à la Méditerranée en 1681, entreprise titanesque qui avait coûté 2 millions de livres et dont Corneille disait : "France, ton grand roi parle et les rochers se fendent[99]."

La démesure de certains de ces projets – le détournement des eaux de la Loire et de l'Eure a déjà été évoqué – ne doit pas faire oublier que Louis XIV, à sa façon, voulait comme Henri IV faire de ses jardins un symbole politique. Pour cela, de même qu'il y montrait sa puissance en domptant la nature, il élargissait l'horizon politique de son royaume en faisant naviguer à Versailles des vaisseaux venus de pays lointains. Le Grand Canal, c'était, pour qui savait voir, la présence militaire et commerciale des flottes royales sur les océans. En 1664, Colbert avait créé la Compagnie des Indes orientales, en 1669 la Compagnie du Nord, en 1670 la Compagnie du Levant, en 1673 la Compagnie du Sénégal[100], et il encouragea la noblesse à investir dans le commerce colonial. En même temps, il développa la marine de guerre, s'inspirant, comme en bien d'autres occasions, des principes politiques de Richelieu selon qui "quiconque est maître de la mer a un grand pouvoir sur la terre[101]". La création de l'inscription maritime régla le problème du recrutement des matelots, et la marine de guerre, presque inexistante en 1660, compta deux cent soixante-seize navires en 1683. Ce résultat fut atteint en copiant les techniques hollandaises et anglaises et en réduisant le temps de construction des navires. Le roi, qui ne partageait pas l'enthousiasme de son ministre pour les choses de la mer, promit de visiter la nouvelle corderie de Rochefort en 1671, mais il ne se dérangea pas[102], et il mit pour la première fois le pied sur un vaisseau à Dunkerque en 1680… En revanche, il fit apparaître sur le Grand Canal un brigantin, une felouque napolitaine, une chaloupe biscaïenne et deux autres chaloupes. Vinrent ensuite une galiote, un navire de guerre en miniature "avec sculptures, dorures, petits canons, pavillons, flammes, banderole, pavesades[103]", auxquels s'ajoutèrent les deux gondoles dorées offertes par la république de Venise, république qui donna son nom au petit village où logeaient les équipages de cette flotte, petite par sa taille mais grande par sa portée symbolique. La flotte continua de s'accroître au début des années 1680. C'est l'époque où, remarque Pierre Verlet, "une galiote dorée venue de Rouen, en 1679, et une autre de Dunkerque en 1682, un vaisseau que le marquis de Langeron a construit sur place avec du bois venu d'Amsterdam et avec l'aide de charpentiers du Havre et que le roi voit mettre à l'eau au mois d'août 1685, une galère également construite à Versailles et un heu hollandais en 1686, une gondole et une piotte construites de neuf en 1687 ajoutent encore à l'attrait du Canal[104]".

Autre présence à Versailles des horizons lointains, autre façon de forcer la nature : la Ménagerie et le Potager.

Depuis la plus haute antiquité, nombreux sont les jardins royaux qui se sont dotés d'une ménagerie. Les rois assyriens, les pharaons d'Egypte, les califes de Bagdad, tous ont eu des ménageries. C'était pour eux l'occasion de montrer leur puissance, puisqu'ils tenaient des fauves captifs, et de montrer aussi l'étendue de leur empire afin d'éblouir leurs sujets et les étrangers qui leur rendaient visite. Les rois de France avaient eux aussi leur ménagerie et nourrissaient des fauves au Louvre et dans le Marais, comme en témoigne le nom de certaines rues du quartier Saint-Paul.

A Versailles, ce fut un usage différent qui prévalut d'abord. Louis XIV fit commencer les travaux dès le début des années 1660 et il en confia probablement la direction à Louis Le Vau[105]. Le bâtiment octogonal qui s'éleva alors était ceinturé au premier étage d'un balcon qui permettait de dominer une cour également octogonale au-delà de laquelle s'étendaient les enclos où se trouvaient les animaux. En même temps, du côté sud de l'avenue qui menait à la Ménagerie fut construite une ferme modèle – belle illustration du bon gouvernement de la France ! – avec un abreuvoir, une grange, une étable et une laiterie dont le beurre fournissait la table royale. On passait ainsi près de la ferme, séjour des animaux domestiques, pour gagner le balcon de fer forgé d'où le regard plongeait sur les enclos où vivaient des autruches, des pélicans et divers échassiers, notamment des cigognes disposant d'un bassin. Il y avait là toute une population d'animaux dont certains, déjà, évoquaient des horizons lointains. Les choses changèrent à la fin du XVIIe siècle quand on supprima l'ancienne ménagerie de Vincennes d'où arrivèrent alors des cerfs, un éléphant, un rhinocéros et des lions. Ces animaux étaient là pour satisfaire la curiosité des

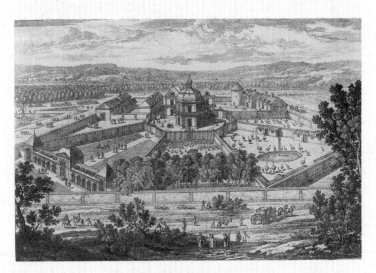

La Ménagerie de Versailles,
Adam Pérelle,
musée du Château de Versailles

La ménagerie aujourd'hui disparue faisait pendant au Trianon du côté sud du Grand Canal. Elle abritait des animaux exotiques, notamment des autruches, que l'on observait depuis le balcon du bâtiment octogonal au centre. Outre son intérêt documentaire, elle avait un rôle politique et une fonction scientifique : elle montrait que la France était présente sur tous les continents et servait de laboratoire aux savants de l'Académie des sciences. Claude Perrault y venait faire des dissections.

visiteurs et des savants, car quand l'un d'eux mourait, on le disséquait dans un bâtiment aménagé à cet effet. Les préoccupations scientifiques n'étaient donc pas exclues de l'organisation de la Ménagerie qui servit ainsi d'animalerie aux savants de l'Académie des sciences. Ceci se voyait aussi au Potager.

Le Potager fit la preuve que sur un terrain ingrat on pouvait par une sage administration des ressources naturelles faire pousser les fruits et les légumes les plus exquis. Ce ne fut pas l'affaire d'un jour. Il fallut utiliser les "remuements de terre" de la pièce d'eau des Suisses pour remblayer l'emplacement prévu. En 1679, une somme de 120 000 livres fut prévue "pour le transport des terres et les murs de clôture du nouveau potager, contenant vingt arpents[106]" ; on en dépensa encore autant l'année suivante. Il fallait étendre de la bonne terre sur le remblai provenant des "remuements". Encore une fois, le roi triomphait de la nature. En 1681, on consacra 18 000 livres à ce que l'on pourrait appeler les finitions : châssis, caisses, canalisations, treillages, portes et bassin central. En 1682, La Quintinie emménagea dans la maison construite pour son usage à l'entrée du Potager, pendant que s'achevaient les terrassements nécessaires pour adosser les fruitiers les plus fragiles aux murs qui jouissaient de la meilleure exposition.

Le 31 juillet 1684, les travaux étaient achevés et Dangeau notait que le roi s'était promené à pied dans ses jardins et dans son potager "où il permit à tous ceux qui le suivaient de cueillir et de manger des fruits[107]".

Quand le livre de La Quintinie, *Instruction pour les jardins fruitiers et potagers,* fut publié en 1690, deux ans après sa mort, on y trouva une *Adresse au roi* dont le ton et la teneur ne sont pas sans rappeler les *Commentaires* de Félibien sur le portrait de Louis XIV par Le Brun. "La nature qui (ce semble) prend plaisir à ne rien refuser à Votre Majesté, et qui la regarde en effet comme le plus parfait de ses ouvrages, a sans doute réservé pour son auguste règne ce que la terre a caché à tous les siècles passés. [...] Cette terre, qui paraît si opiniâtre à l'égard de tout le monde, cédera enfin, et même pour ainsi dire avec quelque joie aux moindres commandements d'un grand prince à qui tous les autres éléments font gloire d'obéir[108]." On retrouve ici l'idée que le roi dans sa personne physique est une parfaite production de la nature et qu'il est le garant de la bonne marche du monde.

Parmi les signes du triomphe d'un prince qui faisait "enfin" céder la nature, il y avait la culture des orangers nés sous des climats qui ne leur permettaient pas de vivre en France. Le commerce international encouragé par Colbert et ses successeurs – et on retrouve ici le sens métaphorique du Grand Canal tout proche avec sa flottille en partie exotique – permettait de surmonter ce genre de difficulté en mettant la France en relation avec toutes les parties du monde : "Les marchands génois [...] tous les ans nous amènent ici dans les mois de février, mars, avril et mai une grande quantité d'orangers assez forts et assez grands et les donnent à un prix fort raisonnable tant ceux qui viennent sans motte que ceux qui viennent bien emmottés[109]."

Ces oranges étaient particulièrement chères à La Quintinie qui leur consacra un chapitre indépendant, un "livre" selon ses propres termes, dans son grand ouvrage. "Toutes les oranges sont douces, ou aigres, ou aigres-douces, c'est-à-dire mêlées d'aigreur et de douceur ; les aigres sont pour les sauces, les autres sont pour manger crues, ainsi que d'autres fruits : dans la première classe, il y en a de douceâtres, et pour ainsi dire fades, qui par conséquent sont désagréables, partant il faut éviter d'en avoir autant qu'on peut : les meilleures des douces sont les oranges du Portugal, et celles d'une autre sorte de grosses oranges à écorce fine qui viennent des Indes ; les petits orangers de la Chine sont aussi fort agréables[110]."

Nul ne sait si La Quintinie fait ici une référence explicite au commerce avec la Chine et aux flottes de l'océan Indien, mais il tient à montrer que l'Orangerie et le Trianon deviennent de nouvelles Hespérides grâce au savoir-faire et aux techniques de leurs jardiniers. Les orangers y sont désormais chez eux. "Ce qu'on voit et

Vue perspective de l'Orangerie et du château de Versailles depuis les hauteurs de Satory,
Jean-Baptiste Martin le Vieux,
musée du Château de Versailles

L'Orangerie à la fin des années 1680. La chapelle n'est pas encore construite mais le château a atteint sa dimension actuelle. La nouvelle Orangerie, construite par Hardouin Mansart, est dans toute sa gloire avec ses parterres à pans coupés aujourd'hui reconstitués. A gauche, en contrebas des cent marches, le Labyrinthe.

qu'on admire tous les ans dans les jardins du Trianon peut servir de règle et d'instruction à ceux qui seront en état de les pouvoir imiter[111]." Certes, La Quintinie flatte ici les goûts du roi dont nous savons par Saint-Simon qu'il ne tolérait en matière de parfum que celui des orangers. Il fait de même à propos des figues auxquelles il consacre un chapitre en mentionnant "le plaisir que notre grand monarque trouve à ce fruit-là[112]".

Dans son livre, comme à Versailles, le roi est partout et le reste du monde lui fait cortège. Nous savons que le Potager était en relation directe avec le service de la Bouche du roi et nous connaissons les quantités impressionnantes de nourriture qui se préparaient et se consommaient à Versailles[113], mais en même temps nous voyons en lisant son livre que La Quintinie est autant au fait du commerce maritime des fruits que Le Bouteux, au Trianon, l'était de celui des fleurs.

Ce n'est pas tout. Il ne se contente pas de dire ce qu'il faut faire, il en donne la raison et on le voit prendre une attitude résolument moderne pour donner à l'art des jardins un statut scientifique. Il prend parti dans le débat sur la circulation de la sève et réfute les "vieux dires de jardiniers malhabiles", selon lesquels greffes et semis doivent se faire pendant le décours de la lune. En de nombreuses occasions sa démarche pragmatique le range résolument parmi ceux qu'on appelait "les Modernes". Comme le dit Stéphanie de Courtois, il fait du Potager "un véritable laboratoire expérimental où il teste différents procédés de taille, de traitements, d'amendements[114]". En ce sens, son livre, préfacé par Charles Perrault, est très révélateur du rapport des sciences avec les jardins de Versailles.

C'est à cet aspect de leur histoire qu'il faut passer maintenant afin d'analyser leur relation à la géométrie qui leur a donné forme.

NOTES

1. R. Mandrou, *La France aux XVIIe et XVIIIe siècles*, Paris, 1987, p. 228.

2. Machiavel, *Œuvres complètes*, Paris, 1952, p. 136.

3. M. Cottret, *La Vie politique en France aux XVIe, XVIIe et XVIIIe siècles*, Paris, 1991, p. 11.

4. C. Acidini Luchinat, "Les Jardins des Médicis. Origines, développements, transformations", in *Les Jardins des Médicis*, Milan, 1996 ; éd. franç. : Arles, 1997, p. 50.

5. M.-A. Giusti, "Les Demeures laurentiennes à Pise et aux alentours", in *Les Jardins des Médicis*, *op. cit.*, p. 207.

6. I. Cloulas, *Catherine de Médicis*, Paris, 1979, p. 340.

7. *Les Triomphes faits à l'entrée de François II et de Marie Stuart au château de Chenonceau*, rééd. par le prince A. Golitsyn, Paris, 1857.

8. Cité par J.-F. Solnon, *La Cour de France*, Paris, 1987, p. 129.

9. A. Marie, *Naissance de Versailles*, Paris, 1968, I, p. 7.

10. A.-M. Lecoq, "Le Jardin de la sagesse de Bernard Palissy", in M. Mosser et G. Teyssot, *Histoire des jardins de la Renaissance à nos jours*, Paris, 1992, p. 73.

11. *Relation des ambassadeurs vénitiens sur les affaires de France*, in *Collection des documents inédits sur l'histoire de France*, XLIX, Paris, 1838, II, p. 593.

12. K. Woodbridge, *Princely Gardens*, Londres, 1986, p. 81.

13. A. Babeau, *Le Louvre et son histoire*, 1895, cité par J.-C. Daufresne, *Le Louvre et les Tuileries*, Paris, 1994, p. 26.

14. *Les Fêtes de la Renaissance*, études réunies par J. Jacquot, Paris, 1956.

15. E. de Ganay dit qu'il fut "le véritable créateur du parc", *André Le Nostre*, Paris, 1962, p. 69.

16. A.-M. Lecoq, *François Ier imaginaire*, Paris, 1987, p. 362.

17. B. Barbiche et S. de Dainville-Barbiche, *Sully*, Paris, 1997, p. 314.

18. A. de Montchrestien, *Traité d'économie politique*, Paris, 1615.
19. O. de Serres, "Adresse au Roi", in *Théâtre d'agriculture et Ménage des champs* ; rééd., Arles, 1996, p. 8.
20. M. Baridon, *Les Jardins. Paysagistes. Jardiniers. Poètes*, Paris, 1998, p. 610-611.
21. L. Batiffol, *Autour de Richelieu*, Paris, 1937, p. 155.
22. *Ibid.*, p. 187.
23. *Ibid.*, p. 189.
24. *Ibid.*, p. 144.
25. P. Boudon, *Richelieu, ville nouvelle*, Paris, 1978, p. 160.
26. Cité par J.-C. Petitfils, *Louis XIV*, Paris, 1995, p. 193-194.
27. Sur le rôle joué par les conseillers et les secrétaires du roi dans la rédaction des *Mémoires*, on lira la préface de B. Champigneulles in Louis XIV, *Mémoires et divers écrits*, Paris, 1960.
28. *Ibid.*, p. 4.
29. I. Murat, *Colbert*, Paris, 1980, p. 111.
30. R. Mousnier, *Les Institutions de la France sous la monarchie absolue*, Paris, 1992, p. 153-154.
31. J.-C. Petitfils, *Louis XIV, op. cit.*, p. 253.
32. C'est-à-dire ceux qui traitent avec le ministre pour fixer le montant des fermes en totalité ou en partie.
33. Louis XIV, *Mémoires...*, *op. cit.*, p. 10.
34. Voltaire, *Le Siècle de Louis XIV*, Paris, 1957, p. 705.
35. *Le Triomphe royal*, 1649, p. 73.
36. Bossuet, *Politique tirée des propres paroles de l'Ecriture sainte*, Paris, 1967, V, IV, 1, p. 178.
37. H. du Boys dans son traité *De l'origine et auctorité des Roys*, 1604, cité par J. Ellul, *Histoire des idées politiques*, Paris, 1971, I, p. 334.
38. "Je demandai au cardinal si Louis XIV était instruit de sa religion pour laquelle il avait toujours montré un si grand zèle. Il me répondit ces propres mots : «Il avait la foi du charbonnier»", *Supplément au Siècle de Louis XIV*, Paris, 1957, p. 1242.
39. Bossuet, *Politique...*, *op. cit.* Dans son introduction, E. Le Brun souligne que Bossuet était issu d'une famille de parlementaires qui avaient été loyaux pendant la Fronde, ce qui créait une communauté de vues entre le roi et le prélat.
40. E. Kantorowicz, *Les Deux Corps du roi. Essai sur la théologie politique au Moyen Age*, Paris, 1987.
41. Sermon du dimanche de Rameaux devant le roi le 2 avril 1662.
42. Bossuet, *Politique...*, *op. cit.*, p. 63.
43. Louis XIV, *Mémoires...*, *op. cit.*, p. 193.
44. Bossuet, *Politique...*, *op. cit.*, p. 96.
45. Louis XIV, *Mémoires...*, *op. cit.*, p. 177.
46. Louis XIV, *Mémoires...*, *op. cit.*, p. 42-43.
47. "Il a l'œil perspicace, connaît l'intime de chacun, et une fois qu'il a vu un homme ou entendu parler de lui, il s'en souvient

toujours." J.-B. Primi Visconti, *Mémoires sur la cour de Louis XIV, 1673-1681*, Paris, 1988, p. 27.

48. Bossuet, *Politique...*, *op. cit.*, V, IV, 1, p. 177.

49. Cardin Le Bret, *De la souveraineté du roi*, Paris, 1632.

50. Cité par G. Sabatier, *Versailles ou la figure du roi*, Paris, 1999, p. 428.

51. T. Hobbes, *Léviathan*, 1651, Paris, 1983, p. 177.

52. *Ibid.*, p. 219-220.

53. Lettre du 15 avril 1630, citée par J. Cornette, "L'Alchimiste, le Prince et le Géomètre", *Revue de synthèse*, juil.-déc. 1991, p. 492-493.

54. Louis XIV, *Mémoires...*, *op. cit.*, p. 177.

55. P. de Courcillon, marquis de Dangeau, *Journal*, Paris, 1854-1860, XVI, p. 128.

56. M. M. McGowan, "Les Images du pouvoir royal au temps de Henri III", in *Théories et pratiques politiques à la Renaissance*, Paris, 1977, p. 305.

57. L. Morelet (le sieur Combes), *Explication historique de ce qu'il y a de plus remarquable dans la maison royale de Versailles et en celle de Monsieur à Saint-Cloud*, Paris, 1681, p. 1.

58. Saint-Simon, *Mémoires*, Paris, 1986, V, p. 533.

59. Voltaire, *Le Siècle...*, *op. cit.*, p. 951.

60. *Ibid.*, p. 969.

61. *Ibid.*, p. 912.

62. *Ibid.*, p. 1020.

63. Saint-Simon, *Mémoires*, *op. cit.*, V, p. 531.

64. *Ibid.*, p. 533.

65. E. Spanheim, "Relation de la cour de France en 1690", in *Annales de l'université de Lyon*, fasc. V, Paris, 1900, p. 67.

66. D. Cronström, relation publiée dans *La Gazette des Beaux-Arts*, LXVI, juillet-août 1965, p. 103-104, par S. de l'Epinois.

67. *Ibid.*, p. 104.

68. Sourches, marquis de, *Mémoires*, Paris, 1883-1893, X, p. 158.

69. *Ibid.*, XIII, p. 523.

70. Saint-Simon, *Mémoires*, *op. cit.*, V, p. 609-610.

71. Louis XIV, *Mémoires...*, *op. cit.*, p. 90.

72. Colbert, *Lettres, instructions et mémoires*, Paris, 1861, V, p. 266-267.

73. *Ibid.*, V, p. 269.

74. *Ibid.*, V, p. 269-270.

75. Voir B. Saule, "Le Château de Versailles", in *Colbert, 1619-1683*, Paris, 1983, p. 307-324.

76. Les dépenses faites à Versailles se montaient à 526 954 livres en 1666 et tombèrent à 214 300 livres l'année suivante pour croître de plus du double en 1668 et du double encore l'année suivante.

77. Colbert, *Lettres...*, *op. cit.*, V, p. 330.

78. *Ibid.*, V, p. 297. Le Nôtre venait de terminer le parterre du Nord, l'allée d'Eau et le bassin du Dragon.

79. Louis XIV, *Mémoires…*, *op. cit.*, p. 165.

80. *Ibid.*, p. 51.

81. *Ibid.*, p. 76.

82. *Ibid.*, p. 151.

83. *Ibid.*, p. 284.

84. J.-C. Petitfils, *Louis XIV*, *op. cit.*, p. 252. "Malgré ses lourdeurs, «cette grande recherche» élimina dans certaines régions 25 à 40 % des nobles, même davantage."

85. Louis XIV, *Mémoires…*, *op. cit.*, p. 90.

86. F. Bluche, *Louis XIV*, Paris, 1986, p. 434-436.

87. Sourches, marquis de, *Mémoires*, *op. cit.*, I, p. 202.

88. T. Mariage, *L'Univers de Le Nostre*, Bruxelles, 1990, p. 119.

89. I. Murat, *Colbert*, *op. cit.*, p. 143.

90. Y. Bottineau, "Essais sur le Versailles de Louis XIV", *Gazette des Beaux-Arts*, octobre 1988, p. 125.

91. G. Sabatier, *Versailles ou la figure du roi*, *op. cit.*, p. 556.

92. Louis XIV, *Mémoires…*, *op. cit.*, p. 58.

93. G. Lacour-Gayet, *L'Éducation politique de Louis XIV*, Paris, 1898, p. 83.

94. Cité par P. de Nolhac, *La Création de Versailles*, Versailles, 1901, p. 218.

95. Mlle de Scudéry, *La Promenade de Versailles*, Paris, 1920, p. 27.

96. *Ibid.*, p. 50.

97. Saint-Simon, *Mémoires*, *op. cit.*, V, p. 532.

98. H. Repton définissait le jardin paysager anglais comme "une heureuse moyenne entre ce qu'il y a de sauvage dans la nature et ce qu'il y a de rigide dans l'art ; de même la constitution anglaise est une heureuse moyenne entre la liberté des sauvages et la rigueur du gouvernement despotique", in *Sketches and Hints on Landscape Gardening*, Londres, 1795, p. 55 (la traduction est de M. Baridon).

99. Cité par J.-C. Petitfils, *Louis XIV*, *op. cit.*, p. 257.

100. *Ibid.*, p. 261.

101. Cité par I. Murat, *Colbert*, *op. cit.*, p. 265.

102. *Ibid.*, p. 272.

103. P. Verlet, *Le Château de Versailles*, Paris, 1985, p. 115.

104. *Ibid.*, p. 193. Un *beu* est un petit caboteur à fond plat. Une *piotte* ou *péotte* est une grande gondole utilisée en mer.

105. Sur la Ménagerie de Versailles on lira G. Mabille, "La Ménagerie de Versailles", in M. Mosser et G. Teyssot, *Histoire des jardins de la Renaissance à nos jours*, Paris, 1992, p. 168-170.

106. P. Verlet, *Le Château…*, *op. cit.*, p. 204.

107. *Ibid.*, p. 205.

108. J.-B. de La Quintinie, *Instruction pour les jardins fruitiers et potagers* (1690), Versailles-Arles, 1999, p. 8.

109. *Ibid.*, p. 988.
110. *Ibid.*, p. 1038.
111. *Ibid.*, p. 1040.
112. *Ibid.*, p. 682.
113. Voir la contribution de B. Saule au catalogue de l'exposition *Versailles et les tables royales en Europe, XVIIᵉ-XIXᵉ siècles*, 1993.
114. J.-B. de La Quintinie, *Instruction...*, *op. cit.*, postface, p. 1154.

L'EMPIRE DES GÉOMÈTRES

Il n'y a point de matière qui puisse m'agréer davantage que la méchanique et la géométrie qu'on voit dans les ouvrages de la nature[1].

CHRISTIAAN HUYGENS

VERSAILLES ET LES ACADÉMIES

La création des jardins de Versailles est un acte de politique culturelle directement lié au système de gouvernement instauré en 1661. Comme cette politique était voulue par le roi et mise en œuvre par Colbert et ses conseillers, elle n'était pas monolithique et sa complexité créa dans les allées du pouvoir un climat intellectuel encore inconnu en France.

Une fois qu'il avait consulté son Conseil d'en-Haut et rendu ses arbitrages, le roi était libre de confier tel ou tel rôle à quelqu'un de son choix parmi les savants, les artistes et les écrivains qu'il estimait représentatifs de la vie culturelle du royaume. Ne manquant pas de discernement, il recrutait des hommes reconnus par leurs pairs ou qui promettaient de le devenir. Il s'attachait alors leurs services par le versement d'une pension et il attendait d'eux, en retour, qu'ils servent sa gloire et contribuent à faire de la France un pays admiré du monde civilisé. Les "grâces" et les titres qu'il distribuait lui permirent de réunir à la cour et dans les académies parisiennes tous les talents. Mais ces talents venaient d'horizons fort différents, car peu importaient leurs antécédents intellectuels pourvu qu'ils aient prouvé leur excellence. C'est ainsi que se sont côtoyés, et parfois dans l'entourage immédiat du roi, des sceptiques comme La Mothe Le Vayer, qui avait été son précepteur pendant huit ans, des huguenots repentis ou non comme Duquesne et Turenne, Dangeau et Mme de Maintenon, des jansénistes de tradition ou de conviction comme les frères Perrault, Racine et le Grand Arnauld, et des catholiques dont l'orthodoxie se teintait d'ultramontanisme (le père La Chaize) ou de gallicanisme (Bossuet).

Tel fut le climat intellectuel du premier tiers du règne, dans son éclatante diversité. Les hommes de lettres se savaient partisans des Modernes ou des Anciens, mais leurs querelles n'apparaissaient pas encore au grand jour. Le franc-parler n'était pas banni de la cour : Molière faisait rire aux dépens de tout le monde et le roi était de son côté, s'amusant aussi des sorties parfois déplacées de Lully, acceptant même que Colbert lui cite les chansons où l'on ridiculisait les revues militaires à grand spectacle qu'il avait organisées avec Louvois à Moret, près de Fontainebleau. La franchise était de mise entre le roi et ses proches collaborateurs.

C'est ce monde divers, porté par un projet commun, nourri d'idées nouvelles, qui domina d'abord. Ensuite les tensions s'accusèrent, les relations entre le pouvoir et certains intellectuels se tendirent, et l'autorité politique imposa ses choix. Mais, il faut le répéter, les jardins de Versailles étaient déjà créés quand l'orthodoxie religieuse devint une affaire d'Etat et quand la vie culturelle de la cour perdit de son lustre. Ils purent néanmoins poursuivre sur leur lancée, s'agrandir encore, se diversifier parce qu'ils exploitaient une formule assez riche pour fournir matière à de nouvelles créations, un peu comme en musique un thème s'avère assez riche pour que des musiciens différents le reprennent dans des variations de leur propre invention.

D'où le thème central des jardins tire-t-il cette richesse ? Du site, sans nul doute. La grandeur de Versailles, c'est sa taille même, mais c'est aussi et surtout le paysage qu'on y découvre en suivant des yeux les deux axes des jardins : l'axe nord-sud qui se prolonge par la pièce d'eau des Suisses et surtout l'axe est-ouest, celui du Grand Canal et de la course du Soleil. Cette ouverture vers l'occident fait de la Grande Terrasse un lieu d'où le regard peut parcourir un immense berceau d'eaux et de feuillages avant de s'envoler vers la lumière. Quand Louis XIV jeta son dévolu sur ce site, rien de tout cela n'existait encore et le val de Gally n'avait rien d'amène – Saint-Simon l'a assez dit. Mais il en va des jardins comme des autres arts. Tel œil voit en songe un éden là où tel autre n'aperçoit qu'un cloaque.

On s'est souvent demandé ce qui revient à Le Nôtre, à Le Brun, à Le Vau, à d'Orbay puis à Hardouin-Mansart dans la création de jardins qui ont tiré tant de choses de si peu. On ferait mieux d'ajouter à ces noms ceux de Colbert et du roi lui-même, et de chercher comment ils ont pu fédérer tant de talents différents pour mener à bien un tel projet. Les jardins de Versailles bénéficièrent en effet de la collaboration de ces deux grandes figures politiques avec le jardinier le plus connu. Le Brun s'ajouta à ce trio : il avait, nous l'avons vu, la confiance de Colbert, et il savait assez de choses sur les relations du roi avec son ministre pour consentir à ce dernier une sorte de priorité dans la discussion de ses projets. A propos de la galerie des Glaces dont la décoration avait été modifiée en 1679, il lui écrivait : "Monseigneur, voicy les dessins pour Trianon et celuy pour la galerie de Versailles que le Roy m'a commandés. J'attends vos ordres devant que de rien commencer. [...] Je ne voudrais pas en parler à Sa Majesté avant d'avoir vostre jugement, que je regarde comme le plus seur de tous ceux que je puisse envier[2]." Cette façon de s'adresser à son supérieur hiérarchique montre bien qu'au yeux de Le Brun l'équipe qui dirigeait les travaux de Versailles maintenait toute sa cohésion après plus de quinze ans de travail en commun. Dans la mesure où Colbert y fait figure de cheville ouvrière, il faut voir par quels moyens il parvint à créer puis à coordonner le travail des artistes et des bâtisseurs qui ont conçu les jardins.

Surintendant des Bâtiments en 1664, contrôleur général des Finances en 1665, secrétaire d'Etat à la Marine l'année suivante, secrétaire d'Etat à la Maison du roi en 1669, il était devenu le commis universel. Le roi pouvait lui demander de "pousser les travaux" à tel ou tel endroit aussi bien que de lui rendre compte personnellement des accouchements de Mlle de La Vallière et des allées et venues de M. de Montespan. Le rigoureux, l'industrieux Colbert ne se rebiffait que lorsque les dépenses royales lui semblaient mal engagées, en particulier pour payer les revues fastueuses que Louvois organisait près de Fontainebleau. Toujours au travail, fier d'être en position de force, heureux de caser les siens, conscient de s'enrichir sans mauvaise conscience puisqu'il enrichissait en même temps le royaume, il avait l'œil à tout. Il savait que son programme économique passait par le développement des sciences et des techniques et par l'exaltation du rôle de l'Etat en la personne du roi. Puisque la face du théâtre avait changé, le partage se faisait sur de nouvelles bases : au roi la gloire d'une politique nouvelle, au ministre le mérite de sa mise en œuvre. Dans ce rôle en apparence subalterne, Colbert sut se rendre indispensable. Certains voient en lui un modeste soucieux de sa mission politique et d'elle seule ; d'autres un chef de clan qui sut tirer profit de son ascension rapide. Mais qu'on le regarde sous un angle ou sous un autre, il apparaît comme un grand politique, et un grand politique, c'est un tout. On le juge à sa vision, au choix des moyens qu'il emploie et au bilan qu'il laisse. La vision, Colbert la partageait très largement avec le roi, et c'était une ambitieuse politique de développement qui rallia les forces vives du royaume, on pourrait même dire de la nation ; le choix des moyens, c'était d'obéir au monarque tout en pesant sur ses arbitrages, ce qui n'était pas toujours facile compte tenu de sa forte personnalité et de son goût pour ce que Saint-Simon appelait "la folie du gros" ; quant au bilan, il est encore visible aussi bien dans nos administrations que dans nos ports, dans nos bibliothèques, et bien sûr à Versailles.

C'est comme surintendant des Bâtiments que Colbert a le mieux réussi à devenir le collaborateur indispensable du jeune Louis XIV. La fondation des académies lui permit de mettre des institutions respectées au service de la nouvelle politique culturelle. Il savait qu'il avait besoin des intellectuels, des "intelligents" comme on disait alors, pour atteindre ses objectifs. Le chemin était déjà tracé par Richelieu, fondateur de l'Académie française, mais à la différence de celui qu'il appelait "le grand cardinal" – sans doute pour le différencier de Mazarin –, il se contenta d'abord de prendre des appuis discrets pour lancer ensuite de grandes opérations. Charles Perrault, que nous retrouvons ici, écrit dans ses mémoires que Colbert, "ayant prévu ou sachant déjà que le Roi le ferait surintendant de ses Bâtiments", commença à se préparer à cette tâche dès la fin de l'année 1662. "Il songea qu'il aurait à travailler non seulement à achever le Louvre, entreprise tant de fois commencée et toujours laissée imparfaite, mais à faire élever beaucoup de monuments à la gloire du roi, comme des arcs de triomphe, des obélisques, des pyramides, des mausolées : car il n'y a rien de grand ni de magnifique qu'il ne se proposât d'exécuter."

Parmi ces projets grands et magnifiques, il y avait aussi "des divertissements dignes du prince", c'est-à-dire des fêtes, des mascarades, des carrousels, "toutes ces choses devant être écrites et gravées avec esprit et avec entente pour passer dans les pays étrangers". Pour cela Colbert se dota d'un petit conseil constitué de gens connus dans le monde de la culture afin de recueillir leurs avis et leurs suggestions. Ce comité fut connu sous le nom de "petite académie" et se mit aussitôt au travail.

La "petite académie" était à la grande ce que le nouveau Conseil d'en-Haut était à l'ancien. L'un de ses piliers était le poète et critique Chapelain, alors âgé de soixante-huit ans, un vétéran, membre fondateur de l'Académie française et auteur des *Sentiments de l'Académie sur le Cid*, ouvrage qui n'avait pas peu contribué à donner à la tragédie le statut qui demeura le sien sous Louis XIV, celui d'un genre littéraire où la politique de l'âge baroque trouvait son expression la plus haute. A ses côtés, un homme à peine plus jeune, Amable Bourzeis, un abbé du diocèse d'Autun, lui aussi membre fondateur de l'Académie française, féru de langues étrangères et connu pour ses sermons et ses dons d'apologiste. Colbert avait adjoint à ces valeurs sûres deux hommes jeunes : l'abbé Jacques Cassagnes, vingt-sept ans, le benjamin du groupe, que Chapelain considérait comme le premier orateur de son temps, et Charles Perrault, de sept ans son aîné qui, en qualité de secrétaire, était directement en rapport avec Colbert. Sans tarder, les quatre hommes furent présentés au roi qui leur annonça : "Je vous confie la chose qui m'est la plus précieuse qui est ma gloire[3]."

Cette mission fut prise au sens large du terme puisque les académiciens s'occupèrent de tout ce qui concernait les médailles frappées à l'occasion d'une victoire ou de l'achèvement d'une campagne de grands travaux, les emblèmes et les devises figurant sur les bâtiments, les recueils d'estampes imprimées avec privilège du roi, et d'une façon générale tout ce qui touchait à la gloire de Louis XIV dans le domaine de la culture.

Il revenait à Charles Perrault de coordonner ce vaste programme et de le faire avancer. Il s'était fait connaître par deux odes écrites l'une sur la paix des Pyrénées, l'autre sur le mariage du roi. Ces odes avaient plu à Mazarin qui s'en était ouvert à Colbert. Ce dernier perçut aussitôt en ce jeune auteur un homme de culture et d'action dont les services lui seraient précieux. Les deux hommes semblaient faits pour s'entendre. Tous deux touchaient au monde du commerce et de la magistrature, tous deux comptaient dans leur famille des administrateurs et des hommes de savoir, tous deux se sentaient liés par le projet commun de moderniser l'Etat, tous deux étaient des réalistes très tournés vers les techniques, les sciences et tout ce qui touchait aux connaissances nouvelles. De plus, la famille Perrault était quelque peu teintée de jansénisme, ce qui dénotait une forme d'austérité qui n'était pas pour déplaire à celui que Mme de Sévigné appelait "le Nord".

Le "clan Perrault", comme dit Antoine Picon, comptait des intellectuels remarquables. Il a marqué la création des jardins de Versailles parce qu'il établissait des ponts entre les différentes académies. Charles Perrault, homme de confiance de Colbert dans la "petite académie", fut élu à l'Académie française en 1667, la même année que Colbert. Il avait trois frères : Pierre, avec qui il avait écrit des poèmes burlesques et dont la carrière de receveur des Finances fut brisée par Colbert, Nicolas, théologien janséniste qui avait des difficultés avec le pouvoir, et Claude, médecin anatomiste, physicien, architecte dont le nom reste attaché à la grotte de Versailles, à l'Observatoire de Paris et à la colonnade du Louvre, et qui fut membre fondateur de l'Académie des sciences en 1666. On voit que la famille Perrault dessinait à elle seule un réseau qui joignait entre elles presque toutes les branches des arts et du savoir.

Charles Perrault n'avait pas réussi à persuader Colbert, ou peut-être le roi, de l'utilité d'une Académie "générale"[4] où se seraient retrouvées toutes les personnalités marquantes de la vie intellectuelle du royaume. Mais l'idée fit son chemin sous une autre forme. L'Académie royale de la danse fut créée en 1662, l'Académie de peinture et de sculpture, fondée en 1647, fut réorganisée par Le Brun en 1663, l'Académie des sciences commença à se réunir en 1666 et l'Académie royale d'architecture reçut ses statuts en 1671. L'Académie française, la plus ancienne, puisqu'elle avait été fondée en 1634, comptait dans ses rangs tous les écrivains illustres du règne, à l'exception de Molière. Leurs noms demeurent d'une façon ou d'une autre associés à Versailles. La Fontaine, en délicatesse avec le roi à cause de sa fidélité à Fouquet et de ses relations avec les cercles libertins, n'y entra qu'en 1684, mais son poème *Les Amours de Psyché et de Cupidon* est peut-être le plus beau que les jardins aient inspiré. Quinault, auteur dramatique et librettiste de Lully y fut élu en 1670, Racine en 1673, Bossuet et Charles Perrault en 1671, Benserade, dont les *Fables d'Esope en quatrains* servirent de sujets aux fontaines du Labyrinthe, en 1674, et Boileau, historiographe du roi comme Racine, en 1684.

Les autres académies brillaient elles aussi par la distinction intellectuelle de leurs membres. L'Académie de peinture reçut une impulsion décisive quand Le Brun (1619-1690) en prit la direction. Le rôle de cet artiste tout dévoué à Colbert ne se borna pas à peindre la galerie des Glaces mais s'étendit aux jardins dont il redessina le parterre d'Eau. Il travailla en cette occasion, comme en d'autres qui nous sont moins connues, avec Le Nôtre qui avait fréquenté lui aussi l'atelier de Simon Vouet et fait partie de la grande équipe de Vaux-le-Vicomte. Nommé directeur des Gobelins par Colbert en 1662, il fut anobli la même année et entama en tant que premier peintre du roi une carrière brillante qui le fit travailler à Versailles pendant dix-huit ans. Il obtint que tous les peintres brevetés par le roi viennent à l'Académie et tous ceux des Bâtiments du roi rallièrent ainsi la nouvelle organisation.

L'Académie d'architecture fut fondée en 1671, après la mort de Le Vau (1670) qui, dès 1667, avait été membre, avec Le Brun et Charles Perrault, d'une "petite commission" – encore une – réunie par Colbert pour le conseiller. Le Vau disparu, ce fut sur un groupe d'architectes que ce même Colbert s'appuya pour coiffer la profession par un organisme d'Etat. Cette équipe comprenait François d'Orbay (1634-1697), qui commença à travailler à Versailles comme adjoint de Le Vau ; il avait fait le voyage de Rome et il jouit un moment de la protection de Mme de Montespan, avant d'être supplanté par Hardouin-Mansart auprès du roi. C'est un peu ce qui arriva aussi à Libéral Bruant (1635 ?-1697), ingénieur des Ponts et Chaussées pour les généralités de Paris, de Soissons et d'Amiens de 1669 à 1695, qui avait lancé le grand chantier des Invalides avant d'en être évincé en 1676. Daniel Gittard (1625-1686), autre membre fondateur, avait travaillé pour Fouquet à Vaux et à Belle-Ile, et il collabora avec Le Nôtre et Hardouin-Mansart à Chantilly. Faisaient également partie de l'Académie dès sa fondation Antoine Le Pautre (1621-1679), d'une famille de graveurs et de dessinateurs, qui construisit à Saint-Cloud la cascade d'inspiration très baroque toujours visible dans le bas du jardin, et Pierre Mignard (1612-1695) qui n'entra à l'Académie de peinture qu'après la mort de son grand rival Le Brun. Enfin, venaient les deux personnalités les plus en vue à cause de leurs responsabilités administratives : André Félibien et François Blondel, respectivement secrétaire et président. André Félibien (1619-1695), historien doublé d'un théoricien, avait publié ses *Entretiens sur les vies et les ouvrages des plus excellents peintres anciens et modernes* de 1666 à 1688 et ses *Conférences à l'Académie de peinture* en 1669. Sa réputation était établie quand il donna en 1674 une *Description sommaire du château de Versailles*. Il connaissait les lieux pour s'y être rendu souvent comme garde du cabinet des Antiques à partir de 1673. François Blondel (1618-1686) avait eu une carrière beaucoup plus variée puisqu'il avait commandé une galère avant de se faire connaître comme mathématicien et de dresser à ce titre des plans de fortifications, notamment pour Rochefort où il construisit la corderie qui est aujourd'hui l'une de beautés du jardin des Retours. Ses cours à l'Académie fixèrent les principes d'une doctrine officielle en matière d'architecture. Ils furent publiés de 1675 à 1683 et firent autorité jusqu'à ce que Claude Perrault vienne les contester dans les années 1680, alors que la structure des jardins de Versailles était déjà en place.

A considérer les noms cités, on pourrait croire que tout est dit et que ces trois académies suffisent à expliquer comment les jardins ont pris forme. Il n'en est rien cependant, et on se tromperait en affirmant que seuls les arts ont compté dans leur création. Puisqu'il a été question de leur structure, il faut rappeler que l'art des jardins vise à construire une représentation de la nature et qu'il est donc tributaire des moyens par lesquels on l'observe et on cherche à la comprendre. C'est ainsi que les sciences entrent en jeu, non seulement par la botanique, mais par les techniques et par les expériences que "montent" les physiciens pour guetter les réactions de la matière et rendre intelligible la vie du monde qui nous entoure. Le visiteur qui voit la sphère brillante de la Géode s'élever aujourd'hui au-dessus du parc de La Villette sent bien que le monde n'est plus ce qu'il était quand furent créées les Buttes-Chaumont. S'il cherche à comprendre pourquoi, il sera amené à se dire que les sciences font partie de notre vie et ne cessent de la transformer. Et à supposer qu'il se demande depuis quand l'Etat s'en est aperçu, il ne se tromperait pas en voyant se profiler sur la Géode les perruques de quelques grandes figures du XVIIe siècle, et notamment le Roi-Soleil lui-même, heureux de tirer parti de cette renaissance du symbole solaire, fût-ce sous les lois de la république.

LES SAVOIRS ET L'ÉTAT

Louis XIV tenait à montrer tout l'attachement de la nouvelle politique culturelle à la vie des sciences. On parle souvent de sa visite à l'Académie des sciences et des mots d'encouragement qu'il adressa à l'assemblée. Mots de circonstance, dira-t-on. Ce qu'on sait moins, c'est que Louis XIV avait des relations personnelles avec certains académiciens, notamment Jean-Dominique Cassini dont les mémoires furent publiés par son petit-fils à la fin du XVIIIe siècle. On peut y lire : "J'avais l'honneur de voir souvent le roi qui prenait plaisir à entendre parler des observations astronomiques. Sa Majesté avait la bonté de me donner l'heure pour me rendre dans son cabinet où je restais longtemps à l'entretenir de mes projets pour faire servir l'astrono-mie à la perfection de la géographie et de la naviga-tion." Ou encore : "M'étant trouvé à l'Observatoire avec le roi, Sa Majesté eut la bonté de me faire compliment des progrès que j'avais faits dans la langue française[5]."

Louis XIV se voulait moderne, et Colbert s'employait activement à favoriser cette ouverture au monde des savoirs. Dans un mémoire de 1667 intitulé *Pourquoy et comment l'Observatoire a esté baty,* Claude Perrault écrivait : "M. Colbert, qui était persuadé que les sciences et les beaux-arts ne contribuent pas moins à la gloire d'un règne que les armes et toutes les vertus militaires, n'eust pas plustot établi la petite Académie des inscriptions et médailles, qu'il porta Sa Majesté à former une autre Académie plus ample et plus nombreuse où [...] seraient étudiées et portées, s'il se peut, à leur plus grande perfection [...] l'astronomie, la géographie, la géométrie et toutes les autres parties des mathématiques, la physique, la botanique et la chimie[6]."

Quand Louis XIV arriva au pouvoir, Galilée était mort depuis dix-neuf ans et Descartes depuis onze, mais ces deux hommes avaient acquis un ascendant considérable sur les esprits en faisant entrer la recherche scientifique dans la spéculation philosophique et dans le développement des techniques. Jamais, sans doute, l'importance des sciences n'était apparue aussi nettement, et ceux qui s'intéressaient à leurs résultats partageaient une vision du monde qui se propageait par des mots nouveaux, mais aussi par des procédés de fabrication et de construction, et surtout par des instruments sans cesse perfectionnés.

Dans les multiples curiosités de l'époque on retrouve la structure de l'Académie des sciences en ses débuts. En juin 1666, juste après sa fondation, un premier groupe s'y constitua sous le nom de "géomètres". Il était composé d'Auzout, Buot, Carcavy, Frénicle, Huygens, Picard et Roberval. Quelques mois plus tard apparurent les "physiciens" Cureau de La Chambre, Duclos, Gayant, Claude Perrault, Burdelin, Marchand et Pecquet qui se spécialisaient dans l'étude du vivant. Certains des esprits les plus éminents de l'Académie – Claude Perrault et Christiaan Huygens notamment – qui s'accommodaient mal de cette division obtinrent de leurs collègues que les séances des deux groupes soient communes. Les jardins n'y perdirent rien, puisque des questions en apparence aussi diverses que la circulation de la sève, la construction des lunettes

Colbert présente à Louis XIV les membres de l'Académie royale des sciences fondée en 1667,
frontispice des *Mémoires pour servir à l'histoire naturelle des animaux*
de Sébastien Leclerc,
Bibliothèque nationale de France, Cabinet des estampes, Paris

Les instruments représentés sont surtout ceux de l'astronome : sphère armillaire, miroir parabolique, télescope, lunette. Ils servent à observer le monde. Ils servent aussi à en dessiner l'image et sont utiles au géographe (voir la carte déroulée au sol), à l'ingénieur militaire (voir le plan de fortifications que Colbert désigne du doigt) et au dessinateur de jardins, comme le prouve l'ample géométrie des parterres que domine l'Observatoire en construction.

d'approche ou les procédés de triangulation furent discutées par tous. Or il fallait à Versailles, comme nous le verrons, des arpenteurs, des ingénieurs et des botanistes.

Colbert et le roi accroissaient le rayonnement de l'Académie des sciences en faisant venir des savants étrangers et en les pensionnant. Ainsi arrivèrent en France le Hollandais Huygens, astronome et spécialiste de mécanique, l'Italien Cassini, astronome et cartographe dont les mémoires viennent d'être cités, et le Danois Rømer que Picard, astronome lui aussi, était allé chercher au Danemark parce qu'il détenait une partie de l'héritage scientifique de Tycho Brahé. Les pensions des deux premiers se montaient respectivement à 6 000 et 9 000 livres, sommes plus importantes que celles des gens de lettres les plus illustres[7]. Les *Comptes des Bâtiments du Roi* montrent que, pour l'année 1665 par exemple, des pensions allaient également à des savants travaillant à l'étranger comme Carlo Dati, de l'Accademia della Crusca, à Viviani, "premier mathématicien de M. le duc de Toscane", et à Hevelius, astronome de Dantzig. Jusqu'à la crise qui mena à la révocation de l'édit de Nantes et au départ de Huygens, l'atmosphère était libérale à l'Académie des sciences. Il n'en fut plus de même quand Louvois en prit la direction : il rappela aux académiciens que leurs travaux devaient d'abord servir la gloire du roi, et il fallut attendre Pontchartrain pour que la recherche fondamentale y soit de nouveau à l'honneur.

Mais, dira-t-on, pourquoi tant d'astronomes à l'Académie et pourquoi l'un des plus célèbres d'entre eux, l'abbé Picard, vint-il si souvent dans les jardins de Versailles ?

LES ASTRONOMES AU JARDIN :
LA NATURE ET LA MESURE

La réponse tient en deux mots, ou un peu plus. Les jardins sont des représentations de la nature et, toute représentation étant une construction mentale, ils prennent leur assise et leur forme par la mise en œuvre des savoirs de ceux qui les construisent. Dans la mesure où les jardins de Versailles sont des jardins architecturés avec des degrés, des terrasses, des ronds d'eau, des allées rectilignes, des bosquets et des salles de verdure qui en font un palais de plein air, leur implantation nécessita des calculs et des mesures qui les placent dans le grand mouvement scientifique commencé en Europe avec la Renaissance.

Pourtant, entre les jardins de la Renaissance et ceux de l'âge baroque, c'est-à-dire ceux de l'époque d'Androuet du Cerceau et ceux de François Mansart, puis de Le Nôtre, des différences se marquent au premier coup d'œil. Les jeux de perspective s'allongent considérablement, de grands canaux apparaissent, les palissades qui bordent les allées gagnent de la hauteur. Dans ces conditions, les problèmes de mesure ne sont plus les mêmes, et le rapport au paysage changeant, le rôle de la lumière change aussi. C'est pourquoi la création du style baroque, dans les jardins comme ailleurs, fut le fait d'artistes qui avaient conscience de créer des formes nouvelles, d'une beauté encore inconnue et porteuse d'une image du monde entièrement repensée. Cette forme de passion, qui consiste à imaginer l'expression du vrai, est connue de tous ceux qui créent quelque chose ; auprès d'elle, les autres passions ne sont que jeux de société. Pour comprendre ce qui la motive, il faut suivre le travail par lequel elle régénère le passé en le combinant à ce qu'elle découvre, et on se méprendrait sur le pouvoir innovant du baroque si l'on ne le remettait pas dans une perspective historique partant de la Renaissance.

Les historiens des sciences s'accordent pour situer au XVIIe siècle un tournant décisif dans le développement de la science moderne. Robert Lenoble et Yvon Belaval attribuent à l'âge baroque "le mérite irremplaçable d'avoir regardé le monde avec des yeux neufs" et d'avoir multiplié le nombre des ouvrages de vulgarisation scientifique. Il est de fait que jamais auparavant les questions de géométrie et d'astronomie n'avaient créé de remous comparables à ce que furent la condamnation de Galilée par l'Inquisition en 1633 ou l'édition des *Pensées* de Pascal en 1670. Des "yeux neufs" s'ouvrirent alors sur un ciel qui se peuplait d'étoiles nouvelles à chaque perfectionnement du télescope. Dans la mesure où le roi lui-même se servait de symboles cosmiques, dans la mesure aussi où des astronomes travaillaient dans les jardins du Roi-Soleil, il est impossible que ces yeux neufs n'aient pas donné aux parterres, aux bosquets et aux bassins une forme correspondant à leur vision du monde.

Cette vision du monde se distingue de celle de la Renaissance, elle-même distincte de celle du Moyen Age, pour des raisons dont on débattait dans les académies européennes au siècle où les jardins de Versailles prirent forme. En 1603, le prince Federico Cesi avait fondé à Rome l'Accademia dei Lincei dont Galilée faisait partie. En 1657, Ferdinand II, grand duc de Toscane, avait imité cet exemple en créant l'Accademia del Cimento (Académie de l'expérience) à Florence. Y siégeaient des savants comme Viviani, disciple de Galilée, que Louis XIV pensionnait. Très admirée en Europe, cette académie servit de modèle au roi

Charles II quand il fonda la Royal Society à Londres, en 1662, et c'est en voyant, dans cette dernière, les savants côtoyer les industriels et les marchands que Colbert conçut l'idée d'une Académie des sciences. Il connaissait les atouts industriels, financiers et commerciaux des pays riverains de la mer du Nord et observait ce qui se passait en Hollande où des groupes de savants de grande réputation travaillaient dans des villes comme Leyde et Amsterdam. Parmi eux, Christiaan Huygens, fils d'un philosophe ami de Descartes et lui aussi généreusement pensionné, nous l'avons vu, par Louis XIV. La fondation de l'Académie des sciences avait donc pour but de donner à la France un rôle pilote en Europe, en favorisant activement ce que l'on appellerait aujourd'hui la recherche de pointe.

C'est ici qu'interviennent les astronomes. Ce sont eux qui ont le plus contribué au perfectionnement des instruments d'observation et de mesure par lesquels est apparue une image du monde distincte de celle de la Renaissance, quoique dérivée d'elle. Ils inscrivaient leur recherche dans une tradition déjà longue qui développait la physique dite "du mouvement". A la fin du Moyen Age, des physiciens comme Oresme, Buridan et Albert de Saxe avaient contesté la physique que

Coquart représentant l'Observatoire de Paris et la Tour de Marly, 1705,
in A. Wolf, *History of Sciences, Technology and Philosophy in the 16th and 17th Centuries,*
Observatoire de Paris, Paris

Les lunettes des astronomes sont braquées sur le ciel nocturne afin de prendre la mesure du monde. C'est la naissance de la science moderne, liée à la politique (l'affaire Galilée), à la philosophie (les angoisses de Pascal) et à la recherche d'instruments toujours plus performants (la lunette de Picard qui servit à Versailles, voir p. 116). Louis XIV s'intéressait aux éclipses, comme les femmes savantes de Molière, comme une bonne partie de l'opinion publique.

l'on enseignait dans les universités. Cette physique, dite physique "du repos", se réclamait d'Aristote et présentait notre planète comme une sphère immobile au centre du monde, avec autour d'elle d'autres sphères en mouvement sur lesquelles se trouvaient les étoiles. La Terre étant au repos, aucun objet ne se déplaçait à sa surface, ou vers elle, sans qu'un autre objet l'ait poussé. Les physiciens contestataires faisaient remarquer que les astres bougent sans que rien ne les pousse, et qu'il en va de même à la surface de notre planète puisque le boulet se trouve propulsé dans l'espace sans que le canon le suive, et de même encore pour l'arc et pour la flèche, pour la fronde et pour la pierre. D'où l'idée émise par Buridan que les astres avaient été lancés dans l'espace par Dieu et qu'ils suivraient leur course jusqu'à la fin des temps.

De ce genre d'observation est née l'idée que l'état naturel des choses n'était pas le repos mais le mouvement, et que la connaissance du monde dépendait de l'étude de ce mouvement, c'est-à-dire de la mécanique. L'univers est alors apparu comme un espace peuplé de corps se déplaçant sous l'impulsion de forces qu'ils portaient en eux. Les astres allaient leur chemin dans les profondeurs du ciel sur la lancée de l'*impetus* qu'ils avaient reçu à la Création du monde. Les boulets, les flèches, les pierres retombaient à terre parce que leur *impetus* était attaqué puis tué par une force adverse, la pesanteur. Encore fallait-il observer ce mouvement pour en découvrir les lois, et c'est ainsi que commencèrent, d'une part, les expériences sur des corps mobiles – boules sur des plans inclinés, pendules – et, d'autre part, l'observation systématique des astres afin de construire un grand système mécanique du monde. Cette science alors nouvelle dépendait en grande partie des progrès de l'astronomie. Elle ne tarda pas à faire remonter ses origines à la science grecque, notamment la géométrie, dont on se mit à étudier passionnément les grands classiques. Il apparaissait en effet que seules les mathématiques pouvaient rendre compte du déplacement des corps dans l'espace. La géométrie s'avérait d'autant plus indispensable que pour observer les astres il fallait construire des lunettes et se servir de lentilles ; or, au travers de ces lentilles, les faisceaux lumineux construisaient des figures géométriques où tout n'était qu'angles, lignes, surfaces et volumes. Euclide, fondateur de la géométrie et de l'optique, apparaissait comme le grand ancêtre de la science moderne.

Les jardins de la Renaissance sont la preuve vivante des curiosités scientifiques de l'époque. Ils ont lancé la mode des jeux d'eau et des machines, images vivantes de la physique du mouvement. "Jeter l'eau", c'était lui communiquer un *impetus* qui la lançait dans l'espace où, reprise par la pesanteur, elle dessinait des paraboles ou des colonnes : on pouvait la voir ralentir en phase ascendante et accélérer en phase descendante tout en inscrivant dans l'espace des formes mathématiques. Après avoir illustré les lois qui régissent le mouvement des fluides, elle s'écoulait vers des grottes par où elle rejoignait les entrailles de la terre avant d'en remonter par les sources, de rejoindre les mers et de se perdre ensuite dans les nuages d'où la pluie la faisait redescendre par gravité. Ainsi se trouvait bouclé le cycle éternel qui parcourt la planète, et les jardins en donnaient une éclatante illustration.

Pourtant, il suffit de mettre en parallèle deux jardins, l'un du XVIᵉ siècle, Ancy-le-Franc, l'autre du début de la carrière de Le Nôtre, Vaux-le-Vicomte, et les différences éclatent aussitôt.

Les formes géométriques sont communes aux deux jardins ainsi que l'ordonnancement général, mais en moins d'un siècle on constate un étirement des formes par l'allongement de la perspective. Les parterres s'étendent, l'axe médian va se perdre dans l'infini. La végétation semble plus haute et les ombres prennent de l'importance, donnant aux masses de verdure une présence et une puissance toutes nouvelles, ce qui transforme le rapport des parterres au paysage environnant. Les allées, en raison de cette longueur, s'élargissent et se bordent de palissades qui "compartissent" l'espace, pour reprendre un terme de l'époque. Comme toujours lorsqu'il se produit une mutation des styles, les climats de sensibilité changent et les formes s'articulent selon une autre logique parce que la construction de l'espace s'est transformée.

Les artistes de la Renaissance construisaient l'espace en se servant d'une découverte faite par Brunelleschi au Quattrocento, la perspective linéaire. Cette découverte permettait de représenter les trois dimensions en se servant d'un seul plan. Certes, l'imagier médiéval ne se servait lui aussi que d'un seul plan, mais il faisait coexister des espaces distincts où la perspective fuyait de façons différentes sans que les personnages en paraissent autrement concernés. Ceci correspondait à une certaine image du monde dérivée de la physique d'Aristote qui présentait l'univers comme une juxtaposition de mondes différents ayant chacun leur nature propre, ces natures étant elles-mêmes hiérarchisées. La physique du mouvement ne pouvait plus s'accommoder de cette conception du monde parce que sa représentation du transit des astres impliquait qu'ils circulent dans un milieu neutre. Il fallait donc rendre l'espace homogène. La perspective linéaire y parvint en considérant un tableau comme l'intersection de la pyramide visuelle avec la surface plane de la toile. Au faisceau de lignes droites rayonnant depuis l'œil de l'artiste correspondait le faisceau qui convergeait vers le point de fuite. La géométrie triomphait une fois de plus puisqu'elle permettait de situer tout point de l'espace par rapport à un autre point et chacun de ces points par rapport à un observateur. Les jardins s'accommodèrent aussitôt de cette dynamique nouvelle et prirent la forme de tableaux plaqués au sol. Bernard Palissy, comme Alberti, recommandaient qu'on les voie de haut pour en apprécier les proportions, et c'est pourquoi on les entoura souvent de promenoirs.

A l'âge baroque, ce type de construction de l'espace ne fut pas abandonné, bien au contraire : la perspective continua à régir la peinture, l'architecture et les jardins. Ce qui changea, ce fut l'image que l'on donnait de la profondeur de l'espace par les jeux de l'ombre et de la lumière. Dans son traité au titre éloquent, aussi beau qu'un Georges de La Tour, *La Perspective avec la raison des ombres et des miroirs* (1612), Salomon de Caus, qui fut aussi le créateur de l'Hortus Palatinus à Heidelberg, explique que le peintre doit se préoccuper de donner un tracé correct aux ombres car c'est d'elles que dépend le relief de sa toile : "Après avoir traité suffisamment et démontré la manière de mettre toutes sortes de figures en plan et en faire le raccourcissement, à présent je montrerai la façon de poser l'ombre à la figure raccourcie." Il explique alors que le Soleil est un astre d'une "grandeur extrême" que certains estiment cent soixante-six fois supérieure à celle de la Terre et que, contrairement à ce que croient certains, il brille d'un éclat constant, même pendant les éclipses. Il est "la seule lumière qui éclaire tout le monde", et toute image doit en tenir compte si elle veut être fidèle aux apparences. Il ajoute : "Voulant peindre un paysage ou histoire de figures qui n'ont autre ouverture que le ciel, il y faudra mettre un point de lumière, duquel, tout ce qu'il regarde recevra lumière, et ce qu'il ne peut voir à cause de quelque objet au-devant sera ombragé."

Ainsi, tout objet a une ombre et c'est d'elle qu'il tire son relief. D'autres théoriciens de la perspective, comme Allain Manesson-Mallet et le père Jean Du Breuil, traiteront quelques années plus tard, et parfois en se servant des jardins de Versailles, du rapport de l'ombre à la perspective, et l'on doit même à ce dernier des développements sur "la force des ombres" qui sont du plus haut intérêt pour comprendre ce que fut l'expressivité du baroque. On sent passer dans tout ceci les curiosités de l'époque pour l'astronomie et pour les télescopes qui captaient la lumière des astres. "Combien les lunettes nous ont-elles découvert d'êtres qui n'étaient point pour nos philosophes d'auparavant ?" disait Pascal. Les peintres, eux, tiraient toutes les conséquences de ces découvertes. A la Renaissance, les ombres tournaient, mais dans un espace neutre, totalement translucide et qui n'était présent que géométriquement. A l'âge baroque, et notamment chez les caravagistes, l'ombre donne vie à l'espace et le construit à la fois par le réseau géométrique qui conduit au point de fuite et par le contraste ombre/lumière inscrit dans ce réseau. Les jardins en donnent maints exemples.

Un parallèle avec l'astronomie s'impose une fois de plus. Au début du XVIe siècle, Copernic avait quitté sa Pologne natale pour enseigner les mathématiques en Italie et c'est là-bas qu'il commença à construire un système du monde qui présentait le Soleil comme un astre dont la lumière se projetait sur les planètes en mouvement autour de lui. Cette image du monde fut celle qu'adopta le Roi-Soleil un siècle et demi plus tard en réactivant une idée-image déjà ancienne et en lui donnant une connotation scientifique qui convenait à sa nouvelle politique culturelle.

Les découvertes de Copernic étaient en effet bien connues et elles avaient reçu une éclatante confirmation par les observations de Tycho Brahé, un astronome danois dont les tables de calcul du transit des astres jouissaient d'une telle réputation que Picard, académicien français, reçut de Colbert des subsides pour se rendre au Danemark et en rapporter les documents qu'il pouvait y trouver. Les académiciens français savaient que Tycho Brahé avait fourni à Kepler et à Galilée des mesures fiables pour construire leurs systèmes du monde. Quand Kepler eut montré que l'œil humain était une sorte d'appareil d'optique au fond duquel les rayons lumineux, réfractés par le cristallin et réfléchis par la rétine, reflétaient une image du monde, il apparut que le télescope (sa *Dioptrique* date de 1611) était une sorte de sur-œil capable de multiplier les capacités d'observation des astronomes[8]. En poursuivant l'œuvre de ses deux prédécesseurs par le calcul des trajectoires des planètes, Kepler put montrer que les planètes décrivaient des ellipses qui étaient toutes soumises aux mêmes lois, lois qui rendaient compte du fonctionnement du système solaire comme on peut rendre compte du fonctionnement d'une machine. Il en tira l'idée que le monde ne pouvait se concevoir qu'à la façon d'une horloge dont toutes les pièces s'imbriquaient les unes dans les autres et contribuaient chacune pour leur part au mouvement général. Et rivant son œil à son télescope, il put ainsi construire l'image d'un monde peuplé d'étoiles dont le vol, docile aux lois des mathématiques, étendait le champ des connaissances humaines aussi loin qu'on puisse l'imaginer.

Pourtant c'était là tout le problème. Kepler sentait ses certitudes vaciller à l'idée que l'univers semblait s'étendre au-delà de ce que son télescope lui en montrait. Pris de ce qu'il appelait "une sorte de terreur", il se refusa à admettre l'idée que le monde pouvait être infini. Mais Galilée passa outre et fit entrer l'infini dans les spéculations savantes. Multipliant les expériences sur les corps en mouvement et les observations astronomiques, il apparut bientôt comme une sorte de prince de la mécanique. Ses ouvrages, et notamment son *Sidereus Nuncius (Le Messager céleste)*, marquèrent l'entrée des sciences dans le domaine public. Puisqu'il faisait des étoiles des messagères qui révélaient aux hommes la vraie nature du monde, il lui importait plus que jamais d'en scruter le visage. C'est ainsi qu'il fit la première carte en relief de la Lune, en estimant la hauteur de ses montagnes grâce à la longueur des ombres qu'elle projetait[9]. L'image du monde en fut comme dramatisée par la lumière. Les astres qui peuplaient l'univers sidéral apparurent comme des sphères illuminées traînant derrière elles d'immenses cônes d'ombre qui s'allongeaient dans la profondeur de l'espace. Tout ce qui était matière prenait désormais forme par le contraste ombre/lumière et cette découverte, due au télescope, se retrouva par une mystérieuse osmose dans l'œuvre du Caravage, œuvre qui eut une influence considérable sur les peintres, qu'ils soient hollandais, espagnols, italiens ou français. La perspective ne se construisit plus dans le vide translucide des géomètres de la Renaissance, mais dans l'espace creusé d'ombres et baigné de lumière des astronomes de l'âge baroque.

Allain Manesson-Mallet, "L'Orangerie", in *La Géométrie pratique*, 1702,
Bibliothèque nationale de France, Paris

Manesson-Mallet montre ici comment faire le tracé des ombres projetées par des volumes géométriques éclairés latéralement. Il reprend ainsi l'enseignement de Salomon de Caus qui avait donné la "raison des ombres et des miroirs" dès 1612. Il se place ainsi dans la longue lignée des "perspectivistes" qui agençaient leur construction de l'espace par la géométrie et la lumière. Nous sommes ici au cœur des relations entre le caravagisme et le baroque. Versailles en est une illustration caractéristique : l'Orangerie faisant face au sud, on peut suivre toute la course du soleil depuis la balustrade qui domine ses parterres.

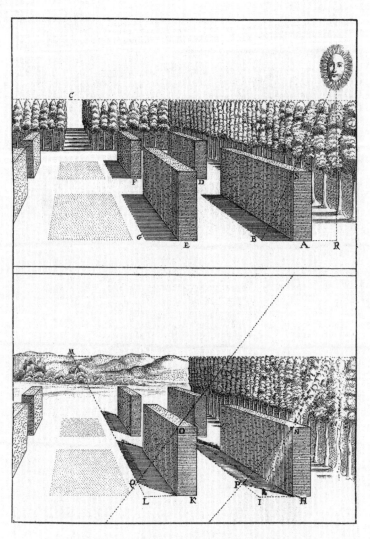

"La Théorie des ombres et des lumières à partir des palissades",
in père Jean Du Breuil, *La Perspective pratique*, 1642-1649

Le père Du Breuil, perspectiviste connu de tous les peintres du temps, montre ici le rôle de l'ombre dans les jardins baroques. Les palissades forment des murs de verdure dont l'ombre s'allonge, se rétrécit et s'infléchit selon la hauteur du soleil. L'astre, image du roi, suit l'axe central des jardins dont les formes géométriques sont immuables. Les ombres, elles, ne le sont pas. Elles demeurent géométriques mais composent un réseau tournant qui met le jardin en mouvement. Mouvement et géométrie sont au cœur de la science de l'époque.

Les académies de Louis XIV accompagnaient ce vaste mouvement. Le Brun avait été l'élève de Vouet qui n'ignorait pas l'œuvre du Caravage. Le Nôtre, lui aussi élève de Vouet, n'ignorait pas non plus le rôle des ombres dans le paysage.

Avant d'aborder ces questions d'esthétique, poursuivons l'analyse de ce que les astronomes ont apporté aux jardins par d'autres voies, et notamment par le perfectionnement des instruments de mesure, par la géométrisation et par la mécanisation de l'image du monde. Si l'on était dans le vrai en considérant que tout était mouvement, que tout mouvement était calculable par les mathématiques, il fallait se donner des bases fiables, c'est-à-dire de bonnes mesures pour que le monde devienne accessible à l'intelligence humaine. Dans ses *Principes de philosophie*, Descartes avait écrit : "Nous saurons que la nature de la matière ou du corps pris en général ne consiste point en ce qu'il est une chose dure, ou pesante, ou colorée, ou qui touche nos sens de quelque autre façon, mais seulement en ce qu'il est une substance étendue en longueur, largeur et profondeur[10]."

Qui définit la matière comme une substance étendue ne la connaît qu'en la mesurant. Le XVIIᵉ siècle s'est passionné pour les mesures. Colbert, nous l'avons vu, anticipait sur la Révolution française et rêvait d'unifier les poids et mesures. L'Académie des sciences comptait en son sein Huygens qui se servait du pendule pour mesurer le temps avec le plus de précision possible pendant que son confrère Rømer mesurait pour la première fois au monde la vitesse de la lumière. Tous les savants d'Europe abandonnaient la vieille physique dite "des qualités" à laquelle Descartes fait ici allusion, pour adopter une physique "des quantités". Ils ne suivaient pas tous Descartes dans le détail de son système, mais tous étaient géomètres, et ceci impliquait une rigueur de raisonnement qui se manifestait dans tous les domaines de la vie intellectuelle aussi bien dans la critique littéraire que dans la grammaire et dans les arts. On peut même se demander si le sens de la mesure, qui est l'une des qualités premières de l'honnête homme selon les critères du temps, ne doit pas quelque chose aux découvertes de la physique des quantités.

Certes, Descartes avait été mis à l'index en 1663 et la Sorbonne, plus pondéreuse que pondérée en cette occasion comme en d'autres, avait interdit l'enseignement du cartésianisme en 1671. Mais Boileau avait répondu à cette mesure par *L'Arrêt burlesque* et cela ne l'empêcha pas de devenir historiographe du roi six ans plus tard. Il y a mieux. Christiaan Huygens, cartésien convaincu et qui n'en faisait pas mystère, dédia au roi son *Horologium oscillatorium*, en 1673, alors que la Hollande était envahie par les armées françaises. Il y déclarait notamment : "Nous devons principalement à la France la renaissance et le rétablissement de la géométrie en ce siècle." Autrement dit, la Sorbonne décrétait une chose et les académiciens en faisaient une autre, sans que Louis XIV juge nécessaire d'intervenir. Dans quel sens aurait-il tranché ? Tous les "intelligents" savaient que les travaux de l'Académie des sciences étaient inspirés par deux préoccupations héritées de la Renaissance : perfectionner les instruments d'optique et affiner la vision mécaniste du monde. Tous savaient aussi, le roi le prouve dans ses conversations avec Cassini, que ces travaux permettaient d'établir des cartes utiles au commerce et nécessaires aux gens de guerre. C'est ainsi que fut encouragé, et parfois par le mécénat d'Etat, tout ce qui concernait la précision des mesures. Deux exemples suffiront : on savait qu'un navire ne pouvait déterminer sa longitude que s'il disposait d'une horloge précise pour déterminer sa position en fonction de l'écart entre l'heure qu'il avait localement et celle du méridien 0. Huygens résolut ce problème en perfectionnant les mouvements d'horlogerie grâce aux travaux des géomètres sur la cycloïde, et en inventant un système de suspension qui maintenait les horloges horizontales sur les navires. La mesure du temps donnait ainsi celle de l'espace. On savait aussi qu'il était également possible de déterminer la longitude

par l'observation des satellites de Jupiter, une configuration donnée de ces satellites étant visible de deux
points différents de la planète. Le Stathouder de Hollande avait offert 25 000 florins à qui donnerait des
tables suffisamment précises du mouvement de ces
satellites. Jean-Dominique Cassini y parvint en 1668.

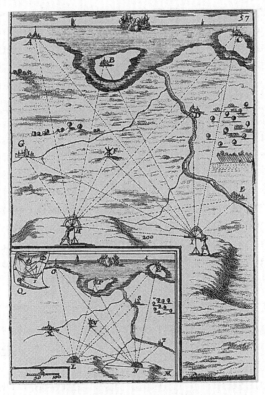

Allain Manesson-Mallet, "Cartographe au travail", in *La Géométrie pratique*,
Bibliothèque nationale de France, Paris

Les cartographes mesurent les distances par triangulation. Les longues obliques qui balisent
le paysage apparaissent ainsi comme une mainmise de l'homme sur l'espace. Dans les
jardins, elles jouent un rôle analogue, mais à une plus petite échelle, celle de l'aménagement.

On comprend que Colbert et Louis XIV se soient
attachés dès l'année suivante les services d'un savant
aussi prestigieux et qu'ils lui aient offert de travailler
au nouvel observatoire que Perrault construisait en
partageant son temps entre Paris et Versailles. Une fois
fixé en France, Cassini, accompagné de Picard, se mit

au travail sur une *Carte de France corrigée par ordre du roi sur les observations de MM. de l'Académie française.* Louis XIV se déclara content de cette carte tout en disant à leurs auteurs : "Vous m'avez fait perdre un tiers de mon royaume." C'était là la conséquence de la rectification de toutes les côtes atlantiques que l'on avait jusqu'alors estimées plus à l'ouest qu'elles ne l'étaient en réalité. Ce résultat avait été obtenu par la méthode des triangulations qui consistait à mesurer la longueur d'une ligne donnée, par exemple une fraction du méridien, en repérant des points de part et d'autre de cette ligne – clochers, points élevés du relief – et à construire des triangles entre ces points. En mesurant les angles grâce à un rapporteur, on pouvait, en connaissant la longueur d'un des côtés d'un triangle, trouver la longueur des autres côtés et progresser ainsi de triangle en triangle. Cette méthode, inventée par le Hollandais Snellius, datait du début du siècle, mais elle avait gagné en précision grâce au micromètre à vis dont Auzout avait donné une description en 1666, avant de publier sa *Manière exacte pour prendre le diamètre des planètes, la distance entre de petites étoiles et la distance des lieux, etc.* (1666). Auzout avait montré comment donner plus de précision aux mesures en dotant les rapporteurs de lunettes munies de fils fixes et de fils mobiles pour mieux mesurer l'écart entre deux angles de visée. Ceci permit de s'attaquer à la mesure du méridien terrestre, entreprise qui semblait d'autant plus nécessaire que les calculs des Anciens étaient perdus et que ceux des Modernes ne concordaient pas entre eux. Louis XIV chargea l'Académie des sciences de résoudre ce problème, et l'abbé Picard expliqua, dans son *Abrégé de la mesure de la Terre,* comment il avait choisi treize stations – le "milieu du moulin de Ville-juive", "le coin du pavillon de Juvisy", "la pointe du clocher de Brie-Comte-Robert", "le milieu de la tour de Montlhéry"[11], etc. – pour tracer ses triangles dans la campagne depuis des points élevés d'où il dominait tout le panorama. On voit comment les progrès de l'optique incitaient les savants à prendre une vue globale du paysage et l'on comprend que les chemins de la connaissance aient pu apparaître sous la forme de grandes diagonales rectilignes aussi bien dans la campagne française que dans le Grand Parc de Versailles.

Versailles, image du bon gouvernement de la France, donc image de la France elle-même à l'échelle d'un paysage, ne pouvait pas rester en dehors d'un mouvement que le roi encourageait. Pour prendre les mesures de ce paysage il fallait voir grand, et les allées qui traversent le parc sont à l'image de ces droites que les cartographes traçaient dans les campagnes pour en prendre la mesure. Colbert reportait tout ce travail de mensuration sur le domaine royal dont il avait augmenté la rentabilité. Il avait sur ce genre d'opération des vues très précises. Il écrivait à Chamillart qui avait été nommé commissaire pour la réformation des forêts de l'Ile-de-France : "Il est absolument nécessaire que vous fassiez toutes les diligences possibles pour avoir les anciennes et nouvelles figures, s'il se peut de toutes les forêts de l'Ile-de-France, avec les procès verbaux des arpentages faits d'icelles et mesme des bornages, pour faire les recollements dans la suite de vostre réformation[12]." A Versailles même, il faisait procéder à des arpentages du Grand Parc. On trouve dans les *Comptes des Bâtiments du Roi* des postes de dépense comme : "6 septembre 1680 - 8 janvier 1681 : à Claude Caron, arpenteur, tant pour ses peines que pour le paiement des ouvriers qui ont travaillé à des cartes des bois et terres de Versailles 1 715 livres 19 sols[13]."

Le Nôtre, de son côté, concevait ses projets à une telle échelle qu'il annotait ses dessins en indiquant des mesures précises. Le tracé qu'il proposait pour l'avenue de Picardie à Versailles porte les indications suivantes : "Depuis le grand chemin de Paris jusque au rond de la Butte, il y a 300 tz. Depuis le d. rond de la butte en passant par le clos de M. S. Sauveur jusqu'à la grande avenue du chasteau de Versailles 1 100 tz. Depuis l'entrée de la grande allée du chasteau jusqu'à l'allée de traverse 350 tz. Depuis la d. allée de traverse jusqu'à l'entrée de la place du chasteau 500 toises et à savoir depuis le grand chemin de Paris à prendre depuis le petit pont jusqu'au chasteau de Versailles deux mille trois cents toises – 2 300 toises[14]."

Mesurer, c'était déjà construire, en ce temps-là comme aujourd'hui. Les lunettes dessinaient les formes des villes et du paysage comme nos ordinateurs donnent à une voiture le profil des filets d'air qu'elle soulève en avançant. Le visage qu'on donne aux choses dépend des instruments par lesquels on les conçoit.

"NOS MERVEILLEUSES LUNETTES"

Un cas révélateur des préoccupations à la fois théoriques et pratiques de l'Académie des sciences est celui de l'abbé Picard dont le nom reste attaché aux jardins de Versailles pour ses travaux de mesure. L'abbé Picard (1620-1682), élève des jésuites, ami du protestant Auzout et de Gassendi, est à lui seul un parfait représentant des sciences de l'époque à cause de l'intérêt qu'il portait à l'astronomie, à la mécanique et aux problèmes de mesure. Charles Perrault raconte dans ses *Mémoires* que Colbert avait fait appel à lui pour savoir si l'on pouvait détourner une partie des eaux de la Loire à hauteur d'Orléans afin de la faire venir à Versailles et de résoudre une bonne fois pour toutes le problème de l'approvisionnement des fontaines. Le Nôtre et le roi caressaient ce projet. "Le Nôtre dit il y a deux jours au roi en l'accompagnant sur les bords du canal de Versailles que ce serait une belle chose de voir descendre les vaisseaux de la rivière de Loire avec leurs voiles le long de la montagne en manière de ramasse et s'en venir flotter sur le canal[15]."

Pierre Paul de Riquet, auréolé d'une gloire neuve pour avoir construit le canal des Deux-Mers, avait été consulté. Il avait observé que la Loire coulait plus vite que la Seine et il en déduisait que son lit se trouvait donc plus haut à Orléans que celui de la Seine à Paris. Selon lui, on pouvait donc réaliser l'opération dont rêvaient le roi et son jardinier. Dans son *Traité du nivellement*, publié par La Hire en 1684, Picard relate l'origine de l'histoire et ce qu'il en advint : "Il [Riquet] avait veu que la rivière de Loire avait beaucoup plus de pente que la Seine d'où il avait conçu que le lit de la Seine était beaucoup plus bas que celuy de la Loire et sur ce fondement il s'était persuadé que l'on pourrait conduire un canal depuis la rive de Loire jusques au château de Versailles. Il n'avait même pas fait difficulté d'avancer qu'il pourrait conduire cette eau sur le haut de la montagne de Sataury qui est plus haut de 20 toises que le rez-de-chaussée du château, ce qui aurait pu fournir un réservoir pour l'embellissement de ce lieu[16]."

Picard disposait des moyens nécessaires pour prouver que Riquet se trompait. Il avait établi une "table des haussements du niveau apparent" qu'il utilisait pour corriger la rotondité de la Terre. Il avait montré que si l'on plante un jalon vertical et si l'on vise un point éloigné – un clocher par exemple – le long d'une perpendiculaire à ce jalon, le point éloigné paraîtra plus bas qu'il n'est en réalité à cause de la courbure de la surface terrestre. A une distance de 4 000 toises (16 kilomètres) l'écart est d'un peu plus de 14 pieds. Il est vrai, observait Picard, que le rayon visuel de l'observateur est parfois dévié par la réfraction que la couche d'air provoque, mais ce phénomène ne s'observe que pour des distances de plus de 600 toises.

Ces corrections faites, il pouvait avec une lunette graduée établir la pente d'une rivière. En visant les tours de Notre-Dame depuis un point situé en aval dans la vallée de la Seine (en l'occurrence le clos des Capucins proche de Meudon), il pouvait connaître la différence d'altitude entre les deux points choisis. Il suffisait ensuite de mesurer la distance qui sépare le niveau de la Seine des deux points de repère pour savoir de combien la Seine est descendue entre Paris et Meudon. Picard pouvait ainsi prouver que la Seine était 60 toises et demie plus basse que le rez-de-chaussée du château de Versailles, et c'est de la même

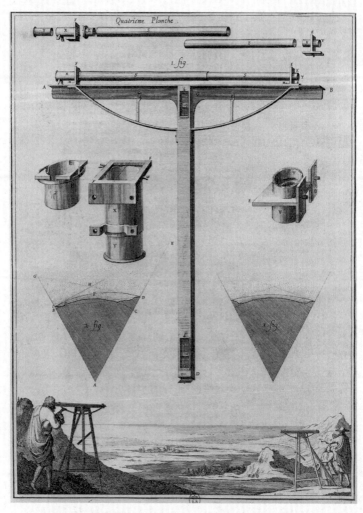

"La Lunette de l'abbé Picard", in *Traité de la mesure de la terre* (1684),
Bibliothèque nationale de France, Paris

A la fin de son *Traité de la mesure de la terre* (1684), Picard décrit un niveau auquel il avait ajouté une lunette d'approche pour faire des observations sur de grandes distances. En résumant les travaux de l'astronome, *Les Mémoires de l'Académie des sciences* indiquent : "Il eut un peu après une occasion très considérable pour mettre cet instrument en pratique dans le nivellement des eaux de Versailles et dans l'examen des hauteurs et des pentes de rivières de Seine et de Loire."

façon qu'il put montrer, en prenant ses repères de point en point sur une carte des environs de Paris que "le sieur Vivier avait faite", que la surface des eaux de la Loire mesurée à Orléans se trouvait en fait à 11 toises au-dessous du rez-de-chaussée du château de Versailles.

Dans ces conditions, ce n'était pas d'Orléans qu'on pouvait faire venir les eaux de la Loire, mais de plus loin en amont, de La Charité, ce qui supposait la construction d'un canal de plus de 200 kilomètres. Riquet mis au courant des travaux de Picard sembla, dit Perrault, "peu sûr de son fait" et son projet fut abandonné. Ce fut à Picard que l'on s'adressa pour le creusement du tunnel par lequel arrivait l'eau de la Bièvre. Le calcul fut si exact qu'il n'y eut pratiquement pas d'erreur quand les terrassiers partis des deux extrémités du tunnel se rencontrèrent en son centre. De même pour le Grand Canal. Sa mise en eau avait soulevé des craintes à cause de sa grande longueur, mais il s'avéra que, là encore, les calculs avaient été justes et que les deux extrémités étaient bien de niveau.

Les lunettes – "ces merveilleuses lunettes", disait Descartes dans sa *Dioptrique* – faisaient figure d'instrument universel. Elles s'avéraient capables de calculer le diamètre de la Lune et d'en dresser une carte, capables aussi de déterminer la distance de la Terre au Soleil, la vraie position des côtes bretonnes ou la quantité de terre à "remuer" pour que l'on voie – quoi qu'en ait dit Colbert – le bassin d'Apollon depuis les fenêtres du château de Versailles. Cet instrument d'optique donnait du monde une image exaltante parce qu'il ne cessait d'améliorer la connaissance de l'univers ; en raccourcissant les distances, il donnait à l'observateur une emprise jusqu'alors inconnue sur le paysage. C'est ainsi que le jeu des grandes distances mesurées, donc dominées, par les lunettes rendit l'artiste capable de dessiner des vues d'optique – le nom même en est révélateur – où l'on voyait un château ou un jardin de haut, comme si l'artiste se trouvait dans un ballon. De même, l'habitude de rapprocher ou d'éloigner par un simple jeu de mollette des zones observées au loin dans un paysage favorisa les jeux de perspective accélérée et de perspective ralentie par lesquels le visiteur d'un jardin éprouve le sentiment grisant d'avoir prise sur l'espace. Ces jeux de la perspective longue permettent de comprendre en quoi le télescope a généré puis développé ce sens de l'espace et du spectacle qui est l'une des originalités de l'esthétique baroque.

L'œuvre de deux des grands prédécesseurs de Le Nôtre, François Mansart et Jacques Boyceau de La Barauderie, est à cet égard révélatrice. Le premier traça à travers bois au château de Maisons de longues allées et, pour isoler le jardin sans couper la longue perspective, il fit creuser des sauts de loup qui sont les ancêtres du haha anglais. Le second a écrit dans son *Traité du jardinage selon les raisons de la nature et de l'art :* "La perspective montre la juste longueur des allées à qui y voudrait observer la perfection. Mais on les désire souvent plus longues, soit afin qu'elles contiennent tout l'espace qu'on veut embellir, ou afin qu'elles servent de voie pour aller plus loin[17]."

Un simple regard sur les longues percées rectilignes pratiquées par Le Nôtre dans les bois du Grand Parc montre à quel point il chercha à "aller plus loin" pour aménager toute l'étendue des surfaces dont il avait la charge. Et l'on comprend aussi que dans ce même Grand Parc il ait calculé au plus juste, avec l'aide de "précieuses lunettes", la longueur du Grand Canal et l'allongement progressif de ses trois bassins afin d'asseoir au maximum son emprise sur le paysage. De même, dans le Petit Parc, le calcul des justes proportions entre la longueur et la largeur des allés, et surtout l'angle de leur pente, demandait des mesures exactes que seules les lunettes d'approche pouvaient lui fournir. C'est à ce prix qu'il put, lui aussi, "observer la perfection". Il avait travaillé avec Boyceau et avec Mansart qui furent les premiers en France à définir ou à montrer le sentiment de liberté et de puissance que donne l'espace dominé sur une grande distance. Lui aussi a exprimé ce plaisir de la longue perspective porteuse du nouveau style parce qu'il l'identifiait d'instinct avec les découvertes qui guidaient "les yeux neufs" de son époque. On peut comprendre que la dette de Le Nôtre envers François Mansart ait pu être clairement établie par un orateur – hélas non identifié – qui disait dans son éloge de Jules Hardouin-Mansart : "On peut dire que feu Monsieur Mansart, oncle de celui dont j'entreprends de parler aujourd'hui, n'a pas peu contribué par ses enseignements et ses leçons, comme un grand architecte qu'il était, à donner des ouvertures à mon dit Monsieur Le Nôtre[18]."

Le Nôtre se plaçait ainsi dans une tradition formée aux sciences de la mesure. Son emprise sur le paysage s'explique par l'art avec lequel il a su modeler un site par la géométrie et le faire participer à la vie de la nature en y faisant jouer les eaux dans le drapé harmonieux d'un manteau végétal. Pour cet observateur avisé que fut La Quintinie, il est ainsi apparu comme un novateur capable de transformer l'art des jardins en lui donnant d'autres missions que le dessin de beaux parterres. Dans la préface de son traité *Instruction pour les jardins fruitiers et potagers*, il écrit : "Notre siècle, qui a excellé en tout ce que l'industrie humaine a pu s'imaginer, a particulièrement donné, par l'industrie du fameux M. Le Nôtre, la dernière perfection à cette partie du jardinage, ce qui paraît par tant de canaux, de pièces d'eau, de cascades, de fontaines jaillissantes, de labyrinthes, de boulingrins, de terrasses, etc., ornements en effet nouveaux, mais qui dans la vérité rehaussent merveilleusement la beauté naturelle du jardinage[19]."

Autrement dit, Le Nôtre a transformé l'art des jardins en architecturant leur structure par les jeux de plans géométriques complexes – terrasses, boulingrins –, et en diversifiant leurs effets d'eau – canaux, fontaines – pour "rehausser leur beauté naturelle", c'est-à-dire mettre en valeur leur manteau végétal. On peut donc s'appuyer sur le témoignage de La Quintinie et observer les savoirs à l'œuvre en analysant successivement le modelé des jardins, leurs jeux d'eau et la végétation qui s'y trouvait. Ceci nous permettra d'opérer un peu comme les peintres de l'époque qui dessinaient leurs personnages nus pour bien en maîtriser les formes avant de leur donner vie et expression en les habillant et en peignant leurs visages.

INGÉNIEURS ET JARDINIERS :
LE MODELÉ DES JARDINS

LES "REMUEMENTS DE TERRE"

Colbert avait eu raison de prédire que la forme des jardins de Versailles tels qu'ils existaient en 1661 empêchait d'"occuper davantage de terrain sans renverser tout et sans faire une dépense prodigieuse". Une fois les mesures prises pour l'implantation, c'est aux terrassements qu'il fallut s'attaquer. Ces dépenses concernaient les "remuements de terre" – creusements, transports de déblais, nivellements – et la pose dans les bassins d'un revêtement étanche de glaise – le "corroi" ou "conroi". Dans un *Mémoire récapitulatif des dépenses faites à Versailles, Trianon et Clagny* qui se trouve annexé au *Comptes des Bâtiments du Roi*, les "fouilles de terre et conroy" sont évaluées à 6 038 035 livres, soit environ 7 % du total qui se monte à 81 151 414 livres. C'est le troisième poste après la maçonnerie (21 186 012 livres) et les travaux de l'aqueduc de l'Eure (8 612 995 livres). On peut ainsi juger de ce qu'il en a coûté pour remodeler le site de Versailles.

Quand on consulte les *Comptes des Bâtiments du Roi*, on trouve année après année des indications comme : "A Edme Bourgeau pour fouille et transport de terre 3 604 livres. A Roch Ameau terrassier pour son parfait paiement d'avoir voicturé cent cinquante tombereaux de bonne terre dans le petit parc." Parfois, des précisions surviennent. On lit pour l'année 1669 : "Pour remboursement de ce qu'il [Henri Dupuis] a payé aux ouvriers terrassiers qui régalent les terres autour du canal." En 1671, ce sont 266 500 livres qui sont payées au sieur La Massonière "à compte du marché qu'il a fait pour les transports des terres du Grand Canal à cause de son allongement et de son eslargissement[20]".

Le creusement de bassins, le nivellement des pentes entraînaient le transport des déblais qu'on réutilisait dans les remblais, les talus, les esplanades dont la terre était ensuite régalée, c'est-à-dire aplanie. Les jardins prenaient alors leur forme par les plans, les lignes et les angles qui naissaient de ce modelage. Une fois les distances prises entre ces articulations géométriques qui organisaient la structure générale du jardin – extrémités d'une terrasse, pied et sommet d'une dénivellation, emprise au sol d'un canal –, on implantait les bosquets, on décidait de la largeur des degrés et de la place des ornements tels que vases, statues, etc.

A tous ces stades, des instruments comme le rapporteur ou le graphomètre s'avéraient indispensables. Dézallier d'Argenville dans son livre *La Théorie et la Pratique du jardinage* (1709) expliquait qu'il était possible grâce à eux de "dresser un terrain entier quelque grand qu'il soit, et de le mettre de niveau". Il fallait pour cela se servir de jalons disposés sur des lignes droites qui convergeaient vers un point. Ces jalons étant de même hauteur, on mettait leur tête de niveau en faisant des visées depuis le jalon central. On traçait alors des lignes sur le sol et on nivelait à l'aide de rigoles[21]. "Il est à remarquer que quand on parlera de faire une rigole, un rayon ou un repaire, ce n'est pas d'ouvrir la terre comme pour planter des palissades, ce qui se doit plutôt appeler une tranchée, mais c'est de faire apporter des terres le long d'un cordeau tendu d'un jalon à l'autre, pour former une rigole qui sert à dresser un terrain inégal. Ces rigoles doivent avoir un ou deux pieds de large ; l'on marche sur la terre pour la plomber, ensuite on la passe au râteau fin jusqu'à ce que le cordeau touche et effleure également la superficie de la terre sans être forcé[22]."

Quand il s'agissait de vastes esplanades, de vertuga-dins, de plans inclinés comme autour du bassin de Latone ou dans l'allée d'Eau, les cordeaux faisaient leur apparition et avec eux des lunettes de visée graduées munies de pinnules ou pour plus de précision de len-tilles graduées. Ceci permettait de déployer à grande échelle une structure de l'espace, une image du monde tel qu'il apparaissait dans les "merveilleuses lunettes" qui le scrutaient.

PLANS ET VOLUMES. LA GÉOMÉTRIE DES JARDINS ET L'ART DES FORTIFICATIONS

Les remuements de terre étaient également considé-rables pour construire le réseau de canalisations qui alimentaient les bassins et les fontaines et pour y étaler la couche de corroi dont l'étanchéité était renforcée par de larges carreaux. Ces deux formes de terrasse-ment entraînaient de tels bouleversements et sur une telle étendue qu'on ne peut s'empêcher de penser, en regardant des toiles comme *Louis XIV visitant le réser-voir d'eau de Montbauron* ou encore *Louis XIV donnant ses ordres à l'officier des chasses*, à d'autres tableaux représentant *Louis XIV dirigeant le siège de Maastricht* ou *Louis XIV devant la tranchée au siège de Tournai*. Ces trois dernières œuvres sont d'Adam Frans Van der Meulen qui a suivi les campagnes de Flandre et de Franche-Comté, la première de Jean-Baptiste Martin, aussi appelé Martin des Batailles.

On peut comprendre en effet que les terrassements occasionnés par les sièges de cette époque et la forme même des forteresses demandaient que les peintres qui les représentaient soient capables de représenter un paysage entier et d'y inscrire les volumes géomé-triques qu'on y avait édifiés. L'art des jardins porté à l'échelle de Versailles demandait le même genre de "remuement" et de nivellement de terre ; c'est sans doute pour cela que le roi invita Le Brun et Le Nôtre à venir assister au siège de Valenciennes en 1677. A ce propos, il écrivit à Colbert : "Le Brun et Le Nôtre sont arrivés ce matin avec Van der Meulen. Je suis bien ayse que Le Brun voye la disposition de ce siège car elle est fort belle[23]."

Ce rapprochement esthétique entre l'art des jardins, le plus pacifique qui soit, et les scènes guerrières évoquées s'explique si l'on pense au type de compétence demandée par l'architecture militaire de l'époque. L'ingénieur avait toujours servi les desseins de la monarchie, notamment quand il démolissait les places fortes des huguenots et des grands seigneurs frondeurs. Dès l'époque de Sully qu'Henri IV avait nommé grand maître des fortifications, l'Etat confiait aux ingénieurs le soin de fortifier les frontières et de contraindre les villes franches et les féodaux à l'obéissance. Parmi les ingénieurs qui entouraient Sully se trouvaient Salomon de Brosse et Androuet du Cerceau dont les relations avec l'art des jardins sont connues. A l'époque de Louis XIV, il arrivait que les mêmes termes soient employés par les jardiniers et par les ingénieurs militaires. On peut lire dans les *Comptes des Bâtiments du Roi* pour l'année 1668 : "A Léonard Saint Laurent et Jean Guinot pour parfait paiement des terres transportées pour faire le Grand Canal, le deux demi-lunes qui sont aux deux bouts et autres ouvrages 9 535 livres."

D'autres termes étaient communs à l'art des jardins et à l'art des fortifications. Furetière, en définissant le mot *glacis* prend pour exemple : "les allées de ce jardin sont en glacis", et il enchaîne en rappelant "qu'en terme de fortification un glacis est un ouvrage de terre qui se perd dans la campagne par une pente insensible". Dézallier d'Argenville, lui, signale qu'on appelle plain-pied un espace compris entre deux terrasses, "ce qu'on nomme terre plein en terme de fortification"[24]. Et l'on comprend qu'il fasse le rapprochement, lui qui insiste tant sur les arpentages, sachant que le père Jean Du Breuil indique bien que l'on fortifie une ville après en avoir levé des plans par les moyens optiques qui servent aussi à l'arpenteur[25]. Dès lors, on comprend que les ingénieurs aient pu venir acquérir ou parfaire leur formation à Versailles, qui faisait figure de grand chantier d'Etat. On comprend aussi que l'aqueduc de Maintenon ait pu intéresser les militaires : les travaux de terrassement y étaient conduits par le plus grand ingénieur de leur corps. Or ces ingénieurs étaient soit des ingénieurs de tranchées, essentiellement des chefs de chantier de terrassement, soit des ingénieurs de places, c'est-à-dire des techniciens de haut niveau combinant les capacités d'un architecte et d'un urbaniste[26]. Pour les premiers, une formation accélérée était suffisante. Pour les seconds en revanche, il fallait acquérir les techniques de la balistique et travailler auprès d'architectes réputés, comme ceux qui étaient à Versailles. Anne Blanchard écrit à ce propos : "Recrutés parmi les maîtres maçons, certains sont parents de d'Orbay [...]. Le vrai noviciat de ces futurs ingénieurs de place, fils d'architectes et d'artistes, parfois aussi fils de bourgeois avides de quelque emploi de commis, «fonctionnaires avant la lettre», se déroule sur des chantiers royaux à Paris ou ailleurs (Versailles, Clagny, Maintenon). Ils y rencontrent les plus grands architectes de l'époque, Mansart, Le Vau, d'Orbay et tant d'autres. Ils sont formés au colossal et à l'art classique. Ils sont parmi les plus efficaces agents de la centralisation monarchique[27]." Toujours selon Anne Blanchard, certains de ces ingénieurs de place avaient fait le voyage de Rome, ce qui précise les liens complexes, déjà signalés par Thierry Mariage, entre l'art des jardins et celui des fortifications. On ne peut pas voir les puissantes assises de la grotte à Vaux, de la Grande Terrasse à Versailles et de l'esplanade à Chantilly sans penser aux escarpes et aux contrescarpes de Vauban.

Les ingénieurs bâtisseurs savaient qu'il est très rare de trouver une plaine pour construire et ils savaient aussi que l'art militaire les contraignait à de grands remuements de terre pour élever des ouvrages qui puissent mettre en échec les boulets et les balles adverses. Il leur fallait donc niveler par endroits, remblayer ailleurs, transformer la surface du sol en la modelant selon les formes efficaces de la géométrie. "A Mons, au siège de 1691, 20 000 pionniers réquisitionnés dans le Nord de la France ont encerclé la ville d'une circonvallation de 27 kilomètres consistant en une fosse de 7,15 mètres de large et 2,6 mètres de haut dont les déblais étaient rejetés à l'arrière pour former un parapet[28]." Le paysage se trouvait ainsi remodelé en fonction de la trajectoire des projectiles et de l'emplacement des canons et des mortiers. Pour en avoir une idée précise, les cartographes et les ingénieurs géographes – corps créé sous l'impulsion de Vauban – construisaient des plans-relief en trois dimensions qui sont de véritables paysages en miniature.

Ces plans permettaient de visualiser le relief et matérialisaient ce qu'on appelait des *profils*, non seulement au sens strict du terme illustré par les figures de Vauban et de Dézallier d'Argenville, mais au sens de vue générale en relief comme dans la série des *Plans, profils et vues de places* de Ponault de Beaulieu (1643-1697). Dans cet ouvrage, chaque ville apparaît à la fois dans son paysage et sous la forme d'un plan. La perception claire et immédiate du relief permettait aux stratèges de l'époque de modeler leur dispositif d'attaque et de défense en fonction des exigences de la balistique et de leurs ressources en canons et en mortiers. Après la perte de Namur, Vauban écrivit à Louvois en 1692 : "[…] il y a un relief de Namur dans les Tuileries ; je vous ferai toucher au doigt et à l'œil tous les défauts de cette place qui sont en grand nombre, et en même temps, je vous ferai percevoir comment se pourrait corriger celui qu'on m'impute[29]."

Devant un plan-relief comme devant un paysage, l'ingénieur géographe pouvait anticiper la trajectoire des projectiles et donner aux ouvrages d'art le bon angle de défilement, c'est-à-dire le modelé optimal pour que balles et obus ricochent sur leur surface au lieu de l'entamer. Les volumes ainsi obtenus avaient une beauté fonctionnelle semblable à celle des villes utopiques de la Renaissance parce qu'elle répondait aux lois de la physique du mouvement. Les savants de l'époque en étaient si bien persuadés qu'on peut voir dans le tableau de Testelin, *Visite du roi à l'Académie des sciences,* un traité de fortifications figurer parmi les lunettes et les télescopes.

Dirons-nous que, comme au temps de Léonard de Vinci, l'homme de guerre, l'ingénieur et l'artiste ne faisaient parfois qu'un ? La chose est plus complexe. Le Nôtre n'était pas un homme de guerre, et le domaine de Vauban n'était pas le sien. Mais avec le recul du temps, nous voyons ce qu'ils avaient en commun : les "remuements de terre" et surtout le même sentiment de l'efficacité de la géométrie. L'ingénieur des places trace sur le sol les angles de défilement. Ensuite, il creuse et remblaie pour se protéger par des masses de terre et permettre les tirs offensifs des armes de son camp. Une fois ces ouvrages terminés, ils inscrivent dans le paysage une figure géométrique en relief qui semble à la fois se ramasser sur elle-même et se projeter en avant pour frapper. C'est le vol parabolique des projectiles qui impose aux murailles et aux fossés une forme déterminée. C'est par lui que l'empire des géomètres s'étend sur le paysage.

De même dans les jardins. Pour tirer parti d'une pente, le jardinier peut avoir recours à trois formes de remuements de terre : il peut faire des terrasses et des sous-terrasses à différentes hauteurs, mais la terre doit être maintenue par de la maçonnerie ; il peut aussi aménager des terrasses qui "se soutiendront d'elles-mêmes", dit Dézallier d'Argenville, "par moyen de talus et de glacis [deux termes utilisés par les ingénieurs militaires] que l'on coupera à chaque extrémité des terrasses" ; il peut enfin se contenter de "paliers" ou de "repos" à différentes hauteurs et déployer toutes les ressources des estrades, des gradins, des vertugadins, des "talus et glacis de gazon", sans oublier de disposer ici ou là des fontaines qui "font la perfection de ces pièces".

Pour que l'eau puisse s'épanouir en gerbes paraboliques, il faut prévoir des réservoirs situés sur les terrasses les plus hautes afin que les jets qui fusent en contrebas reçoivent la pression d'un *impetus* puissant. Une pente est nécessaire pour atteindre cette pression, et on doit, par quelque artifice, hisser ce réservoir en un point où il faut le dissimuler, lui, et les puissantes assises qui le portent. Ceci nécessite des travaux de remblayage ou de soutènement qui s'intègrent à la structure des jardins par les talus dont parle Dézallier d'Argenville. De même, pour les pentes nécessaires à l'obtention d'effets d'eau en mouvement, l'allée d'Eau par exemple, la déclivité doit être régulière et adaptée aux effets d'une cascade en chaîne. Ce n'est donc plus un projectile qui dicte sa loi mais un autre mobile, l'eau, tout aussi exigeant puisque soumis lui aussi aux lois de la mécanique qui font aller l'univers. Un peu plus de trente ans après la mort de Le Nôtre, une illustration frappante de la parenté entre l'art des jardins et celui des fortifications fut donnée par l'ingénieur Belidor, commissaire provincial d'artillerie, professeur royal de mathématiques, quand il publia en 1737 son *Architecture hydraulique* (dont le chapitre V est consacré à la "manière de distribuer et de diriger les eaux jaillissantes pour la décoration des jardins") et son *Bombardier français ou nouvelle méthode pour jeter les bombes avec précision, avec un traité des feux d'artifice.*

Les vertugadins, les demi-lunes et les esplanades de Le Nôtre ne sont certes pas des reproductions de bastions et de contrescarpes. Mais ils en sont des contreparties, tout comme le vase de la Paix répond au vase de la Guerre sur la terrasse de Versailles.

FONTAINIERS ET PHYSICIENS : L'EAU ET L'AIR

Le Nôtre aurait certainement souscrit aux vues que Dézallier d'Argenville exprima neuf ans après sa mort dans son livre *La Théorie et la Pratique du jardinage*. "Il serait assez difficile de trouver une matière plus convenable au jardin que celle des eaux et des fontaines. Ce sont elles qui sont le principal ornement des jardins, elles les animent et semblent leur prêter de la vie ; leur brillant éclat, leur chute en bannissent la solitude et nous ne devons souvent qu'à leur fraîcheur et à leur murmure l'aimable repos qu'ils nous procurent."

S'il fallait une preuve de plus de l'indépendance de l'art des jardins, c'est l'eau qui la donnerait, car de tous les arts il est certainement celui qui sait le mieux la mettre en valeur en lui faisant déployer tous ses sortilèges. Le jardin de la Renaissance avait ouvert la voie : nous avons vu comment il avait donné de brillantes illustrations de la physique du mouvement par ses jets d'eau, ses fontaines et ses grottes. Le jardin baroque français, en poursuivant sur les mêmes voies, leur en a ajouté une quatrième, celle des longs canaux grâce auxquels il éclaire sa structure par de grands à-plats de lumière. Il utilisait ainsi les ressources de son climat pour tirer parti de l'allongement de la perspective et pour exploiter à sa manière les savoirs nouveaunés du développement de l'optique et de tous les travaux qui se faisaient alors sur la réflexion et la réfraction. Cela lui permettait aussi de dramatiser le spectacle de ses vastes étendues par le contraste entre le calme des eaux en repos et le tumulte maîtrisé des fontaines et des jets d'eau qui fusaient de toutes parts dans un joyeux fracas.

Mais justement, le problème de Versailles, c'étaient les eaux. Quand Le Nôtre se rendit à Rome et fit sa visite au pape, il lui montra les plans des jardins. Le saint-père fut fort surpris de voir qu'aucune rivière n'alimentait directement toutes les cascades et les fontaines qui y figuraient[30]. Le Nôtre lui expliqua que l'eau provenait d'étangs et arrivait à des réservoirs par des conduits de fer ou de bois. Mais il n'insista pas sur le fait que le spectacle n'était pas permanent. Déjà, les besoins excédaient les ressources. Que Le Nôtre s'en soit senti frustré, cela ressort de l'une des rares lettres que nous avons de lui. Il l'a écrite à Bentinck, le conseiller de Guillaume d'Orange, qui était venu visiter les grands jardins français et, en s'excusant de n'avoir pas pu l'accompagner à Chantilly, il laisse échapper ce cri du cœur : "Si ma grande jeunesse eut pu me faire aller je sais le plaisir que j'aurais fait à son altesse et j'aurais eu l'honneur de vous faire remarquer les beaux endroits et vous faire avouer que c'est un beau naturel de voir tombé *(sic)* une rivière d'une chutte estonnante et fait l'entré *(sic)* d'un canal sans fin. Il ne faut point demander d'où vient l'eau de ce canal."

Voir tomber une rivière d'une chute étonnante… si seulement à Versailles on avait pu disposer des ressources d'un cours d'eau même modeste comme l'Anqueuil ou la Nonette ! Tout fut essayé et l'histoire des jardins de Versailles à l'époque de Louis XIV est largement marquée par une perpétuelle quête de l'eau qui finalement n'aboutit pas. Trente ans après la mort du Roi-Soleil, Blondel faisait un bien triste constat : "Lorsque toutes les fontaines, bassins et bosquets de Versailles jouent les jours publics ou que le roi les ordonne pour un ambassadeur, ou autre grand seigneur, il se consomme la quantité de 35 292 muids (9 458 mètres cubes) d'eau en deux heures et demie environ que dure ce spectacle[31]."

Les savoirs du XVIIe siècle font ici l'aveu de leur impuissance ; pourtant la lutte fut menée avec obstination et non sans faire intervenir ce que la technologie et la science de l'époque offraient de meilleur. L'art, ici, ne put l'emporter sur la nature.

L'histoire commence en 1664. Le modelé des jardins commençait à prendre forme et les bosquets, les bassins et les fontaines de Le Nôtre demandaient à être alimentés. Le Nôtre s'occupa lui-même du problème en signant avec Denis Jolly, ingénieur ordinaire du roi, qui avait l'"entretènement" de la pompe du Pont-Neuf à Paris, un contrat prévoyant la construction d'une pompe pour envoyer les eaux de l'étang de Clagny, tout proche du château, dans une tour d'eau d'où elle serait ensuite amenée au réservoir situé au-dessus de la grotte de Téthys.

Il était dit dans ce contrat, signé en présence de "noble homme André Le Nostre", conseiller du roi, contrôleur général des Bâtiments, que cette "grande machine de nouvelle construction[32]" utiliserait la force de deux chevaux pour fournir trente pouces d'eau au moins. Le mécanisme de la pompe est décrit avec beaucoup de précision[33] ; il est notamment précisé que les pistons seraient munis "de bons cuirs attachés à huit grandes barres de fer pour servir aux aspirations et compressions d'eau". Le contrat fut signé en mars 1664 et le réservoir de la tour d'eau commença à être alimenté en décembre 1665. Le "sieur Francine" – on ne sait s'il s'agissait de François ou de Pierre – avait préalablement enduit le réservoir de mastic posé sur toile, procédé dont il avait le secret. Le roi vint voir la machine le 21 décembre 1665, et l'eau put ainsi s'écouler vers les jardins où se trouvaient construits environ la moitié des bosquets que nous connaissons.

En avril 1666, le roi, très impatient de voir les jeux d'eau de ses bassins, put enfin juger de leur effet. Un rapport adressé à Colbert par un de ses collaborateurs signale : "Le roi, visitant les travaux, passa par le bosquet vert pour voir l'effet du jet d'eau qui fut arrêté sitôt que Sa Majesté fut passée. S. M. remarqua dans le jardin fruitier le jet d'eau du bassin qui est au bas d'ice-lui, qui ne va qu'à vingt-cinq pieds de haut. Je crois qu'il était trop battu du vent et que l'ajutage était trop gros[34]."

Ce jour-là, le roi passa une heure et demie dans le Petit Parc. Le moins qu'on puisse dire, c'est que les eaux avaient fort à faire pour satisfaire à la demande créée par les bosquets et les bassins. Il fallut donc en augmenter le volume par la construction d'un réservoir de plomb d'une contenance de 580 mètres cubes,

Ajutages,
photographie de Jean-Marc Manaï,
musée du Château de Versailles

Lorsque l'eau arrive sous pression au bout des canalisations, elle passe dans des ajutages ou ajoutoirs qui lui donnent des formes caractérisées : lances, bouillons, colonnes, aigrettes, etc. Ainsi sculptée elle s'associe pleinement avec la statuaire ; elle en épouse les formes et elle en prolonge le mouvement avec un panache où le baroque trouve sa pleine expression.

placé au-dessus de la Grotte. Cette réserve accumulée la nuit permettait de faire jouer les jets d'eau le jour. La pompe de Jolly s'avérait suffisante pour élever d'un peu plus de 32 mètres l'eau de l'étang de Clagny. L'année suivante, en 1667, furent creusés trois réservoirs dit "de glaise" qui se trouvaient à l'emplacement de l'aile nord actuelle et dont la contenance était presque dix fois supérieure à celle du réservoir de la Grotte. La tour d'eau construite par Le Vau fonctionna alors à deux niveaux, le plus haut pour le réservoir de la Grotte, le plus bas pour les réservoirs de glaise, et ce système duel se retrouva dans les jardins où seuls les parterres de la grande terrasse dépendaient du réservoir de la Grotte[35]. Bientôt Le Vau construisit trois moulins qui vinrent épauler la pompe de Jolly. Ils utilisaient un système de chaîne à godets appelé chapelet, et leur étagement établissait une chaîne qui montait l'eau par paliers successifs de l'étang aux réservoirs de glaise. Un moulin de retour assurait le recyclage de l'eau en remontant du bassin d'Apollon à l'étang de Clagny.

Il suffit de comparer le plan de 1665 à celui de 1674 pour voir que la construction de presque tous les bosquets de la structure actuelle créa une demande d'eau considérable. En 1670, on plaça le groupe de Latone et celui d'Apollon, on installa les Marmousets dans l'allée d'Eau ; l'année suivante vit la création de trois bosquets : le Marais, l'Etoile ou montagne d'Eau et le théâtre d'Eau. Leurs noms suffisent à indiquer qu'ils tiraient leurs effets de jeux d'eau qui pouvaient aller, dans le cas du dernier, jusqu'à une sorte de spectacle aquatique que l'on modifiait en jouant sur des robinets. Sur la terrasse du château, la grotte de Téthys reçut en 1672 le groupe de Girardon pour lequel on mit la dernière main aux effets d'eau très élaborés que Perrault avaient prévus. Enfin et surtout, sur cette même terrasse, le nouveau parterre d'Eau, dû à l'atelier de Le Brun, vaste carré aussi large que l'avant-corps du château, vint faire jouer l'élégance de ses formes.

Mais tous les bosquets, tous les bassins qui virent le jour dans les années 1670, demandaient de l'eau, toujours de l'eau. D'autant que le roi tenait absolument à ce que jouent sans interruption les cinq jets du nouveau parterre d'Eau, ceux de la Sirène et de la Cour royale (aujourd'hui disparus mais visibles sur le plan de 1774), et ceux du parterre du Midi. Ici encore, il fallait innover, et d'autant plus vite que l'alimentation de toute la partie supérieure des jardins dépendait de la grotte de Téthys dont le réservoir n'était pas d'une capacité considérable. Pour tout ce qui relevait du réservoir de Téthys on eut recours à une pompe de recyclage comparable à celle qui fonctionnait déjà au bassin d'Apollon. Francine, qui était déjà intervenu comme conseiller de Le Nôtre, en 1664, dans sa négociation avec Jolly, recommanda que soient créés sous la terrasse trois réservoirs de grande capacité d'où l'eau serait remontée vers le sommet de la Grotte par des chaînes à godets mues par des manèges de chevaux. Les réservoirs, d'une capacité de 3 400 mètres cubes furent construits en 1672 et firent l'objet d'une correspondance entre Colbert et Louis XIV qui, bien que faisant la guerre en Flandre, pensait toujours à ses jardins. Colbert lui écrivait : "Toutes les pompes vont bien, le sieur Francine double le chapelet de la pompe qui reporte l'eau du parterre dans le réservoir haut, en sorte que j'espère qu'elle portera 120 pouces d'eau." A quoi le roi répondait : "Il faut faire en sorte que les pompes de Versailles aillent bien, surtout celles du réservoir d'en haut ; que lorsque j'arriverai, je les trouve en état de ne pas me donner du chagrin en se rompant à tout moment." Dans la même lettre, il demandait à Colbert d'essayer le nouveau dispositif des dix fontaines en les faisant aller toutes à la fois afin qu'à son arrivée il puisse "régler là-dessus le temps qu'elles devront aller et la grosseur des jets[36]". Nul n'a jamais douté que Louis XIV ait eu la passion des jardins, mais que dire alors des effets d'eaux ?

C'est bien pour cela qu'avec toute l'ingéniosité déployée dans les systèmes de pompes à deux puis à trois chevaux et dans les moulins, il fallait maintenant, vu la déperdition qui se faisait à toutes les étapes, songer à amener davantage d'eau à Clagny. Trois possibilités s'offraient : l'une sage et sûre, le drainage de vastes étendues de terrain dans la région de Trappes ; l'autre onéreuse mais généreuse, le détournement d'un cours d'eau autre que la Loire ; et la dernière moderne mais aléatoire : une pompe de grande taille qui puiserait l'eau dans la Seine distante d'environ 6 kilomètres.

Ces trois opérations furent menées en même temps, mais connurent des fortunes diverses.

Le drainage des étangs de la région de Trappes et de Bois-d'Arcy se fit sur plusieurs années sous la direction de Picard et de Colbert, puis sous celle de Louvois et de Gobert. L'idée en avait été suggérée à Colbert par "le sieur Francine" sur le rapport, dit Picard, "du sieur Vivier qui faisait alors la carte de l'Orléanais". L'astronome se mit une fois de plus en campagne. Flanqué de son aide et de Vivier, ce qui prouve bien à quel point cartographie et nivellement allaient de pair, il prouva de nouveau que l'opération n'était pas possible. Mais lors de ses nivellements, il avait remarqué que la Bièvre était alimentée par des eaux qui descendaient des plateaux de Trappes et de Bois-d'Arcy par des gorges qu'il était possible de barrer par des digues. Les étangs ainsi constitués étaient au-dessus du niveau du rez-de-chaussée de Versailles. Pour faire parvenir leurs eaux au château, il fallait percer un tunnel sous le plateau de Satory, ce qui fut fait dans de bonnes conditions. Les *Mémoires de l'Académie royale des sciences* relatent l'événement et montrent avec quelle attention Louis XIV avait suivi toute l'opération : "Mais ce qui est encore plus considérable, c'est qu'après que les tuyaux de conduite eussent été placés depuis l'entrée de la montagne de Satory jusqu'au-dessus de la grotte de Versailles, Sa Majesté, faisant faire le premier essai de ces eaux, eut le plaisir de voir qu'elles sortaient avec tant de force qu'il n'y avait pas lieu de douter qu'elles n'eussent pu monter beaucoup plus haut, conformément aux nivellements qui avaient été faits ; et, en descendant de dessus la grotte, elle témoigna à M. Picard qu'elle était fort contente[37]."

Il est à signaler que l'abbé Picard mentionne la présence à ses côtés du Danois Rømer dont il avait présenté la candidature à l'Académie de sciences à son retour du Danemark. On voit que ce savant n'hésitait pas à justifier son appartenance à cet illustre corps en abandonnant ses travaux sur la vitesse de la lumière

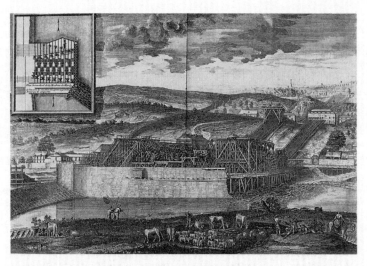

La Machine de Marly,
musée du Château de Versailles

La retenue pratiquée en amont de la machine fournit l'énergie nécessaire pour mouvoir les grandes roues à godets qui puisent l'eau dans la rivière et les pompes qui la hissent en haut de la colline ; un aqueduc dont on distingue les arches la recueille alors pour la diriger soit vers Versailles soit vers Marly.

pour mesurer celle de l'eau dans les conduits du réservoir de Montbauron. Mais le roi rêvait toujours d'avoir assez d'eau pour que toutes les fontaines donnent à la fois et continuellement. C'est ainsi qu'on construisit la célèbre machine de Marly. Les travaux commencèrent en 1681. Enorme mécanique dont le bruit s'entendait loin à la ronde – les campagnes d'Ile-de-France ignoraient alors le grondement des réacteurs –, elle était implantée à hauteur de Bougival. Construite par une équipe franco-liégeoise composée de l'hydraulicien Arnold de Deville et de Rennequin Sualem, elle tirait son énergie de 14 roues à godets de 12 mètres de diamètre que la Seine faisait tourner. Ces godets déversaient l'eau dans des conduites où 221 pompes lui faisaient gravir la longue pente de la berge du fleuve jusqu'à un aqueduc qui l'acheminait vers Louveciennes, d'où elle allait ensuite à Versailles et à Marly. Dézallier d'Argenville a donné une description de cet éléphantesque engin, qui s'avéra assez solide, il faut le dire, pour être encore jugé réparable sous

Napoléon III. "Dans la machine de Marly l'eau est contre-foulée à 500 pieds de haut, suivant la rampe de la montagne ; scavoir 148 pieds jusqu'aux deux premiers puisarts à mi-côte, d'où, par d'autres pompes, l'eau est reprise et portée à 175 pieds dans un autre puisart, d'où elle est encore reprise et portée à 175 pieds dans un autre puisart, d'où elle est encore reprise par de nouvelles pompes qui la refoulent à 177 pieds de haut sur la plate-forme de la tour de l'aqueduc qui a 36 arcades et 330 toises de long[38]."

Or la déperdition d'eau et d'énergie due aux faiblesses des clapets et aux frottements de transmissions rudimentaires fit que les 221 pompes ne suffirent pas. L'eau qu'elles donnaient fut envoyée à Marly, et pour Versailles il fallut songer à autre chose. De là le projet de détournement de l'Eure qui n'aboutit pas non plus pour d'autres raisons, mais qui mit en lumière les possibilités de la technologie de l'époque. Louis XIV annonça son nouveau projet à son lever, un jour d'août 1684, alors qu'il se trouvait à Fontainebleau[39]. Colbert était mort, Picard aussi, mais la coopération qu'ils avaient établie entre la haute administration et l'Académie des sciences se poursuivit grâce à Louvois et Philippe de La Hire. Ce dernier commença ses relevés en octobre 1684 et évalua la hauteur du lit de l'Eure à Maintenon, lieu où elle se trouvait le moins loin de Versailles. A cet endroit, son lit était 30 mètres au-dessous du rez-de-chaussée du château. La rivière dessinait une large boucle en passant à Chartres, et il était possible en coupant cette boucle de la rejoindre à hauteur de Pontgouin et de gagner 70 mètres de dénivellation. Ceci permettait de détourner une partie de ses eaux et de les acheminer sur Versailles par un canal de dérivation d'un peu plus de 70 kilomètres[40]. La distance n'était pas énorme, mais le tracé offrait deux difficultés : le franchissement de la vallée des Larris à hauteur de Berchères et celui de la vallée de l'Eure à hauteur de Maintenon.

Les travaux commencèrent rapidement et s'accélérèrent encore quand Vauban obtint que trente mille hommes sous la direction du maréchal d'Uxelles se joignent aux ouvriers en place. Au commencement de 1688, presque tout le canal était construit, mais les deux grands obstacles, Berchères et Maintenon, n'étaient pas franchis. Le second, surtout, semblait redoutable. Vauban avait proposé la construction d'un aqueduc de 5 kilomètres de long et qui par endroits atteindrait une hauteur de plus de 70 mètres. Ce grand ouvrage d'art aurait trois étages et permettrait le passage d'un canal d'une profondeur de 1,89 mètre et d'une largeur de 2,48 mètres. En 1688, seul le premier étage en était achevé. Le roi, sentant venir les guerres de la ligue d'Augsbourg, demanda à Vauban et à Louvois d'accélérer encore les travaux, de renoncer aux aqueducs et de recourir à des siphons de fonte. A Maintenon, le siphon serait posé sur l'étage construit ; à Berchères, il descendrait jusqu'au fond de la vallée, moins profonde, il est vrai. Dans les deux cas, il fallait obtenir de maîtres de forges champenois et normands qu'ils fournissent des centaines et des centaines de mètres de gros tuyaux de fonte, et il fut promis des lettres de noblesse au plus important de ces industriels s'il respectait son contrat "de point en point dans les temps spécifiés[41]".

Mais inexorablement la guerre se rapprochait, et bientôt les troupes quittèrent Maintenon pour des cantonnements plus proches de la frontière. Seuls demeurent aujourd'hui les restes majestueux de l'aqueduc de Maintenon et le souvenir d'un grand projet où des ingénieurs comme Vauban et des savants comme La Hire avaient employé les ressources de leurs talents. Les travaux furent abandonnés et Louis XIV dut renoncer à recevoir à Versailles toute l'eau qu'il lui fallait. Rappelons à ce propos que c'est bien de Versailles et pas seulement des jardins qu'il s'agit. Saint-Simon a si bien réussi à faire passer le canal de l'Eure pour "une cruelle folie" qu'on oublie parfois qu'une partie de ces eaux serait allée aux habitants de la ville, comme celles de Roquencourt qui alimentaient des fontaines et des bornes sur la voie publique.

Reste qu'en dépit de cet échec les techniques de l'époque brillèrent dans les canalisations, dans les pompes et dans les fontaines. Dans les canalisations, l'usage des tuyaux de fer, en réalité de fonte, s'établit à Versailles dès les premières années. Dézallier d'Argenville remarque : "Les tuyaux de fer coulé sont jetés en fonte et d'un grand usage présentement ; il y en a de deux sortes, ceux à manches, ceux à brides, mais on n'emploie que ces derniers comme les meilleurs. Les tuyaux de fer ont les bonnes qualités de ceux de plomb, durent plus longtemps dans les jardins et coûtent infiniment moins. Ils résistent à des élévations de 177 pieds dans la conduite des eaux à Marly, ces mêmes tuyaux cassent dans les rues de Paris à cause du fardeau des voitures. Le plomb obéit et vaut beaucoup mieux dans les rues[42]."

Mais quelles qu'aient pu être les qualités du plomb dans les rues de Paris, le fer réussit bien à Versailles et fut très largement employé justement parce qu'il coûtait "infiniment moins cher". On peut rappeler à ce propos que les *Mémoires de l'Académie des sciences*[43] contiennent, pour l'année 1677, d'intéressantes communications de Mariotte et de Rømer sur les problèmes d'hydrostatique rencontrés à Versailles. Ayant constaté que la beauté des jeux d'eau était "un spectacle tout nouveau dans le monde" et de surcroît "utile aux plaisirs et à la magnificence d'un grand roi" et que, d'autre part, "les jets d'eau ont besoin du secours de la géométrie", Rømer donna "une règle universelle pour juger de la bonté de toutes les machines qui servent à élever l'eau par le moyen d'un cheval" (on reconnaît ici les norias qui fonctionnaient à ce moment-là pour alimenter la tour d'Eau de Le Vau). Mariotte, non sans à-propos, "entra dans un détail beaucoup plus grand sur la dépense que font les jets d'eau, et sur la quantité nécessaire pour y fournir". Selon lui, il fallait tenir compte de la vitesse du flux, de la largeur des embouts, du frottement contre les parois des tuyaux et de la résistance de l'air, "toutes circonstances que la géométrie peut seule évaluer". Il préconisait d'augmenter le diamètre des canalisations quand l'eau coulait plus vite afin que "les diamètres de ces tuyaux soient comme les racines carrées des vitesses", et il calculait ces vitesses en fonction de la hauteur des réservoirs. Mariotte est revenu sur la question des jets d'eau dans son *Traité du mouvement des eaux* (1686), et on peut se demander s'il ne pensait pas très concrètement aux fontainiers de Versailles quand il posait le problème suivant : "Etant donnée la hauteur médiocre d'un réservoir et le jet estant oblique trouver où il touchera le plan horizontal[44]."

Mariotte faisait également des travaux sur l'air et ses recherches prolongeaient celles de Galilée, de Torricelli et de Pascal sur la pression atmosphérique. "Ce n'est que depuis peu que l'on connaît l'air", remarquait-il ; en 1679, il décrivit ce gaz, plus condensé dans ses basses couches, "plus au large" en altitude et il ajoutait qu'il était de couleur bleue mais que "cette couleur ne peut paraître que sous une grande épaisseur"[45]. Ces travaux sur l'air, son épaisseur, sa couleur ont une telle importance quand on les met en relation avec les paysagistes du XVIIe siècle, paysagistes connus et appréciés par Louis XIV et par Le Nôtre, que cette question sera reprise à propos de l'esthétique de Le Nôtre. Signalons, pour le moment, que nous sommes ici dans un des domaines de prédilection des savants du XVIIe siècle, la statique des fluides, domaine où la physique de l'époque consacrait le triomphe total de l'esprit de géométrie. Il n'en était pas de même partout, et notamment dans les sciences de la vie où des voix discordantes se faisaient entendre, notamment celle de La Quintinie.

LE MONDE DES PLANTES
ET LE CHEMINEMENT SILENCIEUX
DES SCIENCES DE LA VIE

LE MANTEAU VÉGÉTAL DES JARDINS

A Versailles, le manteau végétal n'était pas le même selon qu'on était sur la Grande Terrasse où s'étendaient les parterres, dans le Petit Parc, c'est-à-dire le monde des bosquets, ou dans le Grand Parc où les arbres moutonnaient à perte de vue. Plus on était proche des bâtiments, plus les fleurs faisaient chatoyer les broderies. Plus on était aux confins du Grand Parc, plus les arbres de haute futaie occupaient les lieux par un droit que nul ne leur contestait, celui du premier occupant. A Trianon, on se trouvait dans un monde en soi, où les fleurs étaient reines, celles des bordures comme celles des orangers. Une fois les parterres tracés au cordeau par des méthodes qui n'avaient rien de révolutionnaire et dont Dézallier d'Argenville a donné une description précise, on procédait à la décoration florale qui utilisait toutes les ressources des transports de l'époque. Le roi aimait la gaieté des couleurs, et il pensait aux fleurs de Versailles même quand il en était loin. Depuis Nancy, où il se trouvait après la prise de Colmar, il écrivait à Colbert : "Je m'attends à trouver beaucoup de fleurs tardives ou avancées, car mon frère m'a dit que le jardin n'en estait pas si plein qu'à l'ordinaire et que Le Bouteux en avait en réserve, je crois que c'est pour cela. Prenez en un peu connoissance[46]."

Michel Le Bouteux, jardinier fleuriste avec qui Le Nôtre travaillait régulièrement, ainsi qu'avec Colinot, mettait ses fleurs en réserve dans des serres avant de garnir les parterres de pots, mais il en recevait aussi beaucoup directement et parfois de fort loin. Colbert, connaissant les goûts du roi, notait en 1674 dans ses *Ordres et règlements pour les bâtiments de Versailles* : "Visiter souvent Trianon ; voir que Le Bouteux ait des fleurs pour le Roy pendant tout l'hyver[47]." L'infatigable ministre avait soin d'assurer des envois réguliers depuis la Provence. On trouve dans sa correspondance avec Arnoul, intendant des Galères à Marseille, des recommandations et des ordres qui prouvent combien cet approvisionnement lui tenait à cœur : "Je vous envoye cy-joint un mémoire des fleurs dont on a besoin pour les jardins des maisons royales, lesquelles il faut envoyer au mois de juillet de la présente année, à la réserve des tubéreuses que l'on demande pour Trianon et qu'il suffira d'envoyer pour l'année prochaine[48]." En 1670, il lui commande des jonquilles, des tulipes, des tubéreuses, des narcisses et des jacinthes. Il en fait venir également de Hollande et crée un jardin royal à Toulon pour s'assurer des arrivages réguliers. A cette occasion, il écrivit à Bordard, intendant des Galères, qui en avait la charge, une lettre où l'on trouve son éternel souci d'avoir de toutes choses des mesures précises et d'en obtenir le meilleur rendement : "Faites en faire promptement un plan qui soit orienté et dont les mesures soyent justes, et envoyez moi en même temps un mémoire exact de la quantité de fleurs qui y sont et de celles que l'on peut y entretenir tous les ans pour en fournir toute la quantité qui est nécessaire pour les maisons royales[49]."

Cela ne concernait, bien entendu, que les fleurs qui n'étaient pas cultivées sur place, car les pépinières de Versailles produisaient dans des années fastes, comme 1686 ou 1687, jusqu'à 250 000 pots de fleurs par an. Ceci impliquait la mise en œuvre de procédés de culture nouveaux et efficaces, notamment pour les plantes en pot, et le savoir-faire des jardiniers hollandais était mis à contribution en dépit des guerres entre la France et les Provinces-Unies. Les frères Dambresme chargés de la culture des tulipes de 1669 à 1682 sont toujours mentionnés dans les *Comptes des Bâtiments du Roi* comme des "jardiniers flamands".

Où allaient ces fleurs ? Dans les parterres où elles coloraient les enroulements des bordures et dans les bosquets où leurs couleurs égayaient le décor des arbres et des treillages. On trouve dans les *Comptes des Bâtiments du Roi* un versement de 600 livres à Le Bouteux pour des "festons, bouquets et ornements de fleurs pour la décoration de la salle du Festin et du Bal" à l'occasion des fêtes de 1668, et de même, en 1671, des versements à Louis Barbier et Antoine Deslauriers pour des chèvrefeuilles et des "plantes et fleurs" fournis au bosquet et aux allées de l'Etoile[50]. Mais la décoration florale des parterres se déployait à une échelle plus vaste que celle des bosquets, et c'était elle qui frappait d'abord quand on entrait dans les jardins. Saint-Simon a dit que Le Nôtre n'y attachait pas autrement d'importance, estimant qu'ils étaient faits pour distraire les nourrices qui les regardaient depuis les étages où elles se trouvaient retenues. Il est très possible en effet que les goûts de Le Nôtre l'aient davantage porté aux effets d'eau et aux grands jeux de structure où éclatait son emprise sur le paysage. Il n'en est pas moins vrai qu'il était admiré aussi pour le dessin de ses parterres. Tessin en témoigne dans sa *Relation* : "Le parterre [de la terrasse] est parfaitement beau et représente le génie de M. Le Nôter *(sic)* ; j'en ai pris le dessin et le gazon dans les plates bandes et les enroulements fait fort bien[51]." Trianon, on s'en doute, vit arriver de véritables charrois de fleurs. "20 050 oignons de jonquilles doubles et 100 livres 1/2 pesant d'ennemones doubles acheptez en divers endroits pour Trianon" sont payés plus de 1 600 livres à Henry Julienne en 1686, tandis que Pierre Trutry n'en perçoit que 183 pour "2 300 oignons de siclamen Saint-Claude et 1 700 lis qu'il a été chercher en Dauphiné, Auvergne et Savoye pour le jardin de Trianon[52]". On a une idée de ce que pouvait représenter la décoration florale dans les parterres de Trianon grâce à un relevé portant indication des emplacements et des variétés. Et

l'on sait également par le témoignage de Saint-Simon que les tubéreuses sentaient parfois si fort à Trianon qu'on en était incommodé.

Les fleurs constituaient donc la partie la plus chatoyante, la plus odorante et la plus somptueuse du manteau végétal des jardins. Elles déroulaient sur lui leurs broderies ; cette image est si appropriée que des vêtements s'en sont inspirés. Mais le manteau lui-même était constitué d'arbres et d'arbustes qui furent amenés

Un parterre géométrique,
photographie de Jean-Baptiste Leroux

e jardin baroque a porté l'art des enroulements à une perfection inconnue jusque-là. La perspective longue y est pour beaucoup car, en allongeant les axes, elle étirait les formes, et offrait plus de surface dans les parterres. Leur décoration florale alliait la géométrie aux vives couleurs des fleurs, comme dans la céramique, la couture, les vitraux ou la peinture.

à Versailles en quantités massives. Les *Ordres et règlements pour les bâtiments de Versailles* signés par Colbert en 1674 donnent une idée de l'activité régnant dans les jardins au cours des années où ils prirent la physionomie conservée jusqu'à la première replantation de 1775-1776. Les jardiniers ne manquaient pas de consignes précises avant de se mettre à l'ouvrage :

"Oster les méchantes terres de l'allée qui va de Saturne à Apollon ; faire des tranchées pour y planter du buis.

"Faire la contre-allée depuis la fontaine de Saturne jusqu'à l'allée des tilleuls et y planter de l'érable.

"Regarnir d'érables toute la contre-allée où il en manque.

"Faire des tranchées et les remplir de bonnes terres dans l'allée qui est entre la muraille et l'Ile royale pour y planter des tilleuls en la place de ceux qui sont morts.

"Planter des ormes et des palissades le long des murs de l'Orangerie[53]."

Pierre Francastel a consacré une étude à la replantation des jardins de Versailles à l'époque de Louis XVI[54] et a montré, grâce aux archives, quels arbres étaient en place depuis l'origine et comment ils furent remplacés. Les carrés ou massifs étaient essentiellement plantés en chênes avec un faible mélange de marronniers et de hêtres, de frênes, de charmes et de merisiers. Le gros des arbres de ligne était composé d'ormes et de marronniers. Sur le pourtour des bosquets, on trouvait des ifs et des épicéas. Il ressort des *Comptes des Bâtiments du Roi* que l'on faisait venir des quantités considérables d'arbres d'Ile-de-France et de Normandie et parfois de grande taille, mais que l'on arrachait aussi de jeunes arbres pour les replanter et les aligner. La Quintinie prodiguait ses conseils à ce sujet : "C'est pourquoi ceux qui arrachent des arbres doivent être grandement soigneux de le faire droitement et doucement, et pour cela faire de bons trous, afin de ne rien tirer de force en arrachant, autrement ils ne manqueront pas d'éclater ou de rompre quelque bonne racine." Une fois retirés, les arbres devaient être remis "un bon pied avant dans la terre" pour ne pas risquer d'être déstabilisés par le vent. Ce conseil était très certainement suivi par les jardiniers de Versailles, car il est payé à Jean Frason, en 1686, 200 livres pour les "800 trous de 3 pieds de large sur 2 pieds de creux qu'il fait dans les bosquets du petit parc pour planter des chicomores".

Mais ces arbres déplacés dans le Petit et dans le Grand Parc, combien de nouveaux voisins virent-ils arriver ! Les petits ormes affluent par dizaines de milliers

dès les années 1660 ainsi que des charmilles, des châ-
taigniers et des "ypréaux", c'est-à-dire des ormes à larges
feuilles de la région d'Ypres, achetés en Flandre par le
receveur général des Finances d'Artois. 1 700 noyers
furent plantés en 1669. On voit apparaître dans les
Comptes des Bâtiments du Roi les versements faits aux
jardiniers Marin Trumel, Henry Dupuis[55], Macé Fouché
"à compte des arbres, ormes, tilleuls et autres qu'ils
fournissent pour les advenues des châteaux de Versailles
et de Vincennes", quand ce n'est pas pour "plusieurs
arbrisseaux des pépinières de Vaux-le-Vicomte". A côté
de ces arbres destinés aux alignements et au tissu
végétal des bosquets, on voit affluer les perches d'osier
qui servaient à "armer" les arbres et "palissader" les
arbrisseaux, ainsi que des sapins, des ifs et des "piceas"
qui sont plantés à la fontaine du Dragon ou dans la
demi-lune de la grande allée.

Dans ces commandes, les essences ne sont pas toujours précisées, mais on peut considérer que Dézallier
d'Argenville, vivant dans la région parisienne et écrivant son livre dans les années qui ont immédiatement
suivi la mort de Le Nôtre, n'aurait pas été désavoué
par ce dernier quand il affirme que le chêne est "plus
propre dans les forêts que dans les allées", que "l'orme
est estimé pour les allées et les bosquets", "l'ypréau
pour les belles allées", que "le tilleul dans les bosquets
prend toutes sortes de formes possibles", que le mar-
ronnier d'Inde "convient pour les allées", "le hêtre ou
fouteau pour les palissades" et que l'acacia "autrefois
employé dans les allées et berceaux a un bon parfum,
mais ne mérite pas qu'on s'y intéresse". Tous les arbres
nommés sont de nos climats, et les résineux n'y tiennent qu'une place modeste.

Ce que l'on appelait alors le Grand Parc, c'est-à-dire
les bois où l'on chassait à courre, fit l'objet de ce que
Thierry Mariage appelle un "véritable aménagement
du territoire à l'échelle régionale". Il poursuit : "Le
Grand Parc de Versailles incluait 34 fermes et s'étendait
jusqu'à Trappes, Bois-d'Arcy, Villepreux, Rennemoulin,
et englobait également les villages de Buc, de Saint-Cyr,

de Bailly ainsi que la forêt de Marly et le bois de Satory. Transposée en mesures actuelles, la superficie du domaine était de 15 000 hectares contre 765 aujourd'hui. [...] L'étude des *Comptes des Bâtiments du Roi* permet de repérer une période significative en matière de plantation qui va de 1668 à 1672 et de recenser l'apport d'environ 130 000 arbres[56]." Ce grand effort de reboisement ne se ralentit pas. Ernest de Ganay, toujours d'après les *Comptes des Bâtiments du Roi*, indique que le seul automne de 1686, en un mois et demi, ce sont "1 585 milliers de charmilles, 148 milliers de boursaults, 9 milliers d'érables et de coudres, 8 400 ormes, 255 chicomores et 85 milliers d'ormilles de deux ans" qui sont voiturés à Versailles depuis Lyon et Rouen. En 1688, 25 000 arbres furent amenés de l'Artois[57].

En étendant leur couvert végétal sur les surfaces et les volumes géométrisés des parterres, des bosquets, des rampes et des glacis, les fleurs, les arbustes et les arbres donnaient aux jardins la couleur de la vie. Ils ajoutaient à l'animation des eaux les changements de formes et de teintes que le vent, la pluie et les saisons font passer sur le visage de la nature. Il y avait en eux une poésie du mystère que le mécanisme n'arrivait pas à exprimer par les termes de la géométrie. La Quintinie en était bien conscient : "Il se fait aujourd'hui de grandes dissertations dans la philosophie et dans la chimie pour chercher à décider quels sont les meilleurs fumiers, et on le fait avec la même exactitude que les mathématiciens apportent à décider ce qui est nécessaire pour faire un ligne droite, etc. Le public est grandement obligé à ces messieurs, qui portent leur curiosité et leurs observations si avant dans les secrets de la nature ; j'espère que nous en tirerons de grands bénéfices mais en attendant qu'ils soient arrivés, je crois, et pour moi et pour ceux en faveur de qui j'écris, que nous ne saurions mieux faire que d'aller en ceci, comme je fais, c'est-à-dire tout bonnement, simplement et grossièrement, sachant d'ailleurs que la fertilité des terres ne consiste pas, pour ainsi dire, dans un point indivisible[58]."

Il faut compter ici avec l'humour de La Quintinie qui reprend tout à l'origine les définitions de géomètres, en l'occurrence celle de ce fameux "point indivisible" dont des juristes comme Cardin Le Bret s'étaient servi, nous l'avons vu, pour justifier mathématiquement la souveraineté du roi. Mais sous ses allures bonhommes, il n'en mettait pas moins le doigt sur une des difficultés que rencontrait le courant dominant dans les sciences. Comment expliquer des phénomènes aussi simples que les transformations de la croissance des êtres et des plantes ? Si l'on disait comme Descartes, dans la conclusion de son *Traité de l'homme* : "Je désire que vous considériez, après cela, que toutes les fonctions que j'ai attribuées à cette machine, comme la digestion des viandes, le battement du cœur et des artères, la nourriture et la croissance des membres, la respiration, la veille et le sommeil [...] je désire, dis-je, que vous considériez que ces fonctions suivent toutes naturellement en cette machine, de la seule disposition de ses organes, ne plus ne moins que font les mouvements d'une horloge ou autre automate, de celle de ses contrepoids et de ses roues[59]", on risquait fort d'être amené à dire comme l'un de ses disciples, Tauvry : "Pour bien appliquer la physique au corps de l'homme j'en ôte tout ce que je n'y conçois point ; c'est-à-dire toutes les facultés, et je le considère comme une machine statique, hydraulique et pneumatique dont les os sont les appuis et les leviers, les muscles les cordes, le cœur et les poumons la pompe, les vaisseaux des canaux où les liqueurs circulent perpétuellement[60]."

C'était précisément le côté statique de la machine qui posait problème. La Quintinie voyait bien que la sève circule vers l'extrémité des branches et des racines, et de ce point de vue il se rangeait parmi les "circulateurs" si finement dépeints par Diafoirus. Mais en bon observateur empirique, il ne pensait pas que la sève "circulait perpétuellement", comme de l'eau dans une pompe. La croissance des végétaux lui apparaissait comme une sorte de merveille "infiniment difficile à comprendre et à expliquer" : c'est pourquoi, dans son livre, il détaille les opérations de la nature avec un soin amoureux et des métaphores parfois culinaires – les arbres "mitonnent" leurs fruits en les protégeant de leurs feuilles – qui témoignent d'une approche intuitive et poétique.

Il montre les racines générant la sève à partir d'une combinaison d'eau et de terre, puis, sous l'effet de la chaleur du printemps, cette sève se frayant un chemin dans les canaux de l'écorce pour sortir à l'air sous forme de bourgeons, tout en allongeant les racines par un travail souterrain : "La sève donc, venant ici dans son gonflement à rompre l'écorce qui la renfermait, elle en sort par toutes les issues qu'elle est capable de s'y faire ; et pour lors de liquide qu'elle était devant que de sortir, se trouvant solide au moment de sa sortie aussi bien dans la terre qu'elle l'est devenue en sortant du côté de l'air, elle prend dans la terre, l'être, la forme et la nature de racines, tout de même que dans l'air celle des branches prend la nature de feuilles, de fruits et d'autres branches, etc.[61]."

Ainsi, la sève circule, mais elle se transforme et change de nature. En se faisant feuille, fleur, racine, de liquide elle devient solide et se trouve "pour ainsi dire métamorphosée". Voici qui dépasse largement les opérations d'une machine. Pour expliquer ce qu'il appelle "un miracle perpétuel de la nature", La Quintinie rejette une explication de type mécaniste selon laquelle ce serait la forme des pores à travers lesquels passe la sève qui déterminerait la forme et la nature des feuilles et des fruits et, prévenant les objections de ses adversaires qui disent attendre l'invention "de bonnes lunettes ou microscopes" pour découvrir la forme de ces pores, il espère, lui, que des instruments appro-priés découvriront un jour "le pouvoir attractif des racines" qu'aucune mécanique ne peut expliquer.

Nous sommes ici dans un univers scientifique où commencent à s'exprimer le vitalisme du siècle suivant, celui qui trouvera sa pleine expression chez Linné, Buffon et Bernardin de Saint-Pierre à qui La Quintinie fait souvent penser quand il cherche à exprimer par

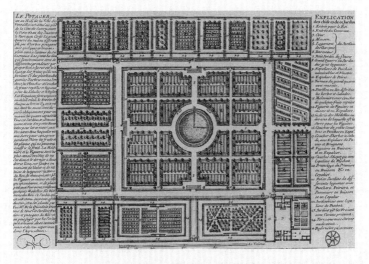

Plan du Potager du Roi par Adam Pérelle,
musée du Château de Versailles

des descriptions imagées la fascination qu'exerce sur
lui l'inépuisable fécondité de la nature. Etait-il seul à
essayer de formuler des vérités d'expérience qui s'ac-
cordaient mal avec une physique par ailleurs triom-
phante dans le domaine des techniques ? Certainement
pas. La voix qui s'élevait dans le Potager du roi trouvait des échos à l'Académie des sciences, notamment
dans les travaux d'anatomie de Claude Perrault : c'est
une des richesses de la vie intellectuelle du château
de Versailles à cette époque.

Avant de conclure ce chapitre sur l'empire des géomètres en revenant sur Claude et Charles Perrault, qui
ménageront une transition toute naturelle vers les arts,
un dernier regard sur l'*Instruction* de La Quintinie va
nous permettre de le voir à l'œuvre sur un parallèle
particulièrement intéressant, celui des greffes et des
jets d'eau. La Quintinie s'était acquis une si large réputation par les greffes d'arbres fruitiers que Louis XIV
en personne était venu au Potager pour suivre ses
leçons et s'essayer à des travaux pratiques[62]. Or, les
greffes étaient à l'origine d'une des métamorphoses dont
s'émerveillait l'auteur de l'*Instruction* : elles permettaient
en effet à un tronc de cognassier de se couronner de

151

branches de poiriers par le simple passage de la sève au travers d'écussons. Ici encore, il se trouvait des savants mécanistes assez simples pour expliquer ce phénomène en comparant l'écusson à l'ajutage d'un jet d'eau, mais un ajutage dans lequel des pores différemment agencés produiraient des poires dans un cas, des pommes dans un autre. On se doute qu'à Versailles tout ce qui touchait aux jets d'eau était de nature à retenir l'attention, mais La Quintinie était prêt à relever le gant, estimant que "le mystère des greffes est certainement trop obscur et trop enveloppé pour être par là suffisamment éclairci". Son argumentation est très typique de son rejet de toute explication mécaniste : "Un ajutoir à force de servir s'use à la longue, se mine et se gâte entièrement : notre écusson au contraire se fortifie d'autant plus qu'il est employé à faire sa fonction. Chaque ajutoir ne peut représenter qu'une certaine figure : chaque écusson produit une infinité d'effets séparés les uns des autres et très différents entre eux, savoir une écorce, du bois, des feuilles, des fleurs, des fruits, etc., et ces fruits mêmes différents par leur couleur, leur figure, leur goût, leur chair, leur graine, etc. Joint que par-là on pourrait dire que notre écusson, qui produit une infinité d'autres écussons, produirait une infinité d'ajutoirs, ce qui ne peut en aucune façon du monde convenir aux ajutoirs ordinaires des fontaines, lesquels sont incapables de se multiplier[63]."

Quand le fils de La Quintinie fit paraître l'*Instruction* en 1690, deux ans après la mort de son père, Charles Perrault écrivit une idylle qui figurait en tête du volume. On y retrouve certains des thèmes développés dans le livre et même certaines images, notamment celle des racines comparées à des bouches qui "attirent l'aliment et forment la liqueur". A ce moment-là, Charles Perrault avait perdu la place de conseiller privilégié qu'il occupait du temps de Colbert, mort sept ans auparavant. Louvois lui avait signifié qu'il n'avait plus besoin de ses services, mais il était toujours membre de l'Académie française et commençait peut-être à recueillir les contes populaires auxquels son nom reste attaché et qui font eux aussi une si large place aux mystères et aux métamorphoses de la nature. De plus, il se sentait très attaché à l'héritage scientifique de son frère Claude qui venait de mourir. Or le rôle de ce dernier à l'Académie des sciences était, nous l'avons vu, lié à la fondation même de cette institution. Partisan de faire travailler ensemble les "géomètres" et les "physiciens", c'est surtout parmi ceux-ci qu'il se distinguait par ses travaux d'anatomie. Médecin de formation, il avait formulé une théorie de l'ouïe dans laquelle le concept d'élasticité jouait un rôle central. C'est assez dire que la rigidité du mécanisme n'était pas son fait, et quoiqu'il ait été influencé, comme tous les savants de l'époque, par la physique cartésienne, il n'admettait plus que l'on puisse considérer les animaux comme des machines[64].

En ceci, il était certainement de l'avis de Huygens, qui pensait qu'en anatomie il fallait travailler "selon le dessein de Verulam[65]", c'est-à-dire selon la méthode de Bacon. Or Bacon était le chef de file des empiristes parmi lesquels on comptait certains des savants les plus remarquables de la Société royale de Londres, notamment Boyle, Sydenham et Newton qui faisaient une critique en règle du cartésianisme et de ce qu'ils appelaient la méthode des géomètres. La chimie commençait à apparaître comme une science en plein essor ; elle ne s'accommodait pas du langage géométrique parce que la nature des corps lui importait plus que leur forme. Boyle tenait pour acquis tous les travaux qui avaient porté sur le poids de l'air ; c'est à sa composition qu'il s'intéressait. Ses propres travaux lui montraient qu'un solide pouvait se "métamorphoser" en gaz sous l'action d'un liquide, et, un gaz n'ayant aucune forme, la géométrie ne l'aidait guère à comprendre ce qui se passait alors. C'est pour cela que, réinterprétant la formule de Galilée, il disait que la nature n'était pas un livre écrit en caractères mathématiques mais en caractères corpusculaires[66].

L'œuvre de La Quintinie pour modeste qu'elle soit, du moins dans le ton qu'elle adopte, est donc révélatrice de la richesse des courants intellectuels qui se croisaient à Versailles, non sans remous il faut le dire, au moment où la querelle des Anciens et des Modernes divisait les artistes et les hommes de lettres sur des questions d'esthétique qui intéressaient aussi les jardins.

NOTES

1. C. Huygens, *Correspondance*, La Haye, 1893, V, p. 282.
2. Colbert, *Lettres...*, *op. cit.*, V, p. 363.
3. C. Perrault, *Mémoires*, Paris, 1993, p. 134.
4. A. Picon, *Claude Perrault ou la curiosité d'un classique*, Paris, 1988, p. 20.
5. J.-D. Cassini, *Mémoires pour servir à l'histoire des sciences, avec une vie de Jean-Dominique Cassini écrite par lui-même*, Paris, 1810, p. 291.
6. *Pourquoy et comment l'Observatoire a esté baty*, in Colbert, *Lettres...*, *op. cit.*, V, p. 515.
7. J. Guiffrey, *Comptes des Bâtiments du Roi sous le règne de Louis XIV*, Paris, 1881-1901, I, année 1665, col. 113.
8. Sur Kepler et l'œil humain voir G. Simon, *Kepler astronome astrologue*, Paris, 1979.
9. Sur la mesure des ombres et son rapport au caravagisme, voir M. Kemp, *The Science of Art*, Yale, 1992.
10. Descartes, *Principes de philosophie*, in *Œuvres et lettres*, Paris, 1953, p. 612-613.
11. J. Picard, abbé, *Traité du nivellement*, Paris, 1684, p. 180.
12. Colbert, *Lettres...*, *op. cit.*, IV, p. 185.
13. J. Guiffrey, *Comptes...*, *op. cit.*, I, année 1680, col. 1309.
14. M. Charageat, "André Le Nôtre et ses dessins", in *Gazette illustrée des amateurs de jardins*, 1953, p. 26.
15. Ce texte qui se trouve dans les *Mémoires* de Charles Perrault est cité par E. de Ganay, *André Le Nostre*, *op. cit.*, p. 28. *En manière de ramasse* signifie "à la façon d'un traîneau".
16. J. Picard, abbé, *Traité...*, *op. cit.*, p. 142.
17. J. Boyceau de La Barauderie, *Traité du jardinage selon les raisons de la nature et de l'art*, Paris, 1638, III, 4, p. 72.
18. Cité par T. Mariage, *L'Univers de Le Nôtre*, *op. cit.*, p. 100.
19. J.-B. de La Quintinie, *Instruction...*, *op. cit.*, p. 27-28.
20. J. Guiffrey, *Comptes...*, *op. cit.*, I, année 1671, col. 518.

21. "A René Hermel, terrassier à compte des 88 toises de rigolles." J. Guiffrey, *Comptes…*, *op. cit.*, I, année 1664, col. 25.

22. Dézallier d'Argenville, *La Théorie et la Pratique du jardinage*, Paris, 1709, p. 112.

23. Colbert, *Lettres…*, *op. cit.*, avril 1677.

24. Dézallier d'Argenville, *La Théorie…*, *op. cit.*, 1709, p. 100.

25. J. Du Breuil (père), *L'Art universel des fortifications*, préface, Paris, 1665, p. 6.

26. *Ibid.*, p. 105.

27. A. Blanchard, *Les Ingénieurs du "Roy" de Louis XIV à Louis XVI*, Paris, 1979, p. 111.

28. J.-P. Rorive, *La Guerre de siège sous Louis XIV*, Bruxelles, 1998, p. 57.

29. Cité par J.-P. Rorive, *La Guerre de siège…*, *op. cit.*, p. 46.

30. C. Desgots, "Abrégé de la vie d'André Le Nôtre", in *Continuation des mémoires de littérature et d'histoire*, Paris, 1730, IX, p. 122.

31. Cité par P. Verlet, *Le Château…*, *op. cit.*, p. 180.

32. Le document et reproduit dans L.-A. Barbet, *Les Grandes Eaux de Versailles*, Paris, 1907, p. 28.

33. Le texte figure dans L.-A. Barbet, *op. cit.*, p. 29-30.

34. Par *ajutage*, l'auteur du rapport désigne une pièce ajoutée à l'extrémité de la conduite d'arrivée d'eau afin de modifier la veine fluide et de donner une forme au jet.

35. L'intérêt des plans donné par L.-A. Barbet des canalisations dans les jardins a été souligné par F. Boudon dans son étude "Histoire des jardins et cartographie en France", in M. Mosser et G. Teyssot, *Histoire des jardins…*, *op. cit.*, p. 121-129.

36. Cité par L.-A. Barbet, *op. cit.*, p. 39. Voir aussi Colbert, *Lettres…*, *op. cit.*, V, p. 354-355.

37. J. Picard, abbé, *Traité…*, *op. cit.*, p. 175.

38. Dézallier d'Argenville, *La Théorie…*, *op. cit.*, p. 315.

39. Voir J. Christiany, *Le Canal de l'Eure, un ouvrage inachevé. Inscriptions et traces dans le paysage*, thèse, univ. Paris I, 1995.

40. Voir *ibid.*

41. L.-A. Barbet, *Les Grandes Eaux de Versailles…*, *op. cit.*, p. 80.

42. Dézallier d'Argenville, *La Théorie…*, *op. cit.*, p. 382.

43. *Mémoires de l'Académie des sciences*, 1733, I, p. 360.

44. E. Mariotte, *Traité du mouvement des eaux*, Paris, 1700, p. 325.

45. *Ibid.*, p. 278.

46. Colbert, *Lettres…*, *op. cit.*, V, p. 354.

47. *Ibid.*, p. 368.

48. *Ibid.*, p. 362.

49. *Ibid.*, p. 413.

50. J. Guiffrey, *Comptes…*, *op. cit.*, I, année 1668, col. 305 et année 1671, col. 586.

51. N. Tessin le Jeune, "Relation de la visite de Nicodème Tessin à Marly, Vaux, Clagny, Rueil et Saint-Cloud en 1687", *Revue de l'histoire de Versailles et de Seine & Oise*, 28e année, 1926, p. 12.

52. J. Guiffrey, *Comptes...*, *op. cit.*, II, 1686, col. 1019.

53. Colbert, *Lettres...*, *op. cit.*, V, p. 371.

54. P. Francastel, "La Replantation du parc de Versailles au XVIIIe siècle", *Bulletin de la Société de l'histoire de l'art français*, 1950, p. 53-57.

55. Voir P. Bouchenot-Déchin, *Henry Dupuis, jardinier de Louis XIV*, Paris, 2001.

56. T. Mariage, "L'Univers de Le Nôtre et les Origines de l'aménagement du territoire", *Monuments historiques*, n° 143, 1986, p. 12.

57. E. de Ganay, *André Le Nostre*, *op. cit.*, p. 51.

58. J.-B. de La Quintinie, *Instruction...*, *op. cit.*, p. 237.

59. Descartes, *Traité de l'homme*, in *Œuvres et lettres*, *op. cit.*, p. 873.

60. D. Tauvry, *Nouvelle anatomie raisonnée*, préface, 1690.

61. J.-B. de La Quintinie, *op. cit.*, p. 1048.

62. Il faut rappeler à ce propos que Louis XIV portait attention aux travaux du botaniste Tournefort dont il a personnellement favorisé le long voyage en Orient (voir la préface du *Voyage*). De plus, Tournefort était le protégé de Fagon et il connaissait Dodart, deux des médecins du roi ; Fagon renonça pour lui à son poste de directeur du Jardin du roi, l'actuel Jardin des plantes. Quand il y fut installé, Louis XIV lui demanda d'y construire des serres chaudes.

63. J.-B. de La Quintinie, *op. cit.*, p. 1066.

64. Sur C. Perrault, voir A. Picon, *Claude Perrault ou la curiosité d'un classique*, Paris, 1988.

65. *Ibid.*, p. 74.

66. Sur l'essor de la chimie et les méthodes d'observation empiristes voir A. Koyré, *Etudes newtoniennes*, Paris, 1968, p. 33-34.

UN PALAIS DE PLEIN AIR :
LES JARDINS ET LES ARTS

Vous connaissez la manière de Le Nôtre.

MADAME DE SÉVIGNÉ

LES JARDINS ET LA CULTURE DE LA COUR

Dans *La Promenade de Versailles*, Mlle de Scudéry, dont les romans précieux étaient alors très lus, fait une visite des jardins en compagnie de trois personnages à qui elle sert de guide. Ses invités sont Télamon, Glycère et leur parente, une "belle étrangère" dont l'identité mystérieuse ajoute une note romanesque au plaisir de la découverte. Les voici qui arrivent sur la grande terrasse en sortant du vestibule : "Mais en cet endroit ayant passé le corridor, la belle étrangère, Glycère et Télamon firent un grand cri d'admiration pour la beauté de la vue. En effet, on voit de ce lieu-là plusieurs grands parterres avec des rondeaux et des jets, et au-delà de ces parterres, de ces jets et de ces gerbes d'eau, un canal de quatre cents toises de long et de seize de large, qui malgré la situation du lieu et malgré la Nature s'enfonce en droite ligne vers le haut d'un tertre, et l'on aperçoit à la gauche et à la droite des bois qui s'abaissent comme ne voulant pas ôter la vue du lointain qui est au-delà. J'eus de la peine à retirer cette aimable compagnie d'un lieu aussi charmant[1]."

Le "grand cri d'admiration" des personnages de Mlle de Scudéry exprime ce que ressentaient tous les visiteurs et tous les habitants du château. Si la cour était le point de mire de tous les regards, c'est parce qu'elle vivait dans un cadre que l'Europe entière lui enviait. Les jardins y étaient pour beaucoup. Comme les logements des quelque deux mille hôtes permanents du roi ne brillaient ni par leur confort ni par la

161

générosité de leurs dimensions, leurs occupants recherchaient les grands espaces offerts par les galeries et les salons du château, et bien sûr, par les jardins. On pouvait y voir le roi et être vu de lui, le saluer, lui faire son compliment et avoir la chance d'être appelé à l'accompagner dans sa promenade. Ces lieux publics étaient à l'image de la majesté du souverain, et rien n'était trop beau pour eux. Les courtisans raffinaient sans cesse leur mise, leurs propos, leurs échanges de politesse et jusqu'à leur démarche pour se mettre à l'unisson d'un cadre conçu pour eux. Le sens du beau allait de soi à Versailles et mieux valait cultiver le sien ou, à défaut, s'inspirer d'exemples autorisés, car c'était la seule façon de mériter et surtout de conserver la considération d'une société où le ridicule ne lâchait pas ses proies.

Les jardins de Le Nôtre étaient conçus pour éblouir leurs visiteurs, les amis de Mlle de Scudéry comme le doge de Venise, l'envoyé de Guillaume d'Orange comme les ambassadeurs du Siam. Le roi et les gens de pouvoir s'en servaient pour honorer les hôtes de marque. Huygens raconte que, lorsqu'il venait à Versailles, la présence à ses côtés de Charles Perrault suffisait à lancer le grand spectacle des jeux d'eau. Mais surtout, les jardins comblaient les regards exigeants d'une cour qui savait apprécier les largesses du prince. Et ce prince qui l'accueillait dans ce qu'il appelait une "société de plaisirs" savait partager avec elle, mais en plein air, les raffinements de la vie du palais. Il avait réussi à en faire un foyer de culture dont le rayonnement dépassait largement les frontières de la France. Paris gardait sa place aux yeux des étrangers et des Français eux-mêmes, mais chacun savait que Versailles tenait le rang de capitale des arts, et ceci dès les premières années du règne. Voltaire remarque, non sans émerveillement : "La cour devint le centre des plaisirs et le modèle des autres cours. Le roi se piqua de donner des fêtes qui fassent oublier celles de Vaux. Il semblait que la nature prît plaisir à produire en France les plus grands hommes dans tous les arts et à rassembler à la cour ce qu'il y avait de plus beau et de mieux fait en hommes et en femmes[2]."

Ce pôle d'excellence attirait tous les talents – sinon pourquoi Molière y serait-il allé ? – et le décor constitué par le château et par les jardins était l'image vivante, palpable, du cadre de vie dont toute l'époque rêvait. Tous ceux qui s'y rendaient en étaient très conscients, et les écrivains rivalisaient de superlatifs pour décrire le spectacle qui s'offrait à leurs yeux. Au cri d'admiration des héros de Mlle de Scudéry font écho les vers de La Fontaine :

> *Phébus brille à l'envi du monarque françois ;*
> *On ne sait bien souvent à qui donner sa voix :*
> *Tous deux sont pleins d'éclat et rayonnant de gloire.*
> *Ah ! Si j'étais aidé des filles de mémoire*
> *De quels traits j'ornerais cette comparaison !*
> *Versailles ce serait le palais d'Apollon ;*
> *Les belles de Versailles passeraient pour les Heures :*
> *Mais peignons seulement ces charmantes demeures[3].*

"Ces charmantes demeures"… Le palais d'Apollon était bien celui du dieu des arts, dieu qu'entouraient les muses. C'était le séjour où la musique, la poésie, la danse devaient charmer tous les sens, en un mot une sorte d'Olympe où les dieux et les déesses, "ce qu'il y avait de plus beau en hommes et en femmes", comme disait Voltaire, se rencontraient dans un séjour de rêve. Le roi lui-même apparaissait comme le modèle de cette société idéale. Voici en quels termes Félibien commentait le portrait qu'en avait fait Le Brun :

"Ce port et cette taille si grande, si noble, si aisée, dont les Anciens formaient leurs demi-dieux, et que nous regardons avec tant de respect et d'admiration dans Votre Majesté sont si bien imitez dans ce portrait qu'il n'y a personne qui ne vous y reconnaisse, et reconnaisse tel que vous paraissez, quand à la teste de vos Armées vous inspirez une nouvelle ardeur dans l'âme de tous ceux qui ont l'honneur de vous suivre.

"Ce n'est pas sans raison que l'on a toujours regardé la beauté du corps comme une marque de celle de l'âme et que l'on a considéré que la proportion et la simétrie des parties qui forment cette beauté extérieure est comme un témoignage de l'accord et de l'harmonie intérieure qui composent la bonté de l'âme. C'est ce qui a fait dire que la beauté du corps n'est pas seulement ce juste et convenable arrangement des parties les unes auprès des autres, mais que c'est une lumière qui parvient de la beauté de l'âme et qui, venant à se répandre au-dehors, y communique ses grâces et fait connaître l'excellence de l'homme intérieur."

On pourra ironiser sur les hauts talons qui donnaient à Louis XIV "cette taille si grande, si noble, si aisée" dont parle Félibien. L'important n'est pas là. Il est dans le désir de grandir le roi pour grandir du même coup le rêve de perfection qu'il incarne. Or, rien n'est plus ténu et plus tenace qu'un rêve, et le mystère de sa nature est aussi difficile à percer que celui de son pouvoir. Les courtisans de ce temps-là, comme les hommes d'aujourd'hui, avaient les rêves de leur culture, et une culture marie tant de choses, traditions ancestrales, climats de sensibilité, formes prégnantes, elle anime tant d'aspirations à se peindre et à se dire que l'analyse démêle difficilement un écheveau aussi bien noué. Pour Félibien, pour le monde de la cour, la beauté "extérieure" du roi naît de la "proportion" et de la "simétrie" de son être physique ; sa beauté "intérieure", elle, naît de l'"accord" et de l'"harmonie" de son être moral.

Proportion, symétrie, accord, harmonie – ces quatre mots n'évoquent ni la passion patriotique ni les élans du cœur. Qui dit proportion pense mesures, qui dit symétrie pense relations de parité entre les formes, qui dit accord et harmonie pense rapports de fréquence et de compatibilité entre les sons. Tout cela est bien abstrait, et nous avons du mal à comprendre que la beauté physique et morale d'un prince se décrive en ces termes-là. Il nous semble que nous nous retrouvons ici dans l'empire des géomètres, où règnent les chiffres et la mesure, et que les sentiments n'y ont pas de place. Nous croyons voir une contradiction – le mouvement romantique en est sans doute la cause –

entre l'agencement heureux mais rigoureux des formes, que ce soit celles du corps du roi, des bâtiments, des jardins, des statues ou de l'action tragique, et l'abandon presque complaisant dont témoignent les "doux émois" et les "amoureux transports" qui enflent les vocalises de l'opéra baroque. Et cette contradiction s'aggrave encore quand nous voyons cette sentimentalité facile se parer de tous les voiles de l'illusion dans les peintures de l'Albane ou de Cotelle, peintures aimées de Le Nôtre et du roi, où les figures flottent sur des nuages et sourient à des angelots cabriolant dans l'azur. Pourtant, le roi qui versait une larme en écoutant le "tendre" Racine parlait avec chaleur de la beauté géométrique de la tranchée ouverte devant Saint-Quentin. Et la cour qui vibrait au récit des malheurs du Grand Cyrus et demandait des spectacles riches en métamorphoses n'en admirait pas moins la sobre élégance du Grand Trianon.

Cette cour, ce roi, voyaient dans Le Nôtre le plus grand jardinier de son temps, et c'est pourquoi les visiteurs de Versailles trouvaient dans ses jardins l'expression la plus vivante, la plus majestueuse et la plus vraie des formes de la nature. L'admiration qu'ils leur vouaient était faite de ce mélange d'émotions et de jugements implicites qu'on appelle le sentiment du beau. Certains de ces jugements, certaines de ces émotions sont faciles à comprendre : l'étendue des lieux, la richesse des matériaux, le soin apporté à la mise en œuvre des jeux d'eau et des plantations frappent toujours, et dès l'abord, le premier visiteur venu. Mais la beauté, c'est autre chose, et pour bien l'apprécier nous devons faire un effort d'imagination historique et rendre aux mots *proportion*, *symétrie*, *harmonie*, *accord* la charge affective qu'ils possédaient alors. Une fois réalisé ce travail de restitution, il sera possible de montrer comment les critères abstraits du beau se conciliaient avec le goût de l'illusion et du sentiment qui se rencontrent souvent dans la littérature et dans la peinture de l'époque. Le style de Le Nôtre apparaîtra alors comme l'expression globale du sentiment de la nature dans une phase particulièrement féconde de l'art des jardins en France.

Encore faut-il s'entendre sur ce qui revient à Le Nôtre dans des jardins comme Chantilly, Sceaux ou Versailles. Le Nôtre est illustre mais inconnu, un colloque international le rappelait récemment à l'occasion du troisième centenaire de sa mort. Nous n'avons de lui que peu, très peu de dessins et guère plus d'écrits[4]. Nous ne savons pas grand-chose de ses méthodes de travail, si ce n'est qu'il faisait figure d'acteur principal dans une équipe. A Versailles, cette équipe comptait des membres aussi éminents que le roi, qui avait ses vues en matière de jardins, ou Le Brun et Hardouin-Mansart, qui intervenaient ès qualités dans le décor architectural et sculptural des parterres et des bosquets. Néanmoins, nul ne contestait le travail fondamental de Le Nôtre au niveau de la conception même : c'est lui qui dessinait le visage des jardins en leur donnant un modelé, un réseau hydraulique et un couvert végétal, et dans ce rôle il était reconnu comme un grand artiste. Il avait la confiance et l'amitié de Louis XIV qui savait s'entourer. Il était très demandé, et souvent contraint de s'excuser pour des retards et des rendez-vous manqués, même à Chantilly avec le Grand Condé. Il n'aurait pas joui d'une telle gloire s'il n'avait pas été reconnu comme un homme "habile" et d'un certain "génie", pour reprendre des termes alors fréquemment utilisés quand on voulait parler de la compétence et de l'inventivité des artistes. Un témoignage éloquent de l'estime générale dont il jouissait nous est donné par Mme de Sévigné dans une lettre à sa fille, où elle décrit le château de Clagny construit pour Mme de Montespan alors au sommet de sa gloire : "Vous ne sauriez vous représenter le triomphe où elle est au milieu de ses ouvriers, qui sont au nombre de douze cents : le palais d'Apollidon et les jardins d'Armide en sont une légère description. Vous connaissez la manière de Le Nôtre ; il a laissé un petit bois sombre qui fait fort bien ; il y a un petit bois d'orangers dans de grandes caisses ; on s'y promène ;

ce sont des allées où l'on est à l'ombre ; et pour cacher les caisses, il y a des deux côtés des palissades à hauteur d'appui, toutes fleuries de tubéreuses, de roses, de jasmins, d'œillets ; c'est assurément la plus belle, la plus surprenante, la plus enchantée nouveauté qui se puisse imaginer ; on aime fort ce bois[5]."

Tout le monde cultivé s'entendait donc sur ce qu'était "la manière de Le Nôtre", et c'est bien dans une phrase comme celle-ci qu'on en perçoit la complexité. Mme de Sévigné parle d'Armide et d'Apollidon, c'est-à-dire de héros de la *Jérusalem délivrée* du Tasse et de l'*Amadis de Gaule*, épopées romanesques où enchanteurs et magiciennes se rendent maîtres du jeu en multipliant les métamorphoses. Nous sommes bien loin ici de la rationalité des géomètres et tout se passe comme si les jardins conçus par Le Nôtre étaient parvenus à enchanter et à convaincre tout à la fois. Convaincre, en démontrant que leur structure découlait logiquement d'une architecture et d'un site ; enchanter, en logeant dans cette structure des mondes protégés par des treillages et des palissades où l'imagination reprenait tous ses droits. La "manière" de Le Nôtre, ce fut sans doute cet harmonieux mariage d'esplanades et de décors intimes, de forte lumière et d'ombre, de paysage ouvert et de sous-bois secrets, en un mot, de grandes perspectives et de bosquets, qu'il sut magistralement réussir à Versailles. A ce propos, le critique pressé pourra parler de son génie au sens moderne du terme, et il aura raison si par génie il entend une exceptionnelle capacité de synthèse. Mais pour apprécier l'ampleur d'une synthèse, il faut déceler la nature de ses éléments et les moyens par lesquels elle a été conduite, ce qui, dans le cas d'un véritable artiste, est l'affaire d'une vie.

André Le Nôtre (1613-1700), dessinateur des jardins de Roi,
Carlo Maratta,
musée du Château de Versailles

UN GRAND INDÉPENDANT : LE NÔTRE

André Le Nôtre est né tout près des jardins des Tuileries où son père Jean Le Nôtre avait en charge le dessin des parterres. Son avenir était donc assuré car il faisait partie d'une dynastie célèbre. Les Le Nôtre étaient aussi connus dans le monde des jardins que les Mansart dans celui de l'architecture ou les Couperin dans celui de la musique. Le jeune André dut faire preuve d'aptitudes diverses et de dons certains, car il fut encouragé, peut-être par sa famille, à fréquenter l'atelier de Simon Vouet où il rencontra de jeunes peintres et notamment Le Brun. Son père ne voyait sans doute pas d'inconvénients à ce qu'il aille en voisin se former auprès d'un maître reconnu qui avait ouvert une petite académie dans les galeries du Louvre. Aussi bien était-il entendu que le savoir des peintres était utile aux jardiniers. Dans son *Traité du jardinage selon les raisons de la nature et de l'art*, Boyceau explique que les beautés du jardin se recherchent "auprès des architectes, et autres gens savants en portraitures et bons géomètres" et que "faire ses premiers apprentissages dans de telles sciences" est aussi nécessaire "pour la construction du jardin que l'intelligence de la nature des terres et des plantes". Il est formel : "Si le jardinier est ignorant du dessin, il n'aura aucune invention ni jugement pour les ornements." Ce conseil a très bien pu être apprécié des Le Nôtre qui connaissaient Boyceau – Louis XIII l'avait nommé intendant des Jardins royaux –, et l'on tient même pour probable qu'André Le Nôtre a travaillé avec lui au Luxembourg. L'influence de Boyceau a pu être déterminante car il faisait à juste titre figure d'intellectuel. La rigueur de sa pensée, son exceptionnelle pénétration – toutes qualités qui font de son *Traité* une œuvre majeure – devaient être appréciées dans le monde des grands jardiniers parisiens.

Quand Le Nôtre s'est adressé à Simon Vouet pour se donner une formation de peintre, il est allé vers l'homme le plus qualifié et le plus compétent qui se soit trouvé à Paris à ce moment-là. Vouet savait, dit Jacques Thuillier, "accueillir les jeunes vocations, déceler le talent, infuser plutôt qu'enseigner les secrets de l'art et mener chacun vers son inclination[6]". De plus, il avait beaucoup appris à Rome où il avait séjourné pendant quatorze ans (1612-1626) à une époque où les artistes y trouvaient un climat intellectuel d'une exceptionnelle richesse. De nombreux courants s'y croisaient : on y rencontrait des admirateurs du Caravage à la recherche de contrastes dramatiques entre l'ombre et la lumière et des représentants de l'école de Bologne davantage portés à favoriser l'harmonie d'une solide construction académique. On y rencontrait aussi, ce qui est encore plus important pour l'art des jardins, de nombreux paysagistes. Certains étaient italiens comme Annibal Carrache, d'autres étaient venus du Nord de l'Europe, et parmi ces *ultramontani* on comptait de grandes figures comme Bril, Poussin et Le Lorrain. Ces peintres traversaient les Alpes comme tant d'autres l'avaient fait avant eux, d'abord parce que l'Italie apparaissait comme le berceau des arts depuis la Renaissance (Richelieu puis Colbert l'ont assez dit, tout en essayant de lui ravir cette place), mais aussi parce que les grands Vénitiens – Giorgione, Titien – leur avaient révélé toutes les ressources d'un riche coloris qu'ils pouvaient employer en peignant la *campagna* romaine. Les environs de la ville éternelle, avec leurs lacs, leurs collines boisées, leurs statues parfois encore en place, leurs ruines vénérables et leur lumière très pure, offraient partout des motifs pour qui cherchait à peindre les paysages qu'on a dénommés "classiques" ou "idylliques". Vouet put donc se familiariser à Rome avec ce qu'on appellerait aujourd'hui les grandes tendances de la peinture contemporaine. Elles s'y trouvaient rassemblées. Revenu à Paris, il fit profiter ses élèves de son ouverture au monde de l'art européen : Le Nôtre en est la preuve puisque sa collection comptait des tableaux de l'Albane, de Poussin, du Lorrain et de Bril, tous paysagistes, tous représentants du puissant mouvement italo-franco-flamand qui s'était formé à Rome au moment où il fit ses premières armes dans le monde des jardins.

Quand Boyceau recommandait aux jeunes jardiniers de se familiariser avec les choses de la peinture, il n'envisageait pas de leur donner la formation de paysagiste que Le Nôtre acquit auprès de Vouet. Il pensait, lui, au tracé des parterres et à la mise en perspective des parterres et des allées vus depuis la maison, et peut-être aussi au modelé des jardins quand leur assiette n'était pas plane. Mais abondance de biens ne nuit pas : Le Nôtre s'initia au paysage au moment où sa pratique le mettait en relation avec des architectes. Nous savons par l'éloge funèbre de Jules Hardouin-Mansart que l'oncle de ce dernier, François Mansart, avait "donné des lumières" à Le Nôtre. Cet éloge cité au chapitre précédent n'en dit pas plus ; on peut pourtant considérer la chose comme probable. Dans les années 1630, les deux hommes étaient au service de Gaston d'Orléans et, dans les années 1640, Mansart construisit le château et les jardins d'Evry-Petit-Bourg, près de Fontainebleau, où Le Nôtre se trouvait alors.

Nous entrons ici dans l'expression complète de sa personnalité d'artiste telle qu'elle est née de sa formation et de ses goûts. Et comme il est de ces créateurs qui ont laissé leur œuvre parler pour eux – Shakespeare et Rembrandt sont du nombre –, c'est de cette œuvre et de quelques rares documents biographiques qu'il faut partir pour remonter jusqu'à lui. Parmi ces derniers, ses collections de peintures, de bronzes et de médailles fournissent des indications précieuses, car Le Nôtre, comme Louis XIV, étant particulièrement sensible à tout ce qui était visuel, et c'est par l'image qu'on le comprend le mieux. Et d'abord par la sienne propre.

Quand il séjourna à Rome, en 1679, Maratta a peint son portrait. Le Nôtre avait alors soixante-six ans, ce qui était déjà un bel âge pour l'époque, mais une impression de robustesse, de calme, de majesté même, se dégage de son visage et de sa solide stature. Sa croix de Saint-Michel met une note rouge vif dans la dentelle de sa cravate. Il la porte comme certains personnages d'Ingres portent leur Légion d'honneur, pour montrer qu'il est sensible à l'honneur que le roi lui a fait en le décorant. C'est chez lui une règle de vie : il apprécie la considération qu'on lui témoigne, mais il ne se met jamais en avant et s'attache avant tout à respecter les règles du jeu social telles qu'elles existent, estimant sans doute qu'elles ne l'ont pas lésé. Anobli, il choisit pour armoiries trois limaçons et un chou cabus, montrant ainsi, non sans humour, que les honneurs ne lui tournaient pas la tête. Saint-Simon qui n'y a pas vu malice lui en saura infiniment gré, le portrait qu'il en a fait s'en ressent.

Cette modestie se retrouvait dans sa façon d'être et dans sa légendaire bonhomie, qui n'était pas feinte puisqu'il aimait la simplicité et la franchise des enfants. Bachaumont raconte que lorsqu'il était tout jeune il rendait visite au vieux jardinier célèbre qui l'amusait en lui dessinant des petits bonhommes à la manière de Callot[7]. Il n'avait donc pas perdu la main et lançait toujours sur le papier les traits de plume vifs et fermes qu'on voit dans ses projets de cascades ou de bosquets. L'enfant et le vieil homme se retrouvaient dans ces jeux d'imagination où les lignes jouent avec la vérité des êtres et soudain la piègent comme par hasard. Le Nôtre a toute sa vie conservé ce goût du trait expressif. Au dos de l'ébauche d'un nouveau tracé pour l'avenue de Picardie à Versailles[8], on le voit s'amuser à croquer la silhouette d'un volumineux personnage tassé sous son grand chapeau à côté d'un bambin qui trotte.

Ce sens du jeu qui fut sans doute pour beaucoup dans le charme de sa compagnie, cette bonhomie qui lui servait à désarmer les importuns et les jaloux cachaient une réelle force de caractère, Le Nôtre l'a prouvé de plusieurs façons et notamment lors de son voyage en Italie. En franchissant les Alpes, il s'arrêta à Pignerol, la forteresse où Fouquet était assigné à résidence. Il passa un moment avec lui, montrant ainsi qu'il n'avait pas oublié Vaux-le-Vicomte où sa grande carrière avait commencé. Il encourait ainsi la colère du roi, mais sa réputation le protégeait et il pouvait se permettre beaucoup de choses. Toujours au cours de ce voyage en Italie, il fut chargé par Colbert de rédiger un rapport sur la situation de l'Académie de France à Rome. Cette institution fondée à l'initiative personnelle du ministre permettait à de jeunes artistes français de "copier toujours ce qu'il y a de beau à Rome en peinture et sculpture" afin de s'en inspirer dans leur travail, une fois revenus en France. Colbert écrivit donc à notre voyageur : "Je suis bien ayse d'apprendre par la lettre que j'ay reçue de vous que vous voyez à Rome des beautés qui pourront servir à l'ornement et embellissement des maisons du roy, et vous me ferez plaisir de m'écrire souvent du temps que vous serez à Rome.

"Appliquez vous aussy à bien connaître tout ce qui regarde nostre académie pour donner à vostre retour vos avis sur tout ce qu'il y aura à faire pour la faire réussir.

"Vous avez raison de dire que le génie et le bon goût viennent de Dieu et qu'il est très difficile de les donner aux hommes. Mais quoique nous ne retirions pas de grands sujets de ces académies, elles ne laissent pas de servir à perfectionner les ouvriers et à nous en donner de meilleurs qu'il n'y a jamais eu en France[9]."

Précieuse lettre, qui nous offre une occasion de bien apercevoir Le Nôtre dans le regard d'autrui, en l'occurrence celui d'un grand ministre. Et c'est à ce grand ministre, fondateur de quatre académies, qu'il ose dire que, finalement, les institutions ne remplacent pas les dons. Ceci correspond parfaitement à ce qu'il dit au prince de Condé, un autre grand personnage, dans une phrase mémorable : "Et moi je continueray à eslever mes pensées pour l'embellissement de vos parterres, fontaines, cascades de vostre grand jardin de Chantilly comme estant avec respect, Monseigneur, de Votre Altesse, le plus humble et le plus obéissant serviteur. Le Nostre[10]."

Tout Le Nôtre est dans cette phrase. La déférence qu'il exprime à l'un des puissants de ce monde et l'affirmation sereine de son génie créateur. S'il "élève ses pensées" pour concevoir de beaux parterres, de belles cascades, de belles fontaines, c'est qu'il les dessine comme nul autre. Le Grand Condé le savait bien puisque Le Nôtre était souvent obligé de décommander ses visites à Chantilly tant on le demandait ailleurs. Il était devenu une véritable vedette dont les plus hautes personnalités, les monarques même, se disputaient les plans. Colbert, Louvois, Pontchartrain, Mme de Maintenon, Guillaume d'Orange avaient recours à lui ou recueillaient ses avis. Il était à l'art du paysage ce que Bernin était à l'architecture, ce que Rubens avait été à la peinture. Ceci n'impliquait pas que, se sentant au-dessus de l'enseignement des académies, il se soit cru possesseur d'un génie qui le dispensait d'observer les autres et d'apprendre. Il savait ce qu'il devait à ses prédécesseurs, mais puisqu'il n'en a pas parlé, nous devons chercher dans ce que nous savons de ses collections la nature de ses goûts et la marque de sa force créatrice.

Ses collections étudiées par Stéphane Castelluccio sont à l'image de sa formation, très marquées par la peinture. Il ne possédait pas de traités sur l'art des jardins, peu de livres, et dans ce peu, une majorité sur l'histoire d'Angleterre, ce qui est surprenant. A première vue, cette indifférence apparente pour les jardins peut surprendre, mais elle s'explique. Qui aurait-il lu ? Olivier de Serres et Claude Mollet étaient déjà bien loin : c'étaient des hommes de la Renaissance dont le vocabulaire même ne lui était plus familier. Il connaissait ceux qui étaient plus proches de lui, Boyceau et Mollet, et, les ayant vus à l'œuvre, il n'attendait rien de leurs ouvrages. Il collectionnait ce qui lui servait et il en usait avec les peintres comme avec les jardiniers, se passant des livres de Mollet et de Boyceau comme il se passait des toiles de Le Brun et de Mignard qu'il avait assez vues à Versailles.

En revanche, sa collection de peintures était riche d'œuvres de l'école romaine dont Vouet lui avait révélé l'importance. Elle comptait cinq Poussin dont de grands paysages comme *Moïse sauvé des eaux* et *Moïse frappant le rocher*, trois Le Lorrain dont un *Port de mer au soleil couchant* et une *Fête villageoise*, des toiles de Bril et de Bruegel de Velours, un *Acis et Galatée* de Perrier. Il semble avoir eu une prédilection pour Nicolas Poussin qu'il avait rencontré aux Tuileries : il lui commanda un tableau, *La Femme adultère*, et fut sans doute heureux de voir arriver dans les jardins de Versailles les termes que le grand artiste avait dessinés pour Vaux-le-Vicomte et que le roi racheta à Mme Fouquet. Ils s'y trouvent encore aujourd'hui dans les bosquets du Dauphin et de la Girandole.

Avec les nombreux bronzes de sa collection personnelle, ces statues témoignent du goût de Le Nôtre pour la sculpture. Sans doute était-il particulièrement intéressé par le rendu du relief, la recherche des effets rasants de lumière, la transition entre les parties saillantes et les autres. Et peut-être expliquera-t-on de la même façon l'intérêt qu'il portait aux médailles. Le médecin anglais Lister qui avait vu chez lui quatre armoires emplies de médailles, dont trois cents de Guillaume d'Orange, nota avec enthousiasme : "Ce sont là certainement les plus beaux matériaux que j'aie vus pour composer une histoire métallique[11]." Le Nôtre semble avoir combiné là son intérêt pour l'histoire et ses curiosités d'artiste attentif à tout ce qui touchait le travail des surfaces. Dans sa *Perspective pratique*, le père Du Breuil attirait l'attention des graveurs sur l'étude de la perspective : "Le graveur sur cuivre ne la doit non plus ignorer [la perspective] que le peintre puisqu'il fait du burin ce que l'autre fait du pinceau : elle lui fera connaître ce qu'il faut toucher rudement et ce qu'il faut adoucir[12]." Nous retrouvons toujours chez Le Nôtre le goût du modelé, le sens de ce qu'il faut "adoucir" et de ce qu'il faut faire saillir, et les médailles, outre leur valeur historique, avaient peut-être pour lui le même intérêt que les bronzes. Il collectionnait, mais en artiste, car il cherchait dans les œuvres admirées ce qui pouvait nourrir son imagination et développer son savoir-faire. C'est à Vaux-le-Vicomte qu'il eut pour la première fois l'occasion de donner toute la mesure de l'une et de l'autre.

Au moment où Fouquet lui offrit de le prendre à son service, il était essentiellement considéré comme un dessinateur de parterres. C'est en cette qualité qu'il avait travaillé au Luxembourg, mais avec Boyceau, ce qui le préparait à traiter les problèmes esthétiques liés au développement de la perspective longue que Mansart, nous l'avons vu, avait audacieusement utilisée à Evry, comme à Maisons et à Balleroy. Thierry Mariage a mis en évidence les rapports étroits existant entre la structure des jardins d'Evry-Petit-Bourg et ceux de Vaux-le-Vicomte, notamment la présence d'un grand axe médian coupé par deux axes perpendiculaires[13]. Que Mansart ait projeté dans les jardins l'axe central du château et qu'il l'ait prolongé jusqu'à l'horizon, la chose n'est pas pour surprendre ; nous avons vu comment la perspective longue était entrée dans la représentation de la nature grâce aux "merveilleuses lunettes" dont a parlé Descartes. Mais Le Nôtre avait des raisons particulières, spécifiques au jardin et proprement esthétiques, de poursuivre dans la même voie. Boyceau, avec qui il avait travaillé pour les jardins du Luxembourg, les lui avait fournies dans son *Traité du jardinage selon les raisons de la nature et de l'art* où il parlait de la perspective longue qu'il trouvait "belle", tout comme les formes géométriques : "Les formes carrées sont les plus pratiquées aux jardins, soit du carré parfait ou de l'oblong, bien qu'en ceux-ci il y ait de grandes différences. Mais en eux se trouvent les lignes droites qui rendent les allées longues et belles et leur donnent une plaisante perspective car sur leur longueur la force de la vue déclinant rend les choses plus petites tendant vers un point [ce] qui les fait trouver plus agréables[14]."

Boyceau était même allé plus loin, il avait donné une justification à la fois scientifique et esthétique du grand axe médian, expliquant que les jardins ne seraient pas beaux s'ils n'étaient pas symétriques : "Toutes ces choses si belles que nous les puissions choisir seront défectueuses et moins agréables si elles ne sont pas placées avec symétrie et bonne correspondance, car Nature l'observe aussi dans ses formes si parfaites, les arbres élargissent ou montent leurs branches de pareille proportion, leurs feuilles ont les côtés semblables, et leurs fleurs ordonnées d'une ou de plusieurs pièces ont si bonne convenance que nous ne pouvons mieux faire que tâcher d'en suivre cette grande maîtresse en ceci comme aux autres particularités que nous avons touchées[15]."

Ainsi, tout comme la feuille est divisée en deux par sa plus grosse nervure, les jardins sont partagés par un axe central. Etant une représentation de la nature, ils doivent adopter la disposition qu'elle suit en toutes choses et qu'on retrouve dans les branches des arbres et dans les pétales des fleurs. L'esthétique de Boyceau donnait ainsi au jardin baroque un principe directement dérivé de la nature de son objet. Le Nôtre allait s'en souvenir, mais sa formation de peintre lui permit de dépasser très vite ce précieux enseignement. Il comprit en effet que le grand axe médian conforme aux structures fondamentales de la nature conduisait l'œil au cœur du paysage, et que les formes géométriques des parterres, des rampes et des degrés devaient pouvoir s'insérer comme d'elles-mêmes dans la campagne environnante. Adopter la perspective longue, c'était accepter que la structure du jardin ne soit plus qu'une partie de son être. L'œil du peintre devait désormais prolonger la visée de l'architecte.

En arrivant à Vaux, Le Nôtre se vit offrir de concevoir un jardin de ce type. Depuis le château en construction, on découvrait en effet une butte boisée au pied de laquelle sinuaient les méandres de l'Anqueuil. Partout à l'entour s'ouvrait le vaste horizon de la plaine. Il se mit au travail et la structure apparut bientôt : d'abord, un axe médian coupé à la perpendiculaire par deux axes secondaires, l'un tracé par la rivière canalisée, l'autre entre celle-ci et le château ; ensuite, à l'extrémité de cet axe, la butte remodelée pour accueillir une grotte et pour lancer le regard vers l'horizon par de puissantes rampes obliques prolongées par l'allée ouverte dans les bois. C'est ainsi qu'il prépara l'accueil du jardin par le paysage, sachant que le manteau végétal qu'il allait étendre autour des parterres irait se fondre dans les bois voisins qui moutonnaient jusqu'à l'horizon en bleuissant par l'effet de la distance. Voilà qui sollicitait l'œil du paysagiste, et cet œil, Le Nôtre le possédait. Ses chers paysages de la campagne romaine allaient lui servir pour donner à ses jardins, sous le ciel de l'Ile-de-France, la monumentalité calme et majestueuse des toiles de Poussin et du Lorrain. On comprend qu'il ait pu se sentir exalté par le motif, et qu'il ait fait de son grand coup d'essai un coup de maître.

Si les leçons de Mansart n'y furent pas oubliées, celles d'André Mollet ne le furent pas non plus, du moins en ce qui concerne les parterres. Ce dernier, tenant compte de l'allongement de la perspective, préconisait une transition graduelle de l'art vers la nature. Il plaçait près de la demeure les parterres de broderie afin que l'œil passe par la transition des parterres de gazon avant d'atteindre le fond du jardin ou le paysage environnant. Il avait écrit dans son *Jardin de plaisir* : "Puis sur la façade arrière de ladite maison doivent être construits les parterres en broderie, près d'icelle afin d'être regardés et considérés facilement par les fenêtres, sans aucun obstacle d'arbres, palissades ou autre chose haute qui pourrait empêcher l'œil d'avoir son étendue. A la suite desdits parterres de broderie, se placeront les parterres ou compartiments de gazon, comme aussi les bosquets, allées, palissades, hautes et basses en leurs lieux convenables, en faisant en sorte que lesdites allées aboutissent et se terminent toujours à quelque statue ou centre de fontaine[16]."

Sachant qu'il était limité dans l'espace, mais voulant conserver les effets de la perspective longue, Mollet prescrivait : "Aux extrémités de ces allées, on posera de belles perspectives peintes sur toile, afin de les pouvoir ôter aux injures du temps quand on le voudra."

Le Nôtre n'avait évidemment pas besoin de ce genre d'artifice à Vaux-le-Vicomte, mais il y a respecté la logique d'une disposition des parterres rendue nécessaire par la perspective longue et par le souci d'une progression harmonieuse du regard. Cela dit, il prouva dès les années 1650 que ce n'étaient pas les parterres qui l'intéressaient le plus, et tout porte à croire que Saint-Simon était dans le vrai quand il lui fit dire que les parterres étaient surtout faits pour distraire les nourrices qui les regardaient par les fenêtres, faute de pouvoir sortir du château. Pour Le Nôtre, l'important était d'établir son emprise sur l'espace en incluant les lointains les plus extrêmes. "Il ne pouvait souffrir les vues bornées", dit très justement le marquis de Dangeau[17].

On mesure les avancées qu'il a fait faire à l'art des jardins quand on compare aux traités de Boyceau et de Mollet, qui datent de sa jeunesse, celui que Dézallier d'Argenville publia neuf ans après sa mort. Dès le premier chapitre de *La Théorie et la Pratique du jardinage*, Dézallier d'Argenville mentionne les "magnifiques jardins" de Versailles, de Saint-Cloud, de Meudon, de Sceaux et de Chantilly. Mais c'est dans son deuxième chapitre qu'il montre tout ce qu'il a appris de Le Nôtre. Il y traite de la situation des jardins et distingue entre la montagne parfois dangereuse, la mi-côte, toujours saine et agréable pour l'écoulement des eaux, et la plaine qui donne peu de peine parce que les murs de terrasses et les glacis ne sont pas nécessaires. Il poursuit : "On jouit dans la plaine d'un beau plain pied naturel et d'un air encore plus pur que celui de la côte ; des campagnes vastes entrecoupées de rivières, d'étangs et de ruisseaux, de belles prairies, des montagnes couvertes de bâtiments et de bois se présentent sans cesse à la vue et forment un fond agréable et une perspective naturelle qu'on ne saurait trop estimer."

Il revient sur ce point quand il expose les quatre données dont il faut tenir compte quand on crée un jardin : l'exposition, la nature du sol, la possibilité d'avoir de l'eau et la situation. De la situation il dit : "La condition que demande une heureuse situation c'est la vue et l'aspect d'un beau pays ; elle n'est pas à la vérité si nécessaire que les précédentes mais elle est une des plus agréables [...] Je ne trouve rien de plus divertissant ni de plus agréable dans une jardin qu'une belle vue et l'aspect d'un beau pays. Le plaisir de découvrir du bout d'une allée ou de dessus une terrasse à quatre ou cinq lieues à la ronde un grand nombre de villages, de bois, de rivières, de coteaux, de prairies et mille autres diversités qui font les beaux paysages, surpasse tout ce que j'en pourrai dire ici ; ce sont de ces choses qu'il faut voir, pour juger de leur beauté[18]."

En lisant un tel passage on est tenté de s'écrier : "Le Nôtre est passé par là !" Il a ouvert les yeux des jardiniers à la beauté des paysages, et son amour de la peinture y est pour beaucoup.

Ce qui se voit à Vaux-le-Vicomte se voit aussi dans tous ses grands jardins.

A Chantilly, il a délibérément laissé de côté le château ancien dont l'architecture n'offrait pas de structure propice au lancement d'un axe médian et il l'a doté d'une tangente, mais cette tangente n'étant pas plane, de l'esplanade où s'élève la statue du connétable de Montmorency on découvre un paysage où la surface claire des eaux jette partout sa lumière dans la masse sombre des forêts voisines. La solution adoptée est donc différente de celle de Vaux et conduit, par une surprenante anticipation du style pittoresque, à faire des bâtiments un élément autonome et paysagé. A Saint-Germain, quand l'écroulement des grottes a rendu nécessaire la démolition des terrasses dessinées par Mollet et Dupérac, il a tracé la fameuse promenade qui longe la forêt et domine la vallée de la Seine, lançant depuis le château un axe audacieux, où le regard du promeneur fuit instinctivement l'obscurité du sousbois pour planer en pleine lumière sur l'horizon libre qui lui fait face. A Saint-Cloud, c'est encore une autre solution qui a prévalu, voisine de celle de Sceaux. La nature accidentée du terrain ayant conduit Le Nôtre à utiliser plusieurs dispositifs axiaux – dans ses *Carnets du grand chemin*, Julien Gracq parle à ce propos de "château éclaté dans la forêt qu'il peuple partout de ses fragments" –, le paysage environnant apparaît sous les angles qu'impose la configuration des lieux.

A Versailles, le site était différent de celui qui s'était offert à Vaux. Le château, tout modeste qu'il fût, se trouvait dominer une vallée largement ouverte qui fuyait à perte de vue vers l'ouest. Le grand axe médian était donc tracé jusqu'à l'infini par la nature elle-même. En développant l'esplanade autour des bâtiments, il était possible de surplomber un large espace légèrement en pente qui conduisait à la pièce d'eau des Cygnes – c'est ainsi qu'on appelait alors le bassin d'Apollon. Ce large espace pourrait être occupé par des bosquets dans lesquels on entrerait comme on entre dans un bois, et entre lesquels on circulerait par des allées offrant des perspectives sur des fontaines. Ceci n'existait à Vaux que sur les côtés des jardins, vers la grille d'Eau ou au Confessionnal, alors qu'à Versailles les possibilités semblaient illimitées et donc vraiment royales : cela explique sans doute l'enthousiasme de Le Nôtre et de Louis XIV. Depuis la Grande Terrasse, on pouvait balayer d'un regard panoramique une grandiose mise en scène de la nature. Le promeneur pourrait, à loisir, contempler la perspective de longues allées ou se perdre dans le mystère des sousbois pour y découvrir des merveilles comme par surprise. Le Nôtre voyait s'offrir une occasion de déployer tous ses talents : le dessin des parterres où il avait déjà fait ses preuves, le déploiement des jardins dans le paysage, chose qu'il venait de réussir à Vaux, et surtout

– aventure alors nouvelle pour lui – l'aménagement de bosquets destinés à devenir l'élément central d'un ensemble qui ferait date, ne serait-ce que par ses dimensions sans précédent, même chez les Anciens.

Il fallut conduire à la fois les terrassements, le creusement des conduites d'eau, la décoration, les fontaines et les bosquets – et tout cela en anticipant deux types d'effets différents, car les bosquets retenaient le promeneur dans des espaces clos alors que les terrasses et les allées lui ouvraient des perspectives qui étaient autant d'invitations à dominer du regard des espaces libres. Rien n'était plus difficile que d'accorder les éléments contradictoires de cette *concordia discors*, mais la richesse du tempérament artistique de Le Nôtre et sa sensibilité aux courants dominants de la vie intellectuelle de l'époque lui permirent de concilier l'organisation géométrique, rigoureuse et limpide des ensembles, avec la poésie intime des bosquets. Pour lui comme pour la plupart de ses contemporains, ces deux formes de beautés se faisaient valoir l'une l'autre. Encore faut-il voir pourquoi.

L'ESTHÉTIQUE DE LE NÔTRE

Aux yeux des artistes de la Renaissance et de l'âge baroque, les figures de la géométrie – il y avait à Vaux-le-Vicomte une statue de la Géométrie sculptée par Anguier – possédaient leur beauté propre. S'il fallait "élever ses pensées", s'abstraire du tout-venant des apparences pour accéder à la sphère du Beau, la géométrie était la science qui se prêtait le mieux à la recherche de ce que Roger de Piles appelait "le beau essentiel[19]" : elle se servait de figures aux lignes pures, inventées par la raison humaine, et ces figures étaient autant d'archétypes permettant de régulariser les formes répandues à profusion dans la nature. Les héros de Madeleine de Scudéry ne s'y trompaient pas : ils se récriaient en voyant les "rondeaux" inscrire leurs cercles lumineux dans le paysage ; ils trouvaient superbe le Grand Canal dont les bords rectilignes s'enfonçaient "malgré la nature" dans la profondeur de l'espace. Ce sont ces cercles et ce rectangle qui les touchaient directement, et ils auraient approuvé – ainsi que Le Nôtre d'ailleurs – ce qu'en disait l'architecte anglais Wren : "Les figures géométriques sont naturellement plus belles que celles qui sont irrégulières : tout le monde s'accorde sur ce point parce que c'est une loi de la nature. Parmi les figures géométriques, le carré et le cercle sont les plus belles, ensuite viennent le parallélogramme et l'ovale[20]."

La relation ainsi nouée entre l'esthétique et les sciences est compréhensible de la part d'un architecte qui était en même temps l'un des grands astronomes de son temps. Dans un monde dont l'image, nous l'avons vu, était largement construite par une représentation géométrisée et mécanisée du monde, les figures simples se voyaient investies d'un pouvoir exceptionnel parce que leur combinaison rendait intelligibles les phénomènes les plus complexes. En un mot, elles donnaient de l'imagination à la raison. Descartes s'en est servi lui aussi et aux mêmes fins que Wren. Ainsi, dans le *Discours de la méthode*, il montre bien pourquoi une ville géométrique est belle, ce qui explique, incidemment, pourquoi Louis XIV trouvait belle la tranchée ouverte devant Saint-Quentin : "Ainsi voit-on que les bâtiments qu'un seul architecte a entrepris et achevés ont coutume d'être plus beaux et mieux ordonnés que ceux que plusieurs ont tâché de raccommoder, en faisant servir de vieilles murailles qui avaient été bâties à d'autres fins. Ainsi, ces anciennes cités qui, n'ayant été au commencement que des bourgades, sont devenues par succession de temps de grandes villes, sont ordinairement si mal compassées au prix de ces places régulières qu'un ingénieur trace à sa fantaisie dans une plaine, qu'encore que, considérant leurs édifices chacun à part, on y trouve souvent autant ou plus d'art qu'en ceux des autres, toutefois, à voir comment ils sont arrangés, ici un grand, là un petit, et comme ils rendent les rues courbées et inégales, on dirait que c'est plutôt la fortune que la volonté de quelques hommes usant de raison qui les a ainsi disposés[21]."

Est beau ce qui est "ordonné", "compassé", c'est-à-dire passé au compas, et dessiné par la "volonté de quelques hommes usant de raison". Le meilleur artiste selon Descartes, c'est l'ingénieur. Le Nôtre n'en aurait pas disconvenu, lui qui devait aussi disposer ses volumes par de grands "remuements" de terre. Pourtant, il aurait trouvé le raisonnement un peu court, car si la géométrie façonnait le langage des formes, elle ne lui en donnait pas pour autant une syntaxe, et encore bien moins un style. Cette syntaxe, les artistes en avaient débattu depuis la Renaissance. La géométrisation de l'image du monde et l'invention de la perspective linéaire avaient rationalisé la représentation de l'espace. Mais rendre l'espace homogène et docile à la pensée humaine, donner aux formes et aux couleurs une articulation logique parce que démontrable, ce n'était pas le seul but de l'art. Il ne suffisait pas que les formes soient placées par la géométrie, il fallait qu'elles se combinent entre elles pour faire naître la beauté. Une fois leurs plans correctement levés, leurs dessins bien construits, les artistes et les écrivains se servaient des proportions, de la symétrie, de l'harmonie pour donner à leurs créations l'accord des volumes et des teintes qui seul fait la beauté des œuvres. Choisissant ses mots pour décrire la beauté du roi, Félibien se place dans une longue tradition. Alberti, déjà, faisait reposer les beautés de la symétrie sur un axe médian, axe dont la nature elle-même indiquait la nécessité : "Nature laquelle a donné aux animaux deux oreilles, deux yeux, deux narines, mais au milieu de tout cela il y a une seule bouche, large et ample[22]."

Deux siècles plus tard, nous l'avons vu, Boyceau reprenait la thèse du caractère naturel de symétrie dans sa description de la structure de la feuille et de l'arbre. Encore faut-il prendre garde que le mot *symétrie* est entendu le plus souvent au sens étymologique du terme, c'est-à-dire "correspondance et non identité des parties". La promenade de Saint-Germain suit un axe, mais passe entre la forêt et la vallée, établissant ainsi une symétrie du contraste. De même à Versailles, l'axe nord-sud tracé devant le château se termine d'un côté par une structure close, le bassin de Neptune, de l'autre par une structure ouverte, la pièce d'eau des Suisses.

Pour ce qui touchait aux proportions, on pouvait remonter plus loin encore. Vitruve, pour les arts, Aristote, pour les lettres, étaient des maîtres souvent cités. La Renaissance, en retrouvant des textes oubliés, en multipliant les traductions, en organisant des débats dans les académies et surtout en publiant de nombreux traités, s'était servie de l'imprimerie pour porter les questions d'esthétique au rang de problèmes de société[23]. Certaine d'avoir renoué avec Athènes et Rome, elle avait largement accrédité l'idée que tout ce qui s'était fait au Moyen Age souffrait de maladresses, de distorsions et de surcharges qui s'avéraient rédhibitoires. Quand, sur le conseil de Racine, Louis XIV essaya de lire Plutarque dans la traduction d'Amyot, il s'écria : "Mais c'est du gaulois !", façon de dire que tout ce qui n'était pas limpide, clairement articulé, et élégamment construit remontait aux temps barbares. Ici encore le calcul mathématique intervenait. Vitruve avait écrit : "La nature a en effet ordonné le corps humain selon les normes suivantes : le visage depuis le sommet du front jusqu'à la racine des cheveux vaut le dixième de sa hauteur, de même que la main ouverte depuis l'articulation du poignet jusqu'à l'articulation du majeur ; la tête depuis le menton jusqu'au sommet du crâne vaut un huitième ; du sommet de la poitrine mesuré à la base du cou jusqu'à la racine des cheveux on compte un sixième ; du milieu de la poitrine au sommet du crâne, un quart[24]."

On aura remarqué la croissance régulière des fractions qui permettaient de mettre en harmonie les membres, la tête et le tronc. Toutes les parties du corps étant commensurables, il était possible d'établir un rapport entre la figure humaine et les formes géométriques simples. Vinci en a fait la preuve en dessinant un homme nu, bras écartés, tout entier inscrit dans un cercle et dans un carré. Tous les artistes de la Renaissance et de l'âge baroque ont fait leurs ces critères esthétiques qui n'ont commencé à être contestés qu'à la fin du XVIIe siècle par ceux qu'on appela "les Modernes", et ces Modernes, à la tête desquels nous retrouvons les frères Perrault, ont été pour beaucoup dans l'évolution du goût qui a finalement remis en honneur des styles qui ne devaient rien à l'Antiquité gréco-romaine, le style gothique et le style chinois entre autres[25]. Mais le commun des amateurs de l'époque n'en était pas là. Les proportions du style régulier et géométrique correspondaient à l'orthodoxie du goût : cela se comprend si l'on considère la place qu'occupait la géométrie dans la construction du monde et dans les représentations qu'on s'en faisait. Aux yeux de Télamon, aux yeux de Glycère, l'harmonie la plus complète régnait entre les proportions du château, des parterres, des rondeaux, des terrasses, et celles des statues qui les décoraient. Les dieux antiques étaient chez eux dans des lieux tout entiers conçus pour mettre le corps humain en harmonie modulaire avec l'architecture.

Cette façon de revivre l'Antiquité en imagination s'explique aussi par l'évolution du goût. En dépit des consignes données lors de la dix-huitième session du concile de Trente, en dépit d'une politique de l'image qui cherchait à faire reculer la Réforme en décorant les églises baroques d'innombrables scènes de martyres, les dieux païens continuaient à faire rêver les hommes. Le clergé lui-même donnait l'exemple puisque les papes qui encourageaient le plus le culte des saints étaient en même temps ceux qui constituaient des collections de statues antiques, et l'on comprend ce paradoxe si l'on songe que l'architecture des églises baroques devait plus aux temples païens de l'ancienne Rome qu'aux cathédrales gothiques. Les jésuites ne s'y trompaient pas puisque leur enseignement faisait une large part à la culture latine considérée, à juste titre, comme la meilleure des éducatrices pour les jeunes gens destinés à jouer un rôle social important, que ce soit en politique ou dans la vie culturelle. Les académies jouaient un rôle analogue dans le monde savant, ainsi que le prouve la traduction de Vitruve publiée en 1673 par Claude Perrault.

Ceci explique que les mots *proportion*, *symétrie*, *accord*, *harmonie* se retrouvent si souvent, à la Renaissance et à l'âge baroque, dans le discours des architectes et des jardiniers. André Mollet, que Le Nôtre connaissait bien puisque sa marraine, Anne Martigny, était née Mollet et que les Mollet se succédaient aux Tuileries de père en fils, écrivait dans son *Jardin de plaisir* : "Nous donnerons quelques connaissances touchant les dessins suivants afin de les pouvoir exécuter comme il appartient, chacun en leur proportion requise[26]." Ces proportions, il les associe comme toujours, et pour les raisons qui ont été exposées au chapitre précédent, à des critères mathématiques de mesure. Il prend donc soin d'opérer des conversions – étant au service de la reine Christine, il n'oublie pas ses lecteurs scandinaves – et précise que pour un parterre de quarante-deux toises au carré les plates-bandes auront six pieds de large et que pour un parterre de vingt-huit toises au carré les plates-bandes seront réduites à une largeur de cinq pieds. Ses autres dessins suivent grosso modo les mêmes règles. Mais ces règles ne sont pas strictes et ressemblent plus à des indications qu'à des formules.

On peut observer la même prudence dans les conclusions tirées par Nicolas Poussin des mesures qu'il avait prises sur l'*Antinoüs* du Belvédère. Il remarquait, par exemple, pour les mesures prises de face : "Du nœud de la gorge, A, jusqu'à l'extrémité de la clavicule dans l'endroit où elle se joint avec l'acromion et l'os du bras, marque B, il y a une tête." Et pour les mesures prises de profil : "La longueur du pied est la même que de sa plante au mollet, et du mollet au sommet du genou[27]." Ceci n'impliquait pas que la tête et le pied soient de la même taille, mais simplement qu'il y avait des correspondances entre la tête et le torse et entre le pied et la jambe.

Nous avons la chance de posséder un dessin dû à l'architecte suédois Tessin qui visita les jardins de Meudon où il prit soigneusement les dimensions du parterre de la Grotte comme s'il cherchait à percer les secrets de l'art de Le Nôtre. On peut remarquer sur ses relevés que le diamètre des cercles qui ornent les quatre angles est égal à la demi-largeur des grands enroulements situés au milieu des côtés. On peut remarquer aussi que le centre de ces cercles et le centre des enroulements en spirale se trouvent sur le même axe indiqué par un filet discontinu de gazon. On en conclut donc que, dans ce parterre, tout se tient par le jeu des figures qui se répondent parfois en s'inversant – c'est le cas des grands enroulements – et par un accord des figures simples et des figures complexes qui géométrisent le végétal. Mais on ne saurait aller plus loin. Les proportions n'ont pas la rigueur mathématique qu'on trouve à la Renaissance, dans le jardin botanique de Padoue, par exemple.

Et cela se comprend, car à l'âge baroque l'artiste jouissait d'une plus grande liberté dans son rapport à l'espace, et pour lui les proportions continuaient à jouer leur rôle mais de façon implicite, un peu comme en musique la basse continue, toujours présente, demeure assez discrète toutefois pour ne pas nuire à la liberté du compositeur.

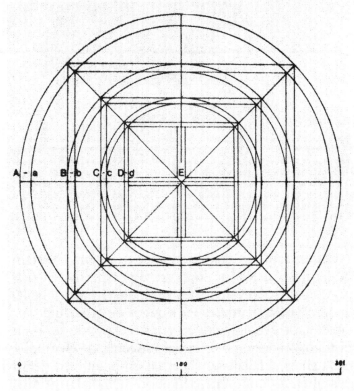

E. M. Terwen-Dionisius,
"Le Jardin botanique de Padoue, plan",
Journal of Garden History, vol. 14, 1994, p. 213

Nicodème Tessin, *Mesures du parterre de Le Nôtre à Meudon*,
Nationalmuseum, Stockholm

Ces deux illustrations mises en parallèle permettent de montrer comment les proportions jouent dans un jardin de la Renaissance et comment Le Nôtre les utilise. Dans le jardin botanique de Padoue (1545), le jeu des proportions est très strict : les allées carrées et circulaires vont s'élargissant à partir du centre selon une formule fixe. Le segment C-c est égal à D-d multiplié par $\sqrt{2}$, de même B-b égale C-c multiplié par $\sqrt{2}$, etc. Le parterre que Le Nôtre a créé pour Meudon a été mesuré et dessiné par Tessin. Le Nôtre n'est pas prisonnier d'une formule mathématique. Il utilise toutes les ressources de la géométrie mais sans symétrie stricte, et l'harmonie qu'il obtient repose sur un équilibre fait de compensations.

Cette souplesse était bien nécessaire aux créateurs de jardins car les rapports entre perspective et proportions y soulevaient des problèmes plus difficiles encore qu'en peinture. Pour juger de la beauté d'un tableau, de la solidité de sa construction, de la bonne distribution des ombres et des lumières, de l'harmonie des teintes, il fallait se placer en un point bien défini. Pascal en a donné une définition mémorable : "Ainsi les tableaux vus de trop loin et de trop près. Et il n'y a qu'un point indivisible qui soit le véritable lieu. Les autres sont trop près, trop loin, trop haut ou trop bas. La perspective l'assure dans l'art de la peinture. Mais dans la vérité et dans la morale qui l'assignera[28] ?"

En lisant ce texte, admirable de clarté et de rigueur, on est tenté d'ajouter : et dans les jardins, qui l'assignera ? Car un jardin n'est pas un tableau puisqu'on s'y promène en emmenant avec soi son point de perspective. Louis XIV, conscient de ce problème, conseillait de faire des haltes dans des endroits particulièrement indiqués pour jouir du spectacle : "Il faut s'arrêter sur le haut des degrés […]. Il faut ensuite aller droit sur le haut de Latone et faire une pause […]." Mais Le Nôtre, lui, ne pouvait pas se satisfaire d'une vision fragmentée de ses espaces ouverts, et les jeux combinés de la perspective et des proportions lui posaient des problèmes qu'il résolut en s'appuyant sur ce qu'en avait dit Boyceau et en innovant considérablement.

Boyceau avait vu le premier, dès les années 1630, que l'entrée de la perspective longue dans les jardins impliquait que l'on assigne un rôle bien défini à ce qu'il appelait les "corps relevés". En effet, placer le point de fuite à l'horizon impliquait que l'on voie les jardins sous un angle presque rasant. Les arbres et les bâtiments qui s'y trouvaient en étaient relevés d'autant. On abandonnait donc la vue plongeante si répandue à la Renaissance pour mieux jouir du spectacle de la perspective longue "tendant vers un point" jusqu'à l'horizon. Ceci conduisit les jardiniers de l'âge baroque à border leurs allées de palissades ; ils en doublaient ainsi l'effet, car l'amenuisement progressif de la hauteur des murs de verdure répondait, par une sorte d'écho visuel, à celui de la largeur de l'allée. Mais ces "corps élevés" devaient entrer dans le jeu des proportions, et Boyceau fut le premier à s'en apercevoir, expliquant avec sa rigueur habituelle : "Elles [les allées] doivent être proportionnées de largeur avec leur longueur, et avec la hauteur de leurs bordures ou palissades, faisant encore [pour ce regard] différence des couvertes, avec les découvertes, pour trouver une grâce agréable qui s'y rencontre, de laquelle on ne peut donner mesure juste qui ne puisse s'étendre à plus ou moins[29]."

Autrement dit, les proportions doivent jouer dans le plan horizontal comme dans le plan vertical, mais sans rigueur absolue. Le mot *grâce* est ici très révélateur car il conservait et conserve encore son sens étymologique de "faveur". C'est en quoi il se différencie de *beauté*, ce qui permettait à La Fontaine d'écrire dans *Adonis* que la grâce était "plus belle encore que la beauté". La grâce est en effet ce quelque chose qui vient en plus et qu'on ne s'explique pas, ce rien qui change tout parce qu'il laisse plus de liberté au jeu strict des proportions.

Le Nôtre lui aussi organisait ses espaces ouverts de telle sorte que le jeu des proportions se déployait avec grâce à l'échelle de tout un paysage. Les surfaces dont il disposait, surtout à Versailles, lui permettaient d'y parvenir de deux façons. Le spectateur pouvait jouir du spectacle depuis des points privilégiés. Il y avait par exemple le centre de la galerie des Glaces d'où les jardins se découvraient en suivant l'axe médian tout comme au théâtre la salle et la scène quand on se trouvait dans la loge du Prince, "point indivisible" de la souveraineté politique. Un effet similaire, toujours dû au jeu des proportions installées dans la perspective, est celui qui se développe dans les deux parterres nord vus depuis le salon de la Guerre. Les bassins des Couronnes ne se trouvent pas au milieu des parterres et les deux allées obliques qui y conduisent induisent un effet de perspective accélérée qui les fait paraître plus longs qu'ils ne sont en réalité. Rien de comparable n'existe du côté opposé, dans les parterres du Midi. Tout donne à penser que Le Nôtre a adopté deux solutions différentes : du côté du Midi, l'espace est totalement libre et conduit l'œil directement à la pièce d'eau des Suisses en glissant au-dessus de l'Orangerie ; en revanche, du côté nord, la perspective accélérée permet de reculer les murs de verdure des bosquets de l'Arc de triomphe et des Trois Fontaines, et incite l'œil à glisser ensuite plus vite vers la pente de l'allée d'Eau. Cette incitation est d'autant plus ferme – la maîtrise de Le Nôtre triomphe dans ce genre de trouvaille – que le bassin de la Pyramide, à l'entrée de cette même allée, s'élève sur un plan trapézoïdal qui crée un effet d'entonnoir. L'effet recherché se voit très bien sur le tableau d'Allegrain, *Promenade de Louis XIV en vue du parterre du Nord*. Il existe à Versailles bien d'autres points de vue privilégiés dont beaucoup ont été signalés par Louis XIV dans sa *Manière de montrer les jardins de Versailles*. De tous ces points, on peut considérer les jeux harmonieux de la perspective et des proportions, aussi bien dans un plan horizontal en regardant les parterres ou les miroirs d'eau que dans un plan vertical en voyant comment les topiaires, les statues, les jeux d'eau, les palissades et la ligne bleue de l'horizon créent des strates qui s'harmonisent par la combinaison de hauteurs différentes.

Mais là ne s'arrête pas le plaisir esthétique que procurent les espaces ouverts à Versailles, car ce sont des lieux conçus pour se recomposer à mesure qu'on avance dans sa promenade. Il suffit de descendre ou de monter les degrés de l'Orangerie ou les rampes de Latone pour ressentir un plaisir tout intellectuel à voir les angles se fermer ou s'ouvrir sans que les proportions changent, car les bassins et les parterres forment des ovales et des parallélogrammes dont la hauteur apparente varie en même temps que celle de toute une partie des jardins. Le promeneur voit l'harmonie de l'ensemble renaître sous ses yeux à chaque pas, ce qui lui confère une sorte de pouvoir sur la nature puisque, tel un nouvel Orphée, il jouit esthétiquement de l'ordre qu'il lui impose. La promenade n'est donc pas simplement un déplacement d'un point de vue à un autre ; c'est une mise en harmonie de l'homme et du monde.

Cela est si vrai que Le Nôtre en varie les plaisirs. Tantôt il offre à l'œil la mise en ordre sereine et totalement maîtrisée d'une large étendue de paysage. Tantôt il ménage une surprise qui semble menacer cet ordre pour mieux le rétablir aussitôt après. C'est le cas lorsque, en montant les degrés de Latone ou les Cent Marches, le promeneur voit les fortes horizontales des marches parallèles se détacher sur le fond du ciel et que, soudain, émergent de ces marches les trophées et les pots à feu ornant la ligne de faîte du château ; les amortissements semblent jaillir séparément du sol jusqu'à ce que la façade qui les porte apparaisse à son tour et dissipe l'illusion. La surprise, le choc visuel résultent de l'apparition d'un palais entier, tout proche, mais jusque-là caché. L'illusion confirme alors le pouvoir de la raison, car aux yeux du promeneur, l'harmonie des bâtiments vient couronner celle des jardins qu'il a parcourus.

C'est encore la raison humaine qui règle les jeux d'optique par lesquels la perspective s'accélère ou se ralentit afin de rapprocher ou d'éloigner les objets, comme si l'homme par le pouvoir de l'optique pouvait modifier à sa guise le spectacle de la nature et affirmer le pouvoir de l'intellect sur les apparences. De même que la lunette du savant peut révéler des montagnes, des vallées et tout un paysage avec ses ombres et ses gouffres sur la surface apparemment lisse de la Lune, de même l'artiste peut modifier par un jeu de lignes convergentes ou divergentes l'apparence du réel qui semble pourtant donnée une fois pour toutes. Le déplacement du point de perspective est donc nécessaire pour prendre la juste mesure des jardins.

A Vaux-le-Vicomte, déjà, les parterres de broderie sont plus courts que les parterres de gazon qui leur font suite. A Versailles, plus on s'éloigne du château, plus les bosquets s'allongent : entre les axes transversaux tracés par les allées des Saisons, ils sont carrés, puis ils deviennent rectangulaires. De même, sachant que le côté sud des jardins n'est pas parallèle au côté nord, Le Nôtre a tracé des obliques dans le bosquet de l'Ile royale, obliques qu'il a reprises et fait rayonner au-dessus du bassin du Miroir, évitant ainsi, en s'adaptant au terrain, la monotonie d'une symétrie bilatérale imposée. Cette solide construction se développe autour du grand axe médian, lui-même vigoureusement souligné par le Tapis vert et par les deux allées qui lui font cortège. Les proportions ont pleinement joué ici puisqu'une fois décidé l'allongement du Grand Canal, en 1671, le Tapis vert fut aussitôt élargi. Mais cet allongement est lui-même mis en perspective par un jeu d'optique qui produit un effet puissant depuis la grande terrasse. A l'extrémité ouest du Grand Canal, le bassin de Gally s'inscrit dans un rectangle de 195 mètres sur presque 400, alors que le bassin dit de la Tête, à l'extrémité opposée, s'inscrit, lui, dans un carré d'environ 125 mètres de côté. Si les deux bassins avaient eu la même taille, la perspective aurait complètement tassé le plus éloigné. Par cet artifice, ils s'équilibrent, mais seulement quand on les regarde depuis le château, car le promeneur qui descend vers le bassin d'Apollon et longe ensuite le Grand Canal voit le bassin de Gally s'allonger et prendre peu à peu sa vraie forme à mesure qu'il s'en approche. Par cet artifice, les limites des jardins semblent reculer devant celui qui cherche à les atteindre, et ceci confirme physiquement l'effet d'infini perçu depuis la terrasse par les seules ressources de l'optique.

ESPACES OUVERTS : PERSPECTIVES ET PROPORTIONS

La lumière et les ombres
La combinaison des jeux de la perspective et des effets de lumière compte parmi les grandes originalités du jardin baroque. Les traités des "perspectivistes" sont pour beaucoup dans leur réussite car ils faisaient le lien entre les travaux des savants et les recherches des artistes qui se donnaient souvent une formation de géomètres. La plupart de ces traités furent écrits dans les pays où le mouvement scientifique était en plein essor : la Hollande (Vredeman De Vries publia au tout début du XVIIᵉ siècle *Perspectivae* et *Variae architecturae formae* où l'on trouve des plans de jardins), ainsi que l'Italie et la France. C'est dans ces deux derniers pays que les ombres apparurent comme le moyen de

donner à la perspective une force expressive liée à l'existence d'un puissant foyer lumineux. Alors que Galilée et le peintre Cigoli échangeaient une abondante correspondance sur le moyen de mesurer les ombres portées des montagnes de la Lune afin d'en dresser une carte en relief[30], le Caravage achevait sa courte carrière, et son œuvre fit passer une onde de choc sur l'art européen en lui révélant le pouvoir dramatique d'un contraste tranché entre les lumières et les ombres. En France, Salomon de Caus, dont nous avons déjà cité *La Perspective selon la raison des ombres et des miroirs*, était connu comme le créateur de l'Hortus Palatinus et tout ce qu'il dit du soleil était certainement du goût de Louis XIV et de Le Nôtre : "Le Soleil venant à jeter ses rayons, il est certain que cela rendra ombre où ses rais ne pourront arriver, et encore que le Soleil soit d'une grandeur extrême, et (selon le dire d'aucuns) cent soixante et six fois plus grande que le globe de la Terre, si est-ce que cette grandeur n'est qu'un point au regard de ses rayons qu'il jette en infinité non seulement sur la Terre mais tout autour de lui car il est certain que les étoiles mêmes qui sont au-dessus du Soleil sont illuminées par ses rayons[31]."

Mais qui dit lumière dit ombre portée, et le soleil donnait du relief aux objets par ce que l'on appelait alors "la force des ombres". Dans son *Traité de perspective pratique,* le père Jean Du Breuil écrivait : "C'est de l'ombre que se prend la force qu'on donne aux objets qui rendent à nos yeux des réalités par des apparences[32]." Boyceau et Mollet n'en ont pas parlé, la considérant sans doute comme une chose acquise et qui concernait surtout la peinture, mais Salomon de Caus l'avait fait pour eux, et le père Du Breuil a illustré ce qu'il en a dit en prenant ses exemples dans les jardins.

L'ombre pouvait, en effet, souligner la fuite de la perspective dans une allée. Boyceau avait montré que dans une allée bordée de palissades, les lignes tendaient vers un point à la fois dans le plan horizontal et dans deux plans verticaux ; chacun pouvait voir que la force de l'ombre accentuait ce rétrécissement progressif en plaquant sur le sol clair de l'allée une surface sombre qui allait elle aussi s'amenuisant vers le point de fuite. Un effet comparable pouvait être obtenu par des arbustes taillés et disposés à intervalles réguliers le long d'une allée. Leur ombre projetée au sol tournait selon la position du soleil et tendait à s'allonger ou à se raccourcir sans pour autant cesser d'être reconnaissable : un cône restait un cône, un cube et une boule s'allongeaient mais gardaient leur contour caractéristique, confirmant ainsi, s'il en était besoin, la pérennité des formes géométriques. Ainsi se créait un réseau d'ombres qui doublait sur le sol des allées et des esplanades le réseau des parterres et des "corps relevés". On peut ajouter à cela – tous les jardiniers du baroque ont utilisé cette ressource supplémentaire – que le chantournement d'un cône végétal permet d'avoir une ombre au sol et d'en créer d'autres, avec leur mobilité propre, sur la surface de l'arbuste lui-même.

Le Nôtre avait à Versailles la possibilité de faire jouer à l'infini la "force des ombres", car elle s'y déploie toute la journée, du moins par beau temps, puisque l'axe médian est-ouest suit la course du soleil. Le lacis de lignes sombres qui tourne lentement sur le sol a donc tout loisir de fermer ses angles ou de les ouvrir, d'allonger ses formes ou de les tasser. Mais les grands pans verticaux des ombres propres frappent le regard avec peut-être plus de puissance encore. Grâce à eux, les palissades jouent pleinement leur rôle de "corps relevés" par le contraste s'accusant entre celles qui sont en pleine lumière et celles qui restent dans l'ombre : les arêtes des volumes de verdure ainsi dessinés font ressortir dans toute sa force la structure des allées et des bosquets. La même opposition se marque dans les alignements de statues dont la symétrie est mise en valeur par le jeu des similitudes et des contrastes, les unes brillant de tout l'éclat de leurs marbres, les autres se détachant en grisé sur le fond vert sombre des arbres.

C'est encore la "force des ombres" qui souligne l'harmonie majestueuse du modelé des jardins. Dès la création de Vaux-le-Vicomte, Le Nôtre avait montré qu'il excellait dans l'articulation des grands volumes par lesquels il installait son emprise sur un site. A Versailles, les travaux accomplis dans les quinze premières années du règne donnèrent aux jardins leur forme définitive avec, sur trois côtés de la Grande Terrasse, les plans inclinés constitués par l'allée d'Eau, les degrés de Latone suivis du Tapis vert, et les Cent Marches. Ces plans inclinés sont parfois vus de profil, aux Cent Marches par exemple, ou encore aux rampes de Latone lorsqu'on les regarde depuis le bassin ou depuis les Lézards ; ils tracent alors de longues obliques qui descendent jusqu'au niveau du sol, insérant, comme par l'effet d'un coin, de solides surfaces verticales entre les horizontales dominantes. Quand le soleil se couche, il peut frapper ces longs triangles de plein fouet et étendre ainsi aux jardins la lumière dont il inonde la façade du palais. Aux autres moments de la journée, il en laisse une partie dans l'ombre afin qu'ils jettent une note de solennité dans le concert joyeux des eaux et des parterres.

Parfois, ces jeux se compliquent encore quand le modelé s'incurve pour faire apparaître les formes élégantes d'un vertugadin. C'est notamment le cas au bassin du Miroir, où la pente gazonnée dessine un majestueux croissant dont les extrémités viennent mourir dans l'allée de l'Hiver. Dans une aussi vaste courbe, les jeux de l'ombre et de la lumière aboutissent non plus à la construction équilibrée de formes bien tranchées, mais à un fondu harmonieux des extrêmes, changés en leur contraire par des transitions insensibles. L'œil suit, ou plutôt caresse, les lignes qui se séparent en s'enfonçant dans l'espace pour revenir ensuite s'unir au bord du bassin, emmenant puis ramenant avec elles la large bande verte qu'elles déroulent sur le fond sombre du bosquet. Le plaisir augmente à voir le reflet de ce double mouvement dans l'eau calme du bassin où tremble aussi, mais un peu plus profond, l'image inversée des statues d'Apollon et de Vénus, divinités familières de ce genre de miracle.

Les miroirs

Les jeux de l'ombre et de la lumière n'auraient pas l'ampleur qu'on leur connaît dans les jardins du Roi-Soleil si l'eau n'en redoublait pas les effets. Le visiteur qui regarde le panorama depuis la Grande Terrasse voit le ciel s'incurver et venir planer au-dessus de lui comme une immense tente lumineuse, mais il s'aperçoit en même temps que cet envol est reflété au sol par les plans horizontaux des miroirs d'eau. Le Grand Canal pose au loin sa coulée de lumière qui ramène le regard vers le château par le bassin d'Apollon, le bassin de Latone et les deux miroirs du parterre d'Eau. Cet effet se répète quand on suit l'axe nord-sud du bassin de Neptune à la pièce d'eau des Suisses. Les taches de lumière ainsi placées dans la verdure ou dans les espaces ouverts des jardins les animent et les allègent en les éclairant du dessous. Elles sont autant de surfaces magiques où voisinent les statues et les arbres, "le marbre et la feuille" pour reprendre les mots de Pierre-André Lablaude, les façades de pierre, les nuages et l'éclat changeant du ciel. Sans leurs miroirs d'eau les jardins de Versailles ne seraient plus eux-mêmes : leur visage serait seulement un masque.

L'importance des miroirs a déjà été évoquée à propos de la science à l'âge baroque, notamment à cause du rôle qu'ils jouaient dans les télescopes et dans les lunettes. Les travaux de Descartes, de Stevin, de Snellius étaient très lus et cités dans les traités de perspective qui faisaient le lien entre l'art et l'optique. Ces liens, aucun artiste de l'époque ne les aurait niés. Mais l'art ne vit pas que de vérités prouvées, et même si la mise en perspective des ombres par les miroirs faisait partie de leur métier, même s'ils mettaient un miroir sur le sol d'une église avant d'en décorer le dôme de saints et de martyrs qui regardaient le monde du haut du ciel, les peintres savaient que la correction du dessin n'était pas l'alpha et l'oméga d'une œuvre. Le miroir

"Miroirs d'eau", in père Jean Du Breuil, *La Perspective pratique*, 1642-1649

Du Breuil montre comment un miroir attire à lui des objets qui se trouvent en retrait de ses bords. Les arbres et la maison y entrent comme dans un tableau. Leur image se construit par les lois de la réflexion et la perspective.

était pour eux, comme pour les savants dans les académies, un instrument de connaissance qui changeait leur façon de voir le monde et qui transformait du même coup la représentation qu'ils en donnaient.

Dans ses *Ménines*, Vélazquez – qui possédait une belle collection de traités de perspective – a représenté le roi et la reine d'Espagne ainsi que la jeune infante Margarita entourée de personnes attachées à son service ; il s'est également représenté lui-même, le pinceau à la main, derrière sa toile. Les souverains, personnages principaux de la scène, n'apparaissent que dans un miroir placé sur le mur qui leur fait face. Le spectateur qui occupe leur place sait ce qu'ils voient : de gauche à droite, le peintre qui suspend son travail pour les regarder, leur propre image dans le miroir, leurs enfants et les domestiques qui se tournent vers eux, un chien perdu dans ses pensées et, plus loin, derrière ce groupe, un majordome en train d'ouvrir avec déférence la porte d'un couloir où leur regard pénètre. Les yeux convergent vers le couple royal, mais lui seul voit toute la scène. Vélazquez s'est donc servi d'un miroir pour exprimer un des grands principes de l'absolutisme, principe que Louis XIV et Bossuet ont souvent réaffirmé dans leurs écrits : le prince est le seul à comprendre la totalité d'une situation parce que sa place éminente lui permet de tout voir. Ainsi, la perspective selon les miroirs revêt dans *Les Ménines* une double signification : parvenir à une construction rigoureuse de l'espace et servir de révélateur politique.

On pourrait multiplier les exemples, notamment chez Georges de La Tour, où les miroirs triomphent des apparences alors qu'ils ne semblent destinés qu'à en donner l'image. La Madeleine repentante qu'il a peinte à plusieurs reprises est assise devant un miroir, mais son regard s'en détourne parce que ses pensées l'emmènent loin au-delà de la vanité de se voir jeune et belle. Le miroir n'est pas inutile pour autant : il reflète la flamme d'une chandelle et les ténèbres où sa lumière se perd. Il agrandit ainsi l'espace où l'ombre plane et il ramène les pensées de la jeune femme à l'essence de sa méditation sur la mort, lui faisant percevoir, peut-être pour la première fois, l'affrontement entre le néant où elle se voit plongée et la lumière qui s'offre à elle, si elle est assez forte pour changer son mode de vie. Le miroir, ici encore, est un révélateur, mais ce sont des réalités morales qu'il découvre.

Si l'on se tourne vers les paysagistes de l'époque, on pourra constater qu'ils confient aux miroirs un rôle expressif qui semble essentiel pour plusieurs raisons. D'abord parce qu'ils se servent de miroirs d'eau qui sont l'œuvre de la nature elle-même et lui offrent ainsi de contempler sa propre image sans aucun artifice apparent. Ensuite parce qu'ils font apparaître un axe médian partiel qui crée une symé-trie entre une partie du paysage et son image renver-sée, symétrie qui peut être détruite par surprise quand un accident de terrain ou l'ombre d'un arbre font irruption sur la nappe d'eau. Ensuite encore, parce que cette nappe d'eau réfléchit la lumière du ciel et sert de source de lumière secondaire. Enfin et surtout, parce qu'un miroir semble toujours méditer la scène qu'il reflète. Il introduit une note de re-cueillement dans le concert des formes et des couleurs, et s'il est vrai que la nature y contemple son visage, le spectateur, lui, y trouve tout à la fois, l'image du paysage et l'expression de la sensibilité de l'artiste qui le peint. Selon Roger de Piles, "[le paysagiste] est le maître de disposer de tout ce qui se voit sur la terre, sur les eaux et dans les airs ; parce que de toutes les productions de l'art et de la nature, il n'y en a aucune qui ne puisse entrer dans la composition de ses tableaux. Ainsi la peinture, qui est une espèce de création, l'est encore plus particulièrement à l'égard du paysage[33]."

Les grands paysagistes admirés de Le Nôtre ont pu ainsi utiliser les miroirs d'eau afin de donner à leur art une force expressive qui se combine avec celle des ombres. Dans *Les Funérailles de Phocion,* Poussin place une étendue d'eau miroitante entre le cortège funèbre, sur le devant du tableau, et l'horizon de collines où apparaissent des temples et des maisons. Phocion passe pour la dernière fois sur le chemin où la vie continue, mais l'eau repose, et elle est le seul élément du tableau, avec le pas lent des deux porteurs, à exprimer la note funèbre et triomphale que le peintre veut faire entendre. Ici encore le miroir agit comme un révélateur. La destinée humaine revêt un caractère tragique, rendu grandiose par le contraste entre les malheurs d'un juste et l'impassibilité du visage de la nature. Dans cette impassibilité, la surface paisible de l'eau offre l'image du silence recueilli que le spectateur partage avec le peintre. Les eaux du Nil jouent un rôle analogue dans le *Moïse tiré des eaux*, également de Poussin, qui a longtemps fait partie des collections de Le Nôtre avant qu'il en fasse don au roi. Mais cette fois, le spectateur médite sur la fragilité des plus grands destins et sur la force de la tendresse humaine. Autour du groupe de personnages en proie à l'émotion de ce sauvetage, il voit partout le fleuve. Ce vaste miroir lui renvoie des images diverses qui toutes évoquent la solennité d'un grand moment de l'histoire des hommes : des passants observent la scène ; d'autres, comme toujours, restent indifférents ; une pyramide marquée par le temps s'élève vers le ciel, et ce grand ciel serein mais sombre s'éclaire à l'horizon comme sous l'effet d'un présage.

Certes, Le Nôtre ne recherchait pas ce genre d'effet moral ou religieux à Versailles, mais il avait le sens du grandiose et il a tendu au visage de la nature les miroirs qui ont le mieux exprimé sa majesté. Pour cela, il s'est servi des surfaces réfléchissantes des bassins afin de diversifier les sources de lumière, comme tous les paysagistes de son temps. Dans un de ses poèmes de jeunesse, Racine a décrit le rayonnement d'une grande étendue d'eau frappée par les rayons du soleil, et par une surprenante anticipation il a fait des étangs de Port-Royal – n'en déplaise au Roi-Soleil qui n'aimait guère les jansénistes – les

Moïse sauvé des eaux,
Nicolas Poussin, Louvre, Paris

lointains ascendants des miroirs qu'il put admirer à
Versailles par la suite :

> Déjà, je vois sous ce rivage
> La terre, jointe avec les cieux,
> Faire un chaos délicieux
> Et de l'onde et de leur image.
> Je vois le grand astre du jour
> Rouler, dans ce flottant séjour,
> Le char de la lumière ;
> Et sans offenser de ses feux
> La fraîcheur coutumière,
> Dorer son cristal lumineux.
>
> Je vois les tilleuls et les chênes,
> Ces géants de cent bras armés,
> Ainsi que d'eux mêmes charmés,
> Y mirer leurs têtes hautaines ;
> Je vois aussi leurs grands rameaux
> Si bien tracer dans les eaux
> Leur mobile peinture,
> Qu'on ne sait si l'onde, en tremblant,
> Fait trembler leur verdure,
> Ou plutôt l'air même et le vent[34].

Racine décrit ici "le char de la lumière" en marche
sur la surface d'une grande étendue d'eau. Mais ce ne
sont pas toujours ce type d'effets que Le Nôtre cherchait à créer : il variait, à Versailles comme ailleurs, la
taille et la forme de ses miroirs. Le Grand Canal et la
pièce d'eau des Suisses ne jouent pas le même rôle
que les bassins des Saisons, le bassin de Neptune ou la
fontaine du Dragon, et l'on comprend mieux les fonctions des uns et des autres en commençant par les
moins vastes.

Dans les bassins des Saisons, de taille moyenne et
placés au croisement d'allées, c'est la structure des jardins qui compte. Un carrefour est un lieu où les perspectives fuient dans quatre directions différentes : le
promeneur qui avance vers ce point privilégié se sent
conduit vers la découverte d'espaces nouveaux. Les
palissades qui guident sa marche vont s'ouvrir pour lui
révéler des lointains encore inconnus sous de nouveaux

éclairages. Il est donc important que ce point nodal soit signalé, car de lui dépend ce que l'on pourrait appeler la bonne "conduite" de la promenade, si l'on prend "conduite" au sens que lui donnaient les critiques quand ils voulaient définir l'art de ménager l'intérêt du lecteur ou du spectateur.

En avançant vers le carrefour, le promeneur voit s'ouvrir devant lui l'ellipse du bassin au centre duquel se tient un groupe sculpté dont le nom – le bassin de Bacchus – évoque une saison. Il découvre alors que l'Eté et l'Hiver marquent les deux autres sommets visibles d'un carré qui détermine la structure des jardins. Au plaisir intellectuel de se situer dans un vaste ensemble s'ajoutent des plaisirs d'un tout autre ordre qui naissent des reflets à la surface de l'eau. L'eau agit en effet comme un puits de lumière éclairant les arbres alentour comme la rampe éclaire une scène de théâtre ; mais cette rampe n'est jamais d'une intensité fixe. Comme le miroir d'eau dans les paysages peints, elle subit des variations accidentelles car, à mesure qu'on s'en approche, le reflet de branches – les "grands rameaux" dont parle Racine – vient contrarier le renforcement de l'intensité lumineuse dont la couleur passe du gris ou du bleu au vert. A ceci, il faut ajouter que la surface de l'eau accélère le mouvement du promeneur par le glissement rapide de ces reflets. Les arbres inversés y sont vite remplacés par d'autres et l'on voit déjà ceux de l'allée vers laquelle on se dirige alors qu'on n'a pas encore quitté celle qui vous y mène. Il résulte de tout ceci un bouleversement passager des apparences avant que le réel ne reprenne ses droits quand le promeneur s'engage entre les palissades de l'allée qui s'ouvre à lui.

Dans les bassins de plus grande taille, le bassin de Neptune par exemple, une autre logique prévaut. Fait pour clore la perspective ouverte par l'axe nord-sud, il se trouve en contrebas du bassin du Dragon et de l'allée d'Eau qui remonte vers le château. Sa forme est dictée par sa position. Il se déploie en éventail au pied d'un mur de soutènement dont la crête est ornée de vases d'où s'élèvent des lances d'eau. Du temps de Louis XIV, les groupes représentant Neptune, Océan et Protée n'ayant pas encore été mis en place, on voyait fuser à l'horizontale trois gerbes de huit jets eux aussi disposés en éventail. L'effet recherché par Le Nôtre apparaissait mieux qu'aujourd'hui. En se plaçant à l'extrémité nord du bassin, comme l'a fait Cotelle pour peindre son tableau, le spectateur voyait devant lui un miroir d'eaux calmes, puis les eaux agitées par les jets horizontaux qui semblaient dévaler vers lui et enfin le rideau diaphane des lances au travers desquelles il pouvait apercevoir l'allée d'Eau entre les deux bosquets remontant vers le château. L'ensemble du spectacle se trouvait coiffé par la colonne d'eau de la fontaine du Dragon qui fusait à une hauteur de 27 mètres. On se trouvait ainsi devant le spectacle d'une véritable fête de l'eau. L'étendue du bassin, le fait qu'il accueille, comme une mer, toutes les eaux venues depuis les parterres nord, la présence même d'un mur de soutènement abrupt et élevé dont l'ombre planait sur une partie du bassin, tout donnait à la scène un caractère ample et mystérieux dont la figure de Neptune est empreinte.

Les eaux

A la fontaine du Dragon l'effet recherché est tout à fait différent car le jet d'eau qui jaillit de la gueule du monstre suggère la puissance de son souffle et par là même la force encore supérieure d'Apollon qui le terrasse. Le bassin étant beaucoup plus petit que celui de Neptune, le promeneur peut tourner autour et voir se rééquilibrer sous son regard la composition du groupe qui semble se disperser à sa surface. Le monstre, au centre, agonise pendant que des amours chevauchant des cygnes en cavaliers accomplis s'écartent de lui après l'avoir serré de près pour le cribler de flèches comme en se jouant ; des dauphins les escortent en bondissant hors de l'eau, tandis que des jets fusent de leur gueule ouverte et de leurs naseaux. La scène fait penser à un dangereux carrousel où le plus adroit ne peut qu'imiter Apollon, seul véritable vainqueur du monstre, et dont les sculpteurs auraient saisi sur le vif l'action endiablée. Le groupe conçu par Gaspard et Balthasar Marsy a subi une première restauration au XVIIIe siècle, puis une deuxième accompagnée d'une reconstitution partielle en 1889 ; cette deuxième métamorphose a donné au dragon un caractère gothique plus proche des tarasques de Gustave Doré que des monstres baroques, mais le mouvement y est, et c'est lui qui compte : Cotelle l'a bien montré en mettant au premier plan de son tableau le monstre percé en plein poitrail par l'une des flèches d'Apollon, tandis que des témoins s'enfuient épouvantés et que, depuis les hauteurs de l'Olympe, les dieux suivent sans s'émouvoir l'ultime péripétie d'une victoire attendue.

Dans le fracas des jets d'eau, la fantasmagorie baroque atteint ici des sommets ; mais l'effet est tout aussi saisissant quand les eaux ne donnent pas et quand, au petit matin, des filaments de brume s'accrochent aux formes tourmentées du monstre tandis qu'un silence irréel plane sur toute la scène. On est ici très proche de l'esprit qui a présidé à la création du bassin d'Apollon et du bosquet de l'Encelade. Les statues ont un pouvoir suggestif très fort qui glorifie le maître des lieux par une symbolique politique comprise de tous. Le bassin d'Apollon offre à ce titre un exemple frappant. On a pu s'étonner que son char puisse sortir de l'onde à l'ouest du château et croiser le soleil au lieu de le suivre dans sa course. Pourtant, il suffit de voir le célèbre groupe de Tuby quand les premiers rayons le frappent de face pour comprendre que c'est à ce moment-là que tous ses ors brillent et que ses chevaux, ses monstres et ses divinités marines semblent le mieux faire monter la lumière dans les hauteurs du ciel en s'arrachant à l'élément liquide. L'eau elle-même accompagne cet envol. Elle jaillit de toute part pour exprimer l'allégresse de la nature qui s'éveille et l'énergie que déploie l'attelage. Elle fuse au-dessus du dieu pour signaler, comme les trompettes des tritons, ce miracle qu'est l'apparition de la lumière dans un monde encore endormi.

L'une des grandes beautés des espaces ouverts de Versailles, ce sont les jeux infinis des eaux et de la lumière dans l'architecture végétale. Quand les eaux

Les palissades le long du Grand Canal se reflétant un jour de brume,
photographie de Jean-Baptiste Leroux

Jean-Baptiste Leroux capte ici les reflets combinés de la perspective, des ombres portées et du miroir d'eau. Les peintres de l'époque les appréciaient aussi comme le prouve la vue du Grand Canal par Pierre-Denis Martin (voir p. 58).

sont au repos, elles reflètent le bleu et la profondeur du ciel et semblent ainsi suspendre le spectacle des arbres, du château et des dieux entre deux infinis. Quand elles sont en mouvement, elles varient leurs formes selon les ajutages choisis et peuvent ainsi passer du brouillard vaporeux à la masse liquide et de la nappe lisse aux aigrettes audacieuses qui jouent dans le vent. La Fontaine a pris toute la mesure de cette scène dans *Les Amours de Psyché et de Cupidon*. Il évoque d'abord la descente du Tapis vert, puis décrit le bassin d'Apollon et le Grand Canal qui sont en effet les deux "mers" d'où Apollon s'élance :

> *On descend vers deux mers d'une forme nouvelle :*
> *L'une est un rond à pans, l'autre est un long canal,*
> *Miroirs où l'on n'a point épargné le cristal.*

Puis, se fixant sur Apollon lui-même, il montre comment l'eau jaillit de son flambeau, se transforme en "atomes de cristal" et monte comme une colonne de lumière :

> *Au milieu du premier, Phébus sortant de l'onde,*
> *A quitté de Téthys la demeure profonde :*
> *En rayons infinis l'eau sort de son flambeau ;*
> *On voit presque en vapeur se résoudre cette eau ;*
> *Telle la chaux exhale une blanche fumée.*
> *D'atomes de cristal une nue est formée :*
> *Et lorsque le soleil se trouve vis-à-vis,*
> *Son éclat l'enrichit des couleurs de l'iris*[35].

L'intuition permet au poète d'exprimer l'une des réussites majeures des bassins de Versailles : l'utilisation de l'eau dans son rapport à la sculpture. L'eau magnifie la pureté des formes géométriques, les statues suggèrent la violence et même le désordre de situations extrêmes, que ce soit le supplice d'un titan, l'agonie d'un monstre ou l'arrachement du char d'un dieu à l'élément liquide et son envol vers le soleil. L'art du sculpteur s'unit à celui du fontainier pour mettre en harmonie le mouvement de l'eau et celui des statues, dont elle prolonge le geste comme si elle cherchait à exprimer la circulation du flux vivant qui parcourt tous les êtres.

Quand on pense à ce que dit Descartes dans ses descriptions de la circulation des esprits animaux parcourant tout le corps pour transmettre aux membres les ordres du cerveau, on voit qu'il a compris lui aussi, à sa manière, qui est d'un philosophe, le rapport entre les fontaines et l'idée qu'on se faisait alors de la vie de la nature : "Or, à mesure que les esprits entrent ainsi dans la concavité du cerveau, ils passent de là dans les pores de sa substance, et de ces pores dans les nerfs, où selon qu'ils entrent ou même seulement qu'ils tendent à y entrer, plus ou moins dans les uns que dans les autres, ils ont la force de changer la figure des muscles en qui ces nerfs sont insérés, et par ce moyen, de faire mouvoir tous les membres. Ainsi que vous pouvez avoir vu, dans les grottes et les fontaines qui sont aux jardins de nos rois, que la seule force dont l'eau se meut en sortant de sa source est suffisante pour y mouvoir diverses machines, et même pour les y faire jouer de quelques instruments, ou prononcer quelques paroles, selon la diverse disposition des tuyaux qui la conduisent[36]." Mais on voit aussi qu'il y a loin du rôle de l'eau dans les machines dont il parle au rôle de l'eau dans les bassins de Versailles, et on mesure ainsi le chemin accompli par l'art des jardins en un demi-siècle. Descartes, qui parle en contemporain de Louis XIII, a sans doute en tête des traités comme celui de Salomon de Caus sur *Les Raisons des forces mouvantes* ou encore les jardins de Saint-Germain dont les grottes étaient réputées pour leurs machines. Sous Louis XIV, ces effets apparaissaient désormais comme trop puérils ou trop maniéristes pour être appréciés. On ne demandait plus à l'eau de mouvoir des automates, mais de donner à des statues un surcroît de pouvoir expressif. L'art l'emportait sur l'artifice, mais non sans faire entrer les formes humaines ou animales dans le continuum des forces mouvantes qui animaient toute la nature, et, de ce point de vue, les statues jouent le même rôle dans les bosquets que dans les espaces ouverts.

Mais avant de pénétrer dans le monde clos des bosquets, et pour ménager un contraste plus complet, un dernier passage sur la Grande Terrasse va nous permettre de mettre en parallèle les trois plus grands miroirs d'eau : le parterre d'Eau, la pièce d'eau des Suisses et le Grand Canal.

Le parterre d'Eau anime un grand espace ouvert : pour y parvenir il doit réfléchir la plus vaste étendue d'espace libre possible. Vu depuis le château, il apparaît comme une double source de lumière, bleue ou gris perle selon l'état du ciel, dont l'éclat monte depuis la Grande Terrasse, et son effet est particulièrement sensible dans la galerie des Glaces où il croise celui que renvoient les miroirs en reflétant tout le paysage. Vu depuis la terrasse, il déploie ses deux miroirs au pied du grand avant-corps de la façade en donnant de son vaste déploiement une image inversée sur fond de ciel, image au demeurant très instable puisqu'elle peut s'estomper à la moindre risée. L'effet est encore plus saisissant quand la nuit tombe sur les jardins : les rôles s'inversent alors, et ce sont les illuminations du château qui jettent sur le parterre d'Eau l'éclat dansant de leurs feux. On ne sait si le parterre d'Eau sous sa forme actuelle est ou non de Le Nôtre, mais il semble difficile de croire qu'il n'a pas fait partie de l'équipe qui l'a conçu. On sait en effet qu'avant les deux bassins allongés que nous voyons aujourd'hui existait sur la Grande Terrasse un bassin quadrilobé dessiné par Le Brun, bassin qui avait remplacé le parterre de broderie créé par Boyceau au temps de Louis XIII.

"Un quatrefeuilles de bassins y rayonne autour d'une pièce d'eau centrale, tressant ses margelles chantournées aux broderies de buis et alternant sur son contour vases de bronze et statues de marbre[37]."

Cette évocation de Pierre-André Lablaude donne une idée exacte de ce que dut être la beauté de ce parterre d'eau. Nous en sommes réduits à en apprécier la grâce dans les illustrations d'époque et dans la reprise qu'en a faite Achille Duchêne en 1910 dans le jardin de Blenheim – reprise qui a l'intérêt de faire jouer la délicatesse de ce miroir d'eau sur le fond du lac paysager aménagé par Capability Brown au XVIIIe siècle. Tant il est vrai que le paysagiste peut comme l'architecte tirer d'étonnants effets d'un contraste de styles. Cette transformation de la terrasse nécessitait tant de travaux d'infrastructure – terrassement, pose des canalisations, réglage des jeux d'eau – que Le Nôtre a certainement été consulté lors de la création du premier parterre d'Eau. Dans la mesure où le second, tel que nous le voyons aujourd'hui, s'inscrit mieux dans la perspective du grand axe central et lance plus franchement le regard vers l'horizon, ce qui donne au site son ampleur vraiment royale, dans la mesure aussi où les statues y sont disposées de telle sorte qu'elles mettent en valeur l'éclat de grandes surfaces d'eau, Le Nôtre n'a pas pu désapprouver les transformations intervenues alors qu'il avait déjà plus de soixante ans.

Si le parterre d'Eau pose des problèmes d'attribution, il n'en va pas de même pour le Grand Canal et pour la pièce d'eau des Suisses auxquels son nom est directement associé. Ce sont les plus grands miroirs d'eau des jardins, et ils ont un rôle-clé dans leur structure d'ensemble puisque l'un termine le grand axe est-ouest et l'autre la grande transversale nord-sud. Mais leur forme est aussi différente que leur orientation. Le premier est environ deux fois plus long et deux fois moins large que le second, et si l'imaginaire géographique existe, il portera à comparer l'un à l'Atlantique et l'autre à la Méditerranée. La pièce d'eau des Suisses prolonge en effet le parterre de l'Orangerie, l'endroit le plus chaud des jardins, par une étendue d'eau calme qui tient plus du lac que du bassin. C'est ce que remarque Piganiol de La Force qui note dans sa *Description de Versailles* qu'elle mesure 350 toises de long et 120 de large et que sa forme la "ferait plutôt prendre pour un étang que pour un bassin[38]". Sa largeur est telle qu'elle reflète longtemps l'éclat du soleil quand il approche et atteint le sommet de sa course et qu'elle le renvoie vers l'Orangerie et vers la Grande Terrasse. C'est en quelque sorte une mer intérieure qui réchauffe l'atmosphère.

Le Grand Canal, au contraire, s'élance loin vers l'ouest, et le soleil semble le suivre au lieu de le traverser. Mais cet ensoleillement est long sans être constant du fait des vents dominants qui font souvent passer sur lui les souffles venus de l'océan. Il faut avoir vu le Grand Canal par mauvais temps pour savoir combien les vents peuvent l'animer non seulement par leurs risées mais par les trouées de lumière qu'ils font passer sur lui en s'avançant vers le château. C'est lui que l'on remarque dès l'abord quand on pénètre sur la Grande Terrasse, et même depuis la cour de marbre quand on aperçoit les jardins par les fenêtres du vestibule. C'est de lui qu'on garde une dernière image quand on quitte le château.

Sans doute la plus éclatante réussite de l'art des miroirs d'eau dans le jardin baroque français, le Grand Canal couronne à Versailles une tradition déjà longue. Le premier grand miroir d'eau, apparu à Fontainebleau au début du XVIIe siècle, a rapidement été imité à Courances, à Saint-Cloud, à Maisons, à Tanlay, dans des jardins conçus par François Mansart et Pierre Le Muet pour ne citer que deux noms connus[39]. On peut estimer qu'ils représentent une contribution originale de la France à l'histoire du jardin baroque, même si la Hollande et l'Angleterre ont aussi joué leur rôle dans cette mise en valeur de la lumière et de la perspective longue dans les jardins. Si Le Nôtre n'a pas trouvé les jardins d'Italie à son goût – c'est du moins ce qu'a dit son neveu –, peut-être faut-il en chercher la raison dans le fait que les canaux y étaient rares, ce que pourraient expliquer le relief plus tourmenté de la péninsule et ses moindres ressources en eau, ou encore la solution ingénieuse adoptée par les jardiniers des pays humides de l'Europe du Nord quand ils ont fait de nécessité vertu et tiré parti du drainage pour créer de longues surfaces d'eau qui leur ont servi à des fins esthétiques. En France, en Allemagne, en Angleterre, en Hollande, ces longs miroirs, en permettant de placer le point de fuite à l'horizon, ont favorisé l'éclosion d'un baroque calme et majesteux, alors qu'en Italie le lancement du point de fuite dans les airs, à la villa Aldobrandini ou à la villa Garzoni par exemple, a donné un caractère plus spectaculaire à l'entrée de la perspective longue dans les jardins.

Tout se passe donc comme si, à Versailles, Le Nôtre avait exploité complètement les virtualités qu'offrait la découverte d'un nouvel élément déterminant pour la structure des jardins. Il s'en est servi pour transformer un marais en un vaste réservoir d'eau limpide et en une source de lumière, ce qui convenait doublement aux intentions politiques du Roi-Soleil ; il s'en est servi aussi pour concilier tous les efforts qui étaient faits alors pour arpenter, mesurer, dresser des cartes avec le souci d'inscrire dans tout un paysage les formes d'une représentation de la nature inspirée par l'optique de son temps. Le Grand Canal est donc apparu très vite comme un élément-clé de la structure des jardins. Tracé dès 1667, agrandi en 1671, il a fixé du même coup leurs dimensions globales en déterminant l'élargissement du Tapis vert. C'est lui qui les a rendus colossaux, et c'est lui encore qui a fait du bassin d'Apollon la pièce d'eau vraiment solaire – la symbolique politique s'exprime ici clairement – autour de laquelle tout s'organise : la remontée vers Latone et le château, la perspective ouverte vers l'ouest et l'axe transversal qui sépare le monde des bosquets de celui du Grand Parc.

Cet axe, pourtant caché par les bosquets quand on se trouve sur la Grande Terrasse, n'en est pas moins très présent visuellement par l'impression de pliure que l'on éprouve lorsque, après avoir suivi des yeux la descente du Tapis vert, on sent son regard "remonter" la surface horizontale du Grand Canal. L'effet s'explique par un phénomène d'inertie. L'œil qui a suivi le plan incliné du Tapis vert cherche à continuer sa descente après le bassin d'Apollon ; n'y parvenant pas, il ricoche et glisse vers l'horizon en ayant l'impression de remonter vers l'infini. C'est ainsi que les héros de Mlle de Scudéry, comme le visiteur du XXIe siècle, ont l'impression que le canal s'enfonce dans le paysage "malgré la situation du lieu et malgré la Nature". Mais pourquoi avoir souhaité qu'une surface d'eau calme donne l'impression de forcer la nature alors qu'elle demeure plane et immobile ? La double nature du Grand Canal – à la fois axe et miroir – est ici en cause.

Comme axe, et toujours vu du château, il a la forme d'un long rectangle coupé de trois bras transversaux, le plus proche, elliptique, et les deux autres d'apparence rectangulaire. En fait, comme nous l'avons vu, le premier est un octogone régulier – un "rond à pans" dit La Fontaine – de 126 mètres de large, le deuxième un octogone irrégulier construit à l'échelle du canal transversal qui va à Trianon, ce qui l'inscrit dans un carré de 195 mètres de côté ; le dernier, lui, est un octogone irrégulier très allongé qui reprend en gros la forme du deuxième en l'étirant du double de sa longueur. Tout est donc calculé pour que, vues du château, les trois transversales semblent égales et pour que le promeneur ne découvre leur véritable taille qu'en allant les voir de plus près. Dans son étude du parc de Sceaux, Georges Fahrat parle à ce propos d'anamorphose[40] par analogie avec les jeux de perspective utilisés par les peintres – Holbein dans *Les Ambassadeurs*, Emmanuel Maignan dans sa fresque du cloître de La Trinité-des-Monts – quand ils étirent les formes d'une partie de leur tableau de façon à ne les rendre reconnaissables que lorsqu'on les voit sous un angle déterminé. A Versailles, il est certain que Le Nôtre a compensé le tassement qu'imposait la longue distance en donnant aux trois bassins du Grand Canal des dimensions capables de contrarier le jeu normal de la perspective.

Comme miroir, la fonction du Grand Canal est différente. Le Nôtre est très conscient du fait que ses jardins sont dessinés à plat, mais qu'ils se voient le mieux depuis le château, sous la forme d'un panorama, et donc dans un plan vertical. A la différence du peintre, il ne crée pas la profondeur de l'espace, il l'assume, et il construit son panorama en le déroulant sous l'horizon. Ceci se voit dans un de ses dessins qui se trouve à Stockholm. Il y croise le plan vertical avec le plan horizontal pour suggérer à la fois l'harmonie des figures dessinées sur le papier et la perception qu'on en a quand on les parcourt au sol. De même, à Versailles, il utilise l'effet de pliure qui se remarque au point charnière du bassin d'Apollon pour bien "caler" le Grand Canal entre l'horizon et le point le plus bas des jardins, relançant ainsi son axe central au moment où il change de nature pour devenir miroir. Par ce coup de maître, il crée un effet de variété dans la continuité et éclaire d'une longue

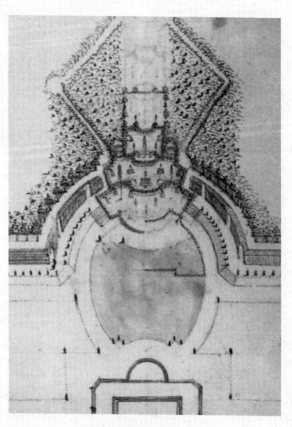

Projet pour la cascade de Marly,
Le Nôtre,
Nationalmuseum, Stockholm

Ce dessin conservé à Stockholm montre comment Le Nôtre travaille sur plan tout en suggérant la troisième dimension par les ombres portées des arbres et par la hauteur des jets d'eau
et des palissades. On notera la vivacité des traits qui animent ce projet.

coulée de lumière la partie la plus éloignée des jardins
qui aurait pu sembler monotone en succédant au
monde animé des bosquets. Dans les grands espaces
ouverts, il combine donc les jeux de la perspective avec
ceux de la lumière et révèle ainsi tout ce qu'il doit aux
paysagistes de son temps. Le rôle d'éveilleur qu'il a
joué dans ce domaine a déjà été évoqué à propos de
la filiation Boyceau-Mollet-Dézallier d'Argenville, et
c'est à Versailles, et plus précisément grâce au Grand
Canal, que l'on comprend le mieux comment il a ouvert
les jardins au paysage. Cette pièce maîtresse de son

dispositif lui a permis d'ajouter aux jeux de la lumière et de la perspective ceux de la couleur.

Perspective aérienne et paysage

On peut dire de Le Nôtre qu'il est parti de ce que disait Boyceau à propos des allées découvertes qui demandent une largeur suffisante pour "voir l'air qui vient d'en haut[41]". Sur le Grand Canal, les palissades étaient assez éloignées de l'eau pour que l'air occupe toute la place qu'on souhaitait lui octroyer. Or Le Nôtre connaissait et aimait les paysagistes qui avaient fait de la perspective aérienne un instrument irrempla-çable pour suggérer la présence d'une masse d'air entre l'horizon et l'observateur placé devant un paysage. On peut aisément faire le lien ici entre les travaux scientifiques évoqués au chapitre précédent et portant sur le poids de l'air et sur sa couleur bleue qui, disait Mariotte, "ne peut paraître que sous une grande épaisseur[42]".

On peut conclure de ceci que les théoriciens de la génération qui précédait Le Nôtre avaient fait la rela-tion entre la perspective longue et la présence des lointains dans les jardins. André Mollet n'aurait pas parlé de perspectives peintes s'il en avait été autrement : ces théoriciens avaient en un sens ouvert le jardin au paysage, mais spéculativement. Il revenait à Le Nôtre d'aller jusqu'au bout de leur démarche et d'en révéler toutes les potentialités grâce au Grand Canal dont l'orientation servait admirablement ses buts. Le soleil, en se couchant à son extrémité ouest, fait passer ses rayons dans l'épaisseur de l'atmosphère et provoque les phénomènes dont Mariotte et l'abbé Picard avaient présenté des analyses scientifiques et dont Roger de Piles parle dans son traité :

"Le ciel en termes de peinture est cette partie de l'Esther que nous voyons au-dessus de nous mais c'est encore particulièrement la région de l'air que nous respirons et celle où se forment les nuées et les orages. Sa couleur est un bleu qui devient plus clair à mesure qu'il approche de la terre, à cause de l'interposition de

vapeurs qui sont entre nous et l'horizon, lesquelles étant pénétrées de la lumière la communiquent aux objets plus ou moins selon qu'ils en sont plus près ou plus éloignés.

"Il y a seulement à observer que cette lumière étant jaune ou rouge sur le soir lorsque le soleil se couche, ces mêmes objets participent non seulement de la lumière mais aussi de la couleur. Ainsi, la lumière jaune venant à se mêler avec le bleu du ciel est naturellement colorée, elle l'altère et lui donne un œil plus ou moins verdâtre selon que le jaune de la lumière est plus ou moins chargé[43]."

Cette référence implicite aux lointains du Lorrain et aux effets atmosphériques de peintres comme Bril ou Cuyp rejoint la remarque de Dézallier d'Argenville qui a parlé à propos du Lorrain de "splendeur rougeâtre sur l'horizon", et d'un "air plein de feu sur tous les

Le bassin de Latone et la Grande Perspective au coucher du soleil,
photographie de Jean-Baptiste Leroux

La photographie de Jean-Baptiste Leroux est à mettre en parallèle avec *Port de mer au soleil couchant* de
Claude Lorrain (voir p. 222). La combinaison de la perspective linéaire et de la perspective aérienne
aboutit à un effet grandiose : le soleil règne plus que jamais sur le paysage
auquel il s'intègre complètement tout en suggérant l'infini.

objets alentour[44]", prouvant ainsi que la perspective aérienne était entrée dans le monde des jardins par l'ouverture sur le paysage que Le Nôtre était parvenu à imposer.

De ce point de vue, le Grand Canal apparaît comme une création unique. A Vaux-le-Vicomte ou à Sceaux, on peut découvrir le canal par surprise. A Chantilly, il ajoute à l'atmosphère grave des lieux le bruit continu de sa cascade où les eaux, comme l'a si bien dit Bossuet dans son oraison funèbre du prince de Condé, "ne se taisent ni jour ni nuit". A Versailles, il remplit une tout autre fonction. En prolongeant l'axe central à partir du bassin d'Apollon, il ménage la transition entre les bosquets et l'horizon, et parvient de façon insensible à ajouter au jeu de la perspective linéaire celui du dégradé des couleurs pratiqué par les paysagistes. Le parallèle avec Le Lorrain est ici manifeste. Qui a vu le

Port de mer au soleil couchant, 1639,
Claude Gellée, dit Le Lorrain,
Louvre, Paris

soleil se lever sur le bassin d'Apollon doit aussi le voir
se coucher l'été à l'extrémité du Grand Canal. Le disque
flamboyant qui décline sert alors de point de perspective en même temps qu'il colore toute la nature de la
"splendeur rougeâtre" dont parlait Dézallier d'Argenville. Il apparaît comme le pivot autour duquel tout le
paysage s'organise, et il l'est doublement : géométriquement parce que tous les volumes se construisent
en se référant à lui, optiquement car il est lumière en
même temps que couleur. Toutes les ombres semblent
converger vers lui, alors que les derniers rayons s'allongent en direction du château et s'attardent sur les
bassins, ultime coulée de lumière qui vient éclabous-
ser les rondeaux des Lézards et les vasques de Latone.

ESPACES CLOS : LE MONDE DES BOSQUETS

Les climats de sensibilité
Le coup d'œil du peintre, si présent dans les dégra-
dés de couleurs dont le Grand Canal est prodigue, se

222

retrouve partout dans les espaces ouverts des jardins de Versailles, que ce soit dans les enroulements fleuris des parterres, dans les ors, les bronzes et les marbres des statues, ou dans les contrastes entre les surfaces ocre des allées et les différentes nuances de vert qui distinguent les gazons des arbres.

Mais ce qui est vrai des esplanades et des terrasses l'est encore plus des bosquets. Dès que l'on y pénètre, les dominantes de verts, de bleus ou de gris qui sont le propre d'une vue panoramique des jardins s'enrichissent de variations complexes. On se trouve alors dans un monde où le géomètre est toujours présent, certes, mais où il cède souvent la place au décorateur de théâtre, au poète et au conteur. C'est dire la place qu'y tiennent l'imagination et les plaisirs que les hommes et les femmes – car elles comptaient beaucoup à Versailles ! – attendaient de leur entrée dans des lieux conçus pour l'enchantement des sens.

Ce serait sans doute aller vite en besogne que de présenter les bosquets comme un monde féminin, fait pour le spectacle et les plaisirs de la vie de société, et de les opposer au monde masculin de l'ingénieur, du stratège et du politique que constitueraient les espaces ouverts. Certains faits parlent d'eux-mêmes, cependant.

Mme de Montespan a contribué à faire du bosquet du Marais ce qu'il fut, c'est-à-dire une féerie que l'art arrachait à la nature comme le roi avait tiré Versailles d'un bourbier. L'idée en était charmante et flatteuse pour le roi. Du paysage primitif, les roseaux étaient conservés, mais l'eau stagnante se transformait en féerie, jaillissant de ce sol ingrat pour croiser mille jets qui tendaient un voile translucide au-dessus d'un bassin. Autour de ce bassin de petits cabinets circulaires dessinaient des enfoncements décrits par Félibien : "Au milieu de chacun de ces enfoncements, il y a une grande table ovale de marbre blanc de douze pieds de long soutenue par un piédestal et des consoles de marbre jaspé. Sur chaque table il y a une corbeille de bronze doré remplie de fleurs au naturel de laquelle sort un gros jet d'eau qui retombe dedans et s'y perd sans mouiller la table. En sorte que quand on mange on a le plaisir de voir s'élever cette fontaine au milieu de tous les mets sans que l'eau tombe dessus et sans qu'on puisse en recevoir la moindre incommodité[45]."

Un sens aigu de la décoration inspire de tels raffinements, et le roi savait y apprécier une main féminine. Nous savons par Mme de Sévigné comment, dans ses jardins, il servait de guide aux dames qui s'étaient acquis sa considération : "Madame de La Fayette fut hier à Versailles et elle y fut reçue très bien, mais très bien, c'est-à-dire que le roi la fit mettre dans sa calèche avec les dames et prit plaisir à lui montrer toutes les beautés de Versailles comme un particulier que l'on va voir à la campagne. Il ne parla qu'à elle, et reçut avec beaucoup de plaisir et de politesse les louanges qu'elle donna aux merveilleuses beautés qu'il lui montra[46]."

En marge de la géométrie sereine des grands espaces, les bosquets composaient donc un univers où les sentiments comptaient plus que les sciences et où l'illusion avait droit de cité. L'auteur de *La Princesse de Clèves* n'était certainement pas insensible aux évocations de l'ancienne France qu'elle trouvait ici ou là, et le roi qui l'accompagnait connaissait lui aussi les classiques de la littérature galante. Dans les jardins tels que nous les visitons aujourd'hui, certains des bosquets les plus chers aux cœurs des dames de l'époque ne subsistent que par leur cadre végétal et doivent être évoqués au même titre que ceux qui sont aujourd'hui restaurés et que nous voyons dans leur splendeur première.

C'est dans les bosquets que se retrouvent le mieux la culture de la cour et la complexité de sa vie intellectuelle, partagée entre le triomphe de la science telle que les académies en diffusaient l'image et les mille courants secrets qui maintenaient un lien avec le passé, avec l'"ancienne France", et avec les plaisirs de l'imagination que les romans courtois, le théâtre, le ballet, les fêtes et les raffinements mondains de la préciosité identifiaient avec la vie de cour. Montesquieu disait : "On

Vue perspective du château de Versailles depuis le bassin de Neptune, vers 1693,
Jean-Baptiste Martin le Vieux,
musée du Château de Versailles

Ce tableau est le document le plus précieux pour reconstituer l'atmosphère des bosquets.
On voit à quel point ils se présentaient, vus du dehors, comme de petits bois. On y pénétrait par des allées obliques en éprouvant un sentiment de curiosité et de mystère, comme
toujours en forêt. Et soudain, on découvrait un spectacle féerique ou grandiose. L'esthétique
baroque prisait particulièrement ce genre de choc visuel.

trouve à la cour une délicatesse de goût en toutes choses qui vient de l'usage continuel des superfluités d'une grande fortune[47]."

La "délicatesse de goût" dont il parlait ne pouvait pas avoir pour origine une culture entièrement contrôlée par les décisions du prince. Même si elle avait ses artifices, même si elle mettait sur le même plan Benserade et La Fontaine, Madeleine de Scudéry et Mme de La Fayette, et même si elle ne reconnaissait pas le talent de certains grands écrivains du temps, elle reposait sur un consensus dont les historiens ont souvent entériné les avis. Il faut donc retrouver les éléments de ce consensus pour comprendre comment la "manière de Le Nôtre" convenait à l'édification d'un cadre de vie idéal, et comment cet idéal n'est pas sans rapport avec le paysage héroïque et le paysage champêtre au sens que Roger de Piles donnait à ces termes dans son *Cours de peinture par principes*. Le style héroïque était pour lui "une composition d'objets qui dans leurs genres tirent de l'art et de la nature tout ce que l'un et l'autre peuvent produire de grand et d'extraordinaire". Il ajoutait : "Les sites en sont tout agréables et tout surprenants ; les fabriques n'y sont que temples et que pyramides, que sépultures antiques, qu'autels consacrés aux divinités, que maisons de plaisance d'une régulière architecture ; et si la nature n'y est pas exprimée comme le hasard nous la fait voir tous les jours, elle y est du moins représentée comme on s'imagine qu'elle devrait être. Ce style est une agréable illusion, et une espèce d'enchantement quand il part d'un beau génie et d'un bon esprit comme était celui du Poussin, lui qui s'y est si bien exprimé."

Quant au style champêtre, il en donnait la définition suivante : "Le style champêtre est une représentation des pays qui paraissent bien moins cultivés qu'abandonnés à la bizarrerie de la seule nature. Elle s'y fait voir toute simple, sans fard et sans artifice ; mais avec tous les ornements dont elle sait bien mieux se parer lorsqu'on la laisse dans sa liberté que quand l'art lui fait violence[48]."

Certes, la manière de Le Nôtre jardinait tout cela et mettait l'accent sur l'agrément du présent plus que sur les songes d'Antiquité. Mais il est certain qu'elle représentait la nature "comme on s'imagine qu'elle devrait être", "comme une espèce d'enchantement". Et il est à tout le moins probable que Le Nôtre, s'il n'avait tenu qu'à lui, aurait laissé plus de place au style champêtre qu'il n'en a finalement occupé à Versailles. Nous y reviendrons.

A l'origine, dans les jardins français, le bosquet s'inspirait du *bosco* italien. Il faisait figure d'endroit sauvage où les arbres étaient conservés dans l'état de "première nature" au sens où l'entendaient les Anciens, c'est-à-dire la nature vierge de toute présence humaine. A Versailles, les premiers bosquets apparurent quand les allées furent dégagées et, vus de l'extérieur, ils ont conservé quelque chose de leur aspect primitif. Ils semblent impénétrables et on n'en découvre l'intérieur qu'en empruntant des allées obliques qui piquent la curiosité du promeneur et ne lui laissent rien deviner de ce qu'il va voir. Lorsqu'il a peint le bassin de Neptune, Jean-Baptiste Martin le Vieux a bien montré l'intérieur des bosquets de l'Arc de triomphe et des Trois Fontaines, de vraies clairières entourées de bois épais. Piganiol de La Force, dans sa *Nouvelle description des châteaux et parcs de Versailles et de Marly*, les définit comme "de petits bois de différentes figures, plantés avec symétrie, et avec de petites allées en compartiment[49]".

Tous les bosquets étaient ornés de statues, de monuments, de jeux d'eau, chacun avec un thème propre. Puisqu'on y retrouvait des figures mythologiques présentes aussi parfois dans les grands espaces ouverts, ce sont les dieux antiques qui révélaient le mieux la communauté de culture entre les deux mondes des jardins.

Les statues

On pourra s'étonner que l'Olympe ait pu jouir d'un tel crédit en des lieux où la présence d'un roi pieux se sentait partout et qui furent dominés par la silhouette altière de la chapelle royale à partir de 1708. Mais tous les gens instruits possédaient une double culture, ils s'en servaient en étant très conscients que la morale était du côté de la religion, tandis que les arts, les plaisirs et, dans une large mesure, le savoir, étaient du côté de l'Antiquité gréco-romaine. Le sentiment de la nature était marqué par cette dichotomie. Réformés et jansénistes voulaient restreindre l'emprise que les dieux païens s'étaient assurée sur les arts : on peut le voir à leurs efforts déployés pour christianiser les jardins en les détachant de la statuaire ; mais la cour ne vivait pas saintement, et les dieux de l'Olympe lui apparaissaient comme des symboles dont l'art se servait pour représenter les forces de la nature et les passions humaines. L'enseignement, celui des Jésuites en particulier, avait recours aux divinités païennes pour donner forme aux allégories, et les allégories plaisaient parce qu'elles aiguisaient l'ingéniosité tout en offrant le plaisir de pénétrer une abstraction par le moyen d'une belle image.

De plus, la culture antique se prêtait à la représentation savante de la nature telle que l'élaborait la science de l'époque. La géométrie est née en Grèce et avec elle l'arithmétique, toutes deux très en honneur dans les académies. Ayant exploré la nature par les sciences et par les arts, les Grecs et les Romains demeuraient dans ce domaine des maîtres. Ils avaient fixé longtemps à l'avance le programme de la politique culturelle du roi qui pouvait s'appuyer sur eux pour mener sa lutte contre les dévôts dans les premières années de son règne. Il reste dans les bosquets quelque chose de l'atmosphère que l'on retrouve dans le tableau de Nocret, *L'Assemblée des dieux*. Le roi y figure en Apollon, la reine en Junon, Monsieur, frère du roi, en Flambeau de l'Aurore, Madame en Flore, Anne d'Autriche en Cybèle, mère des dieux, la Grande Mademoiselle en Diane chasseresse, les enfants royaux en amours. La reine d'Angleterre, belle-mère de Monsieur, lui offre du corail et des perles, merveilles du fond des mers où s'aventurent ses flottes, ce qui lui vaut d'avoir en main le trident de Neptune.

Ceci explique qu'un véritable programme iconographique avait été envisagé lors de la Grande Commande de Colbert. Autour d'un bassin quadrilobe dessiné par Le Brun, bassin d'une grande délicatesse de forme, devaient se retrouver les *Quatre Saisons*, les *Quatre Eléments*, les *Quatre Tempéraments de l'homme*, les *Quatre Continents*, les *Quatre Poèmes*, les *Quatre Heures du jour*. Ces vingt-quatre figures allégoriques disposées sur la Grande Terrasse, à l'endroit où se voient le mieux les quatre points cardinaux qui déterminent la disposition des bâtiments et des jardins, donnaient au programme iconographique une rigueur et un esprit de système qu'il a perdus quand la décoration du parterre d'Eau sous sa forme actuelle a pris pour thème les rivières de France. Les statues prévues pour le bassin de Le Brun ont alors été dispersées dans le relatif désordre où on les voit aujourd'hui, l'*Afrique* et l'*Europe* avec la *Terre* et la *Nuit* à leur gauche, le *Midi* et le *Soir* à leur droite, et le *Printemps* entre le *Point du jour* et le *Poème lyrique*[50].

L'ambitieux programme de la Grande Commande ayant été abandonné, le remplacement du bassin de Le Brun par les deux miroirs que nous connaissons a permis à la Grande Terrasse de jouer plus franchement son rôle de croisée des deux axes, l'axe nord-sud se retrouvant dégagé en sa section la plus haute et l'axe est-ouest amorcé au pied du corps central du château. L'esthétique l'a emporté sur la métaphysique et nous n'avons aucune raison de nous en plaindre aujourd'hui lorsque nous voyons les fleuves de France, calmes et puissants, allongés au bord des bassins pour mieux voisiner avec les enfants et les nymphes qui leur font fête. La grâce et la force s'allient ainsi sur l'esplanade d'où se découvre tout le panorama des jardins, et il est certain que, dans cet emploi, les statues ont plus de rapport au paysage qu'à la symbolique. Enfermer le monde dans un dispositif quaternaire où l'ordre des saisons régissait celui des genres littéraires et où les continents correspondaient aux humeurs de l'homme, installer cet ensemble sur la terrasse d'où le roi dominait la nature, n'était-ce pas risquer de transformer Versailles en Domus Aurea et Louis XIV en un nouveau Néron ? N'était-ce pas rompre l'équilibre qu'il souhaitait conserver entre culture chrétienne et culture païenne ?

Les statues disposées le long des allées au pied des palissades et des treillages partagent avec les vases un rôle difficile qui consiste à s'effacer suffisamment pour bien marquer la fuite des perspectives, l'inflexion des courbes et l'angle des longues obliques par une ponctuation en blanc sur le fond vert foncé des feuillages. Ceci est particulièrement visible sur la Grande Terrasse, dans le fer à cheval de Latone, le long du Tapis vert et sur l'esplanade du bassin d'Apollon, c'est-à-dire le long de l'axe central où les statues font cortège au promeneur et lui offrent, s'il le souhaite, de s'attarder pour entendre tomber de leurs lèvres de marbre le récit de leurs relations avec les dieux. Certaines sont copiées de l'antique, mais toutes témoignent de ce que les sculpteurs français de l'époque, tous liés à l'Académie, se sont hissés au niveau de ce qui se faisait de mieux en Europe, l'Italie comprise. Houzeau, Granier, Roger, Mazeline, Cornu, La Perdrix, Jouvenet rivalisent ici avec Tuby, Lespagnandelle et les frères Marsy dont les noms sont plus connus. Ils rivalisent aussi avec les antiques dont plusieurs copies sont d'étonnants chefs-d'œuvre, comme par exemple l'*Ariane endormie* qui se trouve à l'entrée de l'allée de l'Orangerie, près du parterre sud, ou la célèbre *Vénus à la coquille*, copie d'une statue antique par Coysevox (et copiée une seconde fois pour permettre son transport au Louvre) ou le *Gladiateur mourant* qui lui fait face en bas de la rampe de Latone et qui est une copie d'après un antique de Pergame.

Dans les bosquets, les statues ne jouent pas le même rôle que dans les grands espaces ouverts. Se trouvant dans des lieux retirés, elles semblent libres de mieux s'exprimer. Il faut parvenir jusqu'à elles, et dans le calme des sous-bois elles prennent une présence discrète mais parlante. Rodin disait à son ami Gsell : "Le feuillage est ce qui convient le mieux à la sculpture antique. [...] Les Grecs aimaient tant la nature que leurs œuvres baignent dedans comme dans leur élément[51]."

Les statues érigées dans des espaces clos s'offrent mieux à la contemplation réfléchie des vrais amateurs qui peuvent voir dans les bosquets de la Girandole et du Grand Dauphin des termes qui les y retiendront longtemps. Certains d'entre eux sont l'œuvre de Nicolas Poussin et furent achetés par Louis XIV à Mme Fouquet après l'emprisonnement du surintendant. On y sent l'admiration du peintre français pour l'Antiquité : en voyant la noblesse des attitudes d'Hercule, de Pomone, de Pan même, on se dit que le peintre a voulu rendre ce qu'il y a d'éternel dans la sculpture antique. On connaît l'anecdote rapportée par Bellori. Poussin se trouvant dans les ruines de Rome avec un étranger qui souhaitait emporter dans son pays "quelque rareté antique", ramasse à ses pieds, "dans l'herbe, un peu de terre et de gravier, avec de petits morceaux de marbre et de porphyre presque pulvérisés" et dit : "Voici, Monsieur, portez-le dans votre musée et dites : ceci est Rome antique[52]." De fait, c'est bien un peu du grand esprit de la statuaire antique qui est ainsi parvenu à Versailles en passant par Vaux-le-Vicomte, empruntant le dédale que les grands collectionneurs construisent pour les chefs-d'œuvre.

L'abandon d'un programme iconographique trop ambitieux a finalement donné plus d'importance à des thèmes liés à la vie de la nature, à la joie de vivre de l'enfance ou à la jeunesse dans tout l'éclat de sa beauté. La statuaire atteint ici des sommets, en particulier dans des lieux où il faut la découvrir. C'est par exemple le *Bain des nymphes* de Girardon, Legros et Le Hongre d'après un dessin de Le Brun, morceau magnifique de jeunesse et de sensualité, difficile à voir car presque toujours à l'ombre, et à tous points de vue parfaite illustration de ce que La Fontaine dit du Grand Canal :

Cherchons des mots choisis pour peindre son cristal.
Qu'il soit pur, transparent ; que cette onde argentée
Loge en son moite sein la blanche Galatée.
Jamais on n'a trouvé ses rives sans Zéphyrs :
Flore s'y rafraîchit au vent de leurs soupirs ;
Les nymphes d'alentour souvent dans les nuits sombres
S'y vont baigner en troupe à la faveur de l'ombre[53].

Dans d'autres groupes moins dissimulés, les marmousets par exemple, ou l'*Ile des enfants* qui se trouvait auparavant à Marly, l'eau prend part aux jeux des figures et multiplie ses effets, tombant en nappes translucides depuis le bord des vasques, éclaboussant les petits corps qui s'ébattent sur une île faite à leur taille, tandis que la surface de l'eau du bassin se hérisse sous l'impact des gouttes qui la criblent.

Les jeux d'eau

Si quelque chose distingue nettement le monde des bosquets, c'est bien une perception plus rapprochée et plus subtile de la féerie de l'eau ; du temps où la Grotte existait, à l'emplacement occupé maintenant par la chapelle, des jeux d'eaux d'une grande complexité y avaient été aménagés. Ils se plaçaient dans la tradition des anciennes grottes, celles qui servaient à éblouir les visiteurs par les machines où l'on retrouvait toutes les curiosités de la Renaissance pour la mécanique alors naissante. A Versailles, ces automates disparurent, mais les jeux d'eau gagnèrent en magnificence et n'existèrent plus que pour le plaisir de les observer. La Grotte, qui se trouvait du côté nord des jardins, c'est-à-dire du côté du bassin de Neptune, rappelait les splendeurs mystérieuses du monde sous-marin. André Félibien a laissé une description émerveillée de la variété des jeux d'eau mis en œuvre, depuis les bouillons jusqu'aux brumes de minuscules gouttelettes : "Lorsque les eaux du réservoir, venant à se répandre par mille différents endroits, jaillissent de toutes parts et sont quasiment le seul élément qui remplit alors ce lieu, l'urne du dieu qui est couché dans la niche du milieu comme à l'entrée d'un antre semble verser une rivière entière. Il en sort de gros bouillons dans les autres niches où sont les chevaux d'Apollon. Les tritons et les sirènes qui sont à côté des arcades en versent dans les grandes coquilles de marbre qui sont contre les pilastres. Elle tombe de tous les endroits de la voûte. Mais par un mouvement contraire à cette chute, il s'élève d'une table de jaspe qui est au milieu de l'avant grotte un jet d'eau si furieux et si gros que, frappant avec violence la roche qui est au haut de la voûte, il forme en cet endroit comme un gros champignon de cristal dont l'eau se répandant en rond représente une espèce de voile d'argent qui ne se déchire point qu'il ne soit presque tombé à bas. Il part encore d'entre les petits cailloux qui servent de pavé à cette grotte, et par mille trous imperceptibles et comme de plusieurs sources, une infinité de jets d'eau qui s'élèvent avec tant de vigueur contre la voûte qu'elle retombe avec autant de force qu'elle est montée. Ainsi ces différentes pluies sont tellement confondues qu'il est impossible de discerner de quel côté elles viennent. Ce que l'on peut remarquer est un nombre presque infini de petits globes de cristal parmi un amas confus de gouttes et d'atomes d'eau qui semblent se mouvoir dans ce lieu-là comme les atomes de lumière qu'on découvre dans les rayons du soleil. Et comme les piliers et les côtés de la Grotte sont remplis de miroirs, chaque espèce venant à se multiplier, cette grotte apparaît d'une grandeur extraordinaire et comme plusieurs grottes qui composent un palais au milieu des eaux, dont l'étendue semble n'avoir point de bornes[54]."

Superbe description de la féerie de l'eau qui n'oublie pas, remarquons-le en passant, le rôle des miroirs agrandisseurs d'espace. A La Fontaine, qui lui aussi a décrit l'étrange beauté de la Grotte, nous devons l'une des plus vivantes évocations du rôle des rocailles dans la mise en valeur de l'eau sous toutes ses formes :

Au haut de six piliers d'une égale structure,
Six masques de rocaille à grotesque figure,
Songes de l'art, démons bizarrement forgés,
Au-dessus d'une niche en face sont rangés.

De mille raretés la niche est toute pleine :
Un Triton d'un côté, de l'autre une Sirène,
Ont chacun une conque en leurs mains de rocher ;
Leur souffle pousse un jet qui va loin s'épancher.
Au haut de chaque niche un bassin répand l'onde :
Le masque la vomit de sa gorge profonde ;
Elle retombe en nappe et compose un tissu
Qu'un autre bassin rend sitôt qu'il l'a reçu.
[...]
Quand l'eau cesse et qu'on voit son cristal écoulé,
Le nacre et le corail en réparent l'absence :
Morceaux pétrifiés, coquillage, croissance,
Caprices infinis du hasard et des eaux,
Reparaissent aux yeux plus brillants et plus beaux[55].

Pour se faire une idée des rocailles décrites par
La Fontaine et Félibien, on peut se rendre aujourd'hui

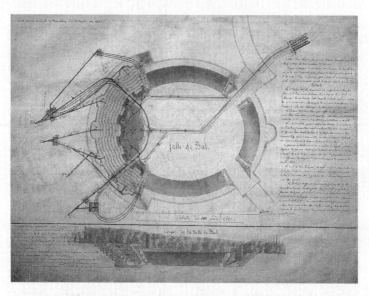

*La Salle de Bal, plan et coupe, planche n° 15 du Recueil de plans relatifs aux eaux
des jardins et des bâtiments des châteaux de Versailles et des Trianon,
fait depuis 1809 jusqu'en 1830 par Dufour architecte du Roi,
Archives du service des fontaines, Château de Versailles*

Alexandre Dufour (1760-1835) qui avait servi Napoléon, notamment au château de Fontainebleau, fut nommé architecte du roi par Louis XVIII. Il demeura en poste à Versailles de 1810
à 1832 où il construisit le pavillon à colonnes en bout de l'aile sud, ou "aile vieille", qui
longe la Cour royale. Ce pavillon porte toujours son nom. Il était aussi en charge des jardins
et fit établir un plan de leur réseau hydraulique avec le détail de tous les bosquets et de tous
les bassins. Sur ce lavis les annotations manuscrites décrivent les canalisations d'arrivée et de
sortie des eaux de la Salle de Bal dit aussi bosquet des Rocailles.

dans le bosquet dit de la Salle de bal. Elles revêtent des gradins compartimentés par des parements de marbre rouge du Languedoc ; on y voit l'eau cascader depuis la tribune des musiciens et joindre l'éclat changeant de ses nappes et de ses remous à celui de hautes torchères dorées placées au niveau du sol. C'est l'un des bosquets restaurés qui donnent au visiteur l'impression de partager les plaisirs de la cour et, ce qui est sans doute plus difficile mais plus instructif, de faire revivre une certaine idée du beau architectural. La somptuosité des matériaux s'allie ici à la finesse du travail ; la danse est en effet chez elle en un lieu où la musique semble descendre des arbres qui dominent les tribunes et inviter les danseurs à faire naître cette harmonie vivante des sons, des mouvements et des formes humaines qui est le propre de leur art.

Le bosquet de la Colonnade est également un de ces lieux privilégiés. Dès sa construction par Hardouin-Mansart, la colonnade circulaire qui le constitue a été considérée comme l'un des joyaux des jardins. Piganiol de La Force en détaille les beautés. Après avoir noté qu'elle comprend "huit colonnes de brèche violette, douze de marbre de Languedoc et douze de marbre bleu turquin" et précisé en note que la brèche est d'un blanc "sale" – nous dirions aujourd'hui cassé – avec des bandes isolées et que le turquin est "mêlé de blanc sale et se tire des Côtes de Gênes[56]", il poursuit : "Chaque colonne répond à un pilastre de marbre de Languedoc. L'un et l'autre sont couronnés d'une corniche architravée qui leur sert d'entablement. Les colonnes sont communiquées les unes aux autres par des arcades en plein cintre qui sont ornées de leurs archivoltes avec des masques dans leurs clefs qui représentent ou des nymphes ou des naïades ou des sylvains. Cet ouvrage est couronné par une corniche corinthienne au-dessus de laquelle il y a un socle ou finement avec des postes[57] en bas-relief sur lequel sont des vases de marbre blanc terminés par des pommes de pin."

La Colonnade fait toujours grand effet par la couleur de ses marbres et la légèreté de ses arcades. Il semble difficile de nier sa parenté avec le péristyle décrit dans le premier livre du *Songe de Poliphile* au chapitre XXI qui place l'action dans l'île de Cythère : "Les colonnes étaient plantées de deux en deux au long du plinthe fait expressément double et, après six colonnes de rang, y avait un pilier carré sur lequel reposait une boule de cuivre doré ; ces six colonnes se montraient de diverses couleurs à savoir deux de calcédoine, deux de jaspe vert, et deux de jaspe rouge[58]." Cependant, si la Colonnade d'Hardouin-Mansart a pu s'inspirer du péristyle décrit par Colonna pour ce qui regarde les marbres de couleur et les colonnes "plantées de deux en deux", elle jouit d'une grande supériorité, celle de ses vingt-huit vasques de marbre d'où l'eau jaillit en jets élégants et retombe en nappe dont le drapé transparent s'inscrit dans les entrecolonnements. Ici encore, le cercle, forme géométrique parfaite aux yeux des architectes de l'époque, le dessin délicat des colonnes et des lances d'eau, le jeu des couleurs sur le fond des treillages et des arbres, font naître une harmonie qui semble inviter la musique à se joindre au concert des arts. Les musiciens de la cour s'y firent parfois entendre.

Le visiteur du XXIe siècle trouve dans ce bosquet une évocation frappante des climats de sensibilité du baroque, car dans un cadre qui évoque la divine géométrie de la Renaissance, il peut voir, au centre même du cercle, *L'Enlèvement de Proserpine*, sculpture de Girardon sur un dessin de Le Brun. Cette illustration mythologique du passage des saisons et des cycles de la vie de la nature trouve ici une expression particulièrement tumultueuse. Le roi devait tenir à lui donner une place de choix : il s'en fit présenter un modèle en bronze par le sculpteur Girardon, et trois ans s'écoulèrent avant que le groupe en marbre soit finalement mis en place. Il existe un contraste saisissant entre l'harmonie aérienne de la colonnade, la féminité des chapiteaux ioniques, la délicatesse des jeux d'eau et la brutalité de cette scène de rapt. Pluton déploie toutes ses forces pour s'enfuir au plus vite avec sa proie, renversant une suivante qui a cherché à s'interposer et soulevant Proserpine qui appelle désespérément à l'aide. La scène est saisie dans l'instant décisif où la force du mâle emporte la victoire, instant décisif que le marbre grave dans la mémoire par un tumulte de lignes qui se brisent en tourbillonnant.

L'Encelade, autre bosquet qui a maintenant retrouvé sa splendeur première, frappe également le regard par une scène de violence, le châtiment d'un titan enseveli vivant par Athéna pour s'être révolté contre les dieux. Un puissant jet d'eau jaillit de sa bouche comme si son dernier souffle s'échappait de sa poitrine comprimée par la pierre et par la lave. Le Brun, qui a fait le dessin d'après lequel ont travaillé Gaspard Marsy, le sculpteur, et Berthier, le rocailleur, a sans doute pensé au jardin de Castello et à l'Antée d'Ammannati qui semble exhaler un jet d'eau quand Hercule le soulève de terre. Ici, la symbolique politique est évidente et d'autant mieux appropriée que le bassin d'Apollon est tout proche. Le Roi-Soleil s'élance dans les airs pour voler au secours de Latone, tandis que le titan rebelle tombe du haut du ciel et s'enfonce dans la lave. Nous sommes dans un bosquet-spectacle où l'on arrive par une allée coudée qui ménage une surprise. L'entrée donne dans une galerie circulaire de treillages en berceaux : rien ne laisse prévoir, en se dirigeant vers le grand jet d'eau visible depuis l'allée d'Apollon, la scène terrifiante qui s'offre à nos yeux. Cotelle montre l'effet produit : du haut de l'Olympe, Jupiter frappe le rebelle de son foudre, le géant terrassé se débat et fait trembler la terre, renversant la table que les témoins de la scène abandonnent dans une fuite éperdue. Tout ici rappelle les transformations aussi soudaines que spectaculaires qui captivaient le public au théâtre. Il en allait de même pour les décors de ballet dont le roi, comme on sait, était grand amateur. L'abbé de Marolles expliquait qu'il fallait au ballet "un sujet inventé où le plaisant, le rare et le merveilleux ne sont point oubliés", avant d'ajouter : "Que le ballet soit sérieux ou comique, il doit toujours comporter des choses extraordinaires qui tiennent du merveilleux[59]."

Dans *Hercule amoureux*, où le roi dansa en 1662, les Vigarani qui avaient remplacé Torelli trop aimé de Fouquet, n'avaient pas ménagé les efforts des machines pour produire des effets grandioses. A l'acte III qui se passait dans un "jardin de fleurs" – il y avait beaucoup de jardins dans les décors de ballets –, Vénus descendant de son char retrouvait Hercule et faisait jaillir du sol un siège enchanté couvert d'herbes et de fleurs d'où, un peu plus tard, des esprits "enfermés dans le siège" s'en allaient "animer les statues du jardin". Ce qui était vrai des ballets l'était aussi du théâtre et des fêtes auxquelles les jardins ont servi de cadre et dont le souvenir demeure dans toutes les descriptions des fêtes de Versailles.

Bosquets disparus

Parmi ceux-ci, le Labyrinthe était une création originale et particulièrement adaptée à l'univers offert par les bosquets à la curiosité des promeneurs. Conçu par Le Nôtre comme un dédale d'allées dès 1665, il fut ensuite illustré de fables par Charles Perrault au moyen de statues d'animaux placées dans des bassins de rocaille animés par des jeux d'eau. Quelques vers de Benserade placés au pied de ces bassins tiraient une réflexion morale de la scène représentée. On doit à Cotelle des peintures bien enlevées des principaux groupes, et l'on peut déplorer que le labyrinthe ait été détruit sous Louis XVI pour faire place à l'actuel bosquet de la Reine. Piganiol de La Force en a laissé une description utile. Après avoir montré le labyrinthe comme "un entrelacement de plusieurs allées bordées de palissades dans lesquelles on s'égare aisément", il ajoute, non sans donner une précieuse indication de couleur : "A chaque détour on rencontre une fontaine ornée d'un bassin de rocaille fine, où l'on a représenté au naturel une fable dont le sujet est marqué par une inscription de quatre vers gravés en lettres d'or sur une lame de bronze peinte en noir[60]."

Il s'engage ensuite dans la description de chacun des groupes d'animaux – il suffit d'en extraire une seule fable pour avoir une idée de ce que pouvait être le bosquet. Voici par exemple le groupe le plus nombreux que l'on découvrait à l'entrée, dès que l'on était passé entre la statue d'Esope à gauche et d'Amour à droite.

"Le Duc et les Oiseaux
Le duc est ici au milieu d'un bassin de rocaille et un grand nombre d'oiseaux qui remplissent un demi-dôme de treillage orné d'architecture jettent de l'eau en abondance sur le duc, qui s'était attiré leur indignation par son chant lugubre et par son vilain plumage.
Les oiseaux en plein jour voyant le duc paraître
Sur lui fondirent tous à son hideux aspect.
Quelque parfait qu'on puisse être
Qui n'a pas son coup de bec[61] ?"

On peut déduire d'une phrase de Piganiol de La Force – "Un coq au milieu d'un bassin se plaint par un trait d'eau qu'il jette" – que les "traits" d'eau sont une représentation imagée des cris des oiseaux, artifice simple qui n'est pas sans rappeler la bulle de nos bandes dessinées.

On sait que le Labyrinthe avait été conçu pour l'instruction du Dauphin. Peut-être cela explique-t-il que le quatrain de Benserade, poète mieux inspiré en d'autres occasions, semble fait pour convenir à un élève dont les capacités étaient réputées moyennes. Et l'on se prend à regretter que La Fontaine n'ait pas été sollicité pour faire graver quelques-uns de ses vers sur la "lame de bronze peinte en noir" dont parle Piganiol. Mais La Fontaine n'était pas bien en cour. Il avait déplu pour s'être mêlé de défendre Fouquet. De plus, il donnait volontiers dans le genre libertin et prenait avec l'orthodoxie des distances que le roi n'appréciait guère sur un plan qui pour lui primait tous les autres, celui de la politique. S'ajoutait à ce contentieux – Marc Fumaroli l'a montré – la résistance de La Fontaine à la politique culturelle de Colbert et à l'embrigadement des intellectuels dans les académies[62]. Toujours est-il que les animaux du Labyrinthe pâtirent de ces querelles entre les hommes, et que le langage qu'on leur prêta ne retrouva pas l'élégance et l'ingéniosité de celui des *Fables*. Benserade ne connaissait pas l'art de dire si justement les choses que le discours lui-même leur ajoute une vérité de plus. Mais l'idée était bonne d'emmener les hommes et les femmes à la recherche de la sagesse dans les profondeurs d'un bois. Il y a même dans cette idée-là une préfiguration des *Contes* que Charles Perrault publia plus tard en associant aux forêts de l'ancienne France un sentiment du merveilleux qu'il nous a aidés à ne pas laisser perdre.

Or le merveilleux était présent dans les bosquets sous sa forme antique comme sous sa forme historique que les frères Perrault eussent appelée "moderne". Sous sa forme antique, nous savons bien pourquoi, et nous le comprenons mieux encore quand nous voyons les

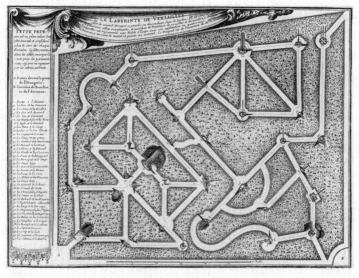

Plan du Labyrinthe,
musée du Château de Versailles

Esope et l'Amour sont à l'entrée du Labyrinthe. On remarque le grand treillage qui abrite *Le Combat des animaux*. Le but du labyrinthe est d'obtenir du promeneur qu'il se laisse guider par sa curiosité : une fontaine en appelle presque toujours une autre. Parfois, il doit choisir entre deux allées mais la seule règle est d'éviter le déjà vu. L'homme avisé n'a pas besoin d'apprendre deux fois la même leçon. On pense à un vers de Boileau "la raison pour marcher n'a souvent qu'une voie". Il n'en reste pas moins que Charles Perrault a donné du Labyrinthe et des fables d'Esope une interprétation galante qui ne recoupe pas celle de Benserade. Son texte a été réédité avec les *Contes* par J.-P. Collinet (Folio, Gallimard, 1981) bassins où les statues semblent descendues de l'Olympe pour se mêler à la féerie des jeux d'eau. La mythologie gréco-romaine avait droit de cité à la cour. La Fontaine disait de la princesse de Conti : "Je la crus de l'Olympe ici-bas descendue." Et Guyonnet de Vertron, en sa qualité d'historiographe annonçait à Louis XIV : "Les dieux se trouvent tous aujourd'hui dans votre palais enchanté[63]."

Dans ces conditions, Ovide pouvait bien apparaître comme le poète latin le mieux à même de faire entrer les dieux antiques dans les jardins. Ses *Métamorphoses* avaient débarrassé la mythologie de son caractère obscur, il avait humanisé les dieux tout en conservant à leurs aventures un aspect merveilleux fournissant aux machinistes de Torelli, puis des Vigarani et de Bérain, tous les thèmes des prodiges rendus possibles par les machines. L'âge baroque a aimé plus qu'aucun autre le spectacle, la surprise, l'illusion sous toutes ses formes, en un mot tout ce qui force l'attention par un choc visuel. Accoutumé à ouvrir sur le monde des yeux mieux armés que jamais auparavant pour voir toujours plus loin, pour transformer un point lumineux en un astre, ou encore une goutte d'eau translucide en un monde d'animalcules, il ne cesse de s'enchanter de la mutabilité des apparences. Pascal, toujours prompt à dénoncer les engouements faciles, s'est servi de ces pro-diges pour démontrer l'incertitude de nos connais-sances : "Une ville, une campagne, de loin c'est une ville et une campagne, mais à mesure qu'on s'approche, ce sont des maisons, des arbres, des tuiles, des feuilles, des herbes, des fourmis, des jambes de fourmis, à l'infini. Tout cela s'enveloppe sous le nom de campagne[64]."

Mais les prodiges plaisaient. Ils montraient que les modernes, par le pouvoir de leurs machines, ren-daient palpable la féerie antique, et nulle part elle ne se déployait mieux qu'à Versailles puisque les jar-dins eux-mêmes étaient nés de la métamorphose d'un ancien marais.

Les spectacles

Molière s'est servi du mythe d'Amphitryon, dont parle Ovide au livre VI des *Métamorphoses,* pour mettre en parallèle les amours de Louis XIV et de Mme de Montespan avec celles de Jupiter et d'Alcmène, femme du général thébain qui donne son nom à la pièce. On sait comment Alcmène, trompée par le maître des dieux qui a pris les apparences de son mari, passe une nuit avec lui en tout heureuse innocence et quels quiproquos en résultent pour l'infortuné général et pour son valet Sosie. Ce nom dit tout. On ne sait plus où sont les dieux, où sont les hommes dans cet imbroglio nocturne. Sosie (joué par Molière) résume la situation en disant à son maître : "Et de même que moi, Monsieur, vous êtes double[65]."

Tout se dénoue quand Jupiter apparaît "dans une nue, sur son aile, armé de son foudre, au bruit du tonnerre et des éclairs". C'est ainsi que le représente Cotelle dans sa peinture du bosquet de l'Encelade. Comment ne pas penser, en voyant ce bosquet, que la cour y retrouvait les décors qu'elle aimait et la mythologie dont les noms lui étaient familiers depuis l'enfance ?

De même quand *Iphigénie* fut représentée pour la première fois à l'Orangerie, le cadre du château fut utilisé directement. Félibien a donné la description de cette première mémorable.

"La scène était donc dressée au bout de l'allée qui va à l'Orangerie. La décoration représentait une longue allée de verdure, où, de part et d'autre, il y avait des fontaines et des bassins et, d'espace en espace, des grottes d'un ouvrage rustique mais travaillées très délicatement. Sur leur entablement régnait une balustrade où étaient arrangés des vases de porcelaine pleins de fleurs ; les bassins des fontaines étaient de marbre blanc, soutenus par des tritons dorés et, dans ces bassins, on en voyait d'autres, plus élevés, qui portaient des statues d'or. Cette allée se terminait dans le fond du théâtre par des tentes qui avaient rapport avec celles qui couvraient l'orchestre, et, au-delà, paraissait une longue allée qui était l'allée même de l'Orangerie, bordée des deux côtés de grands orangers et de grenadiers, entremêlés de plusieurs vases de porcelaine remplis de diverses fleurs. Entre chaque arbre, il y avait de grands candélabres et des guéridons d'or et d'argent qui portaient des girandoles de cristal allumées de plusieurs bougies. Cette allée finissait par un portique de marbre ; les pilastres qui soutenaient les corniches étaient de lapis et la porte paraissait toute d'orfèvrerie. Sur ce théâtre, orné de la manière que je viens de dire, la troupe des comédiens du roi représenta la tragédie d'Iphigénie, dernier ouvrage du sieur Racine, qui reçut de toute la cour l'estime qu'ont toujours eue les pièces de cet auteur[66]."

Certes, Racine a déclaré dans sa préface qu'il était parvenu à sauver Iphigénie du couteau de Calchas "sans le secours d'une déesse ou d'une machine". Pourtant sa dernière scène décrit les effets de ce dénouement, et les spectateurs placés dans le somptueux décor de l'Orangerie virent en imagination les prodiges que les ballets ou les opéras leur montraient à la scène. Voici Ulysse faisant le récit de la mort d'Eriphile, l'autre Iphigénie, quand elle décide de se sacrifier elle-même :

> Furieuse elle vole, et sur l'autel prochain
> Prend le sacré couteau, le plonge dans son sein.
> A peine son sang coule et fait rougir la terre,
> Les dieux font sur l'autel entendre le tonnerre ;
> Les vents agitent l'air d'heureux gémissements,
> Et la mer leur répond par ses mugissements.
> La rive au loin gémit, blanchissante d'écume.
> La flamme du bûcher d'elle-même s'allume.
> Le ciel brille d'éclairs, s'entrouvre, et parmi nous
> Jette une sainte horreur qui nous rassure tous.
> Le soldat étonné dit que dans une nue
> Jusque sur le bûcher Diane est descendue,
> Et croit que s'élevant au travers de ses feux,
> Elle portait au ciel notre encens et nos vœux.

On répète, non sans raisons, que notre tragédie classique fait une place négligeable à la vie de la nature qui n'apparaît que par l'entrebâillement d'une métaphore ou dans des récits comme celui d'Ulysse qu'on vient de lire, ou de Théramène ou encore du Cid. Pourtant, Racine met en scène un jardin dans *Esther* : il existe une édition de son théâtre où des vues de jardin servent de frontispices à ses tragédies. Il n'y a là rien de surprenant quand on pense à la similitude de structure qui se remarque entre le vers classique et le rôle de l'axe central en architecture. Cette similitude de structure tient au rôle important que Malherbe et après lui Boileau ("enfin Malherbe vint") donnent à la césure. C'est leur façon de condamner implicitement la prosodie trop lâche des poètes de la Renaissance qui ont ignoré, selon eux, l'art de la "juste cadence". Mais qu'entendent-ils par juste cadence sinon un renforcement de l'effet de symétrie ? Malherbe est un vigoureux partisan de la rime riche qui doit faire entendre deux fois un son identique pour installer solidement une base rythmique binaire. De surcroît, il se déclare partisan du strict respect de la césure, c'est-à-dire qu'il allonge le sixième pied pour créer un effet de symétrie supplémentaire.

> *Furieuse elle vole, et sur l'autel prochain*
> *Prend le sacré couteau, le plonge dans son sein.*

La césure prolonge le mot *vole* dans le premier vers comme elle prolonge le mot *couteau* dans le second. La voix du comédien peut se servir de cet accent pour amplifier son volume ou varier son débit et on ne peut lier ces deux syllabes à celles qui suivent sans déséquilibrer la structure du vers. Outre la symétrie des rimes de *prochain* et de *sein*, une nouvelle symétrie, non plus phonique mais rythmique, apparaît pour soutenir la "juste cadence". Subdivisant le vers en deux hémistiches, elle trace un axe au centre des alexandrins qui se succèdent, bien alignés sur leurs rimes. De là cette solide assise du vers classique qui le grave dans la mémoire et qui contraint l'oreille et l'esprit, par des inversions fréquentes, à rétablir le sens en respectant la symétrie. Comme dans les jardins, une nervure centrale ordonne le tout. Il n'est donc pas surprenant que Racine nous parle mieux à Versailles qu'ailleurs. Voltaire écrivait dans *Le Siècle de Louis XIV* : "Ce temps ne se retrouvera plus où un duc de La Rochefoucauld, l'auteur des *Maximes*, au sortir de la conversation d'un Pascal et d'un Arnaud, allait au théâtre de Corneille[67]." Il aurait pu dire aussi bien que le temps ne se retrouverait plus où toute la cour se pressait entre les arbres et les vases de fleurs pour entendre monter la musique des vers de Racine dans l'Orangerie de Versailles.

Cette fête de l'esprit et des sens est sans doute plus impérissable que le Carrousel de 1662 ou que les fêtes de l'Ile enchantée qui se déroulèrent deux ans plus tard ; mais la vie culturelle de Versailles était faite de beaucoup de choses différentes, et tout compte si l'on veut remettre dans les bosquets un peu de la vie qu'ils ont connue[68]. La relation de la première journée des plaisirs de l'Ile enchantée qui est attribuée à Molière associe déjà l'Orangerie à l'univers du théâtre. On peut y lire à propos de Versailles : "C'est un château qu'on peut nommer un palais enchanté tant les ajustements de l'art ont bien secondé les soins que la nature a pris pour le rendre parfait. [...] Sa symétrie, la richesse de ses meubles, la beauté de ses promenades et le nombre infini de ses fleurs, comme de ses orangers, rendent les environs de ce lieu digne de sa rareté singulière[69]."

Un tel lieu convenait à l'évocation du palais d'Alcine, la magicienne du *Roland furieux* de l'Arioste, l'une des lectures favorites de la cour en raison de ses évocations de l'ancienne chevalerie et du merveilleux qui partout y côtoie le romanesque. L'Arioste et les romans précieux n'étaient pas jugés dignes d'inspirer les sculpteurs, mais ils triomphaient côte à côte dans le domaine de l'éphémère, celui des fêtes où l'on faisait revivre le monde des chevaliers empanachés, des Maures et des faits d'armes avec son éloquence fleurie et ses intrigues sentimentales. Louis XIV a commandé un *Amadis de Gaule* à Lully, et il ne faut pas s'étonner qu'il ait choisi le *Roland furieux* comme thème d'une de ses plus grandes fêtes. Le bassin d'Apollon fut utilisé pour figurer le lieu où la magicienne retenait prisonniers les chevaliers qu'elle avait ensorcelés.

"On fit donc en peu de jours orner un rond où quatre grandes allées aboutissent entre de hautes palissades de quatre portiques de trente-cinq pieds d'élévation, et de vingt-deux en carré d'ouverture, de plusieurs festons enrichis d'or et de diverses peintures avec les armes de Sa Majesté[70]."

Les décors étaient conçus par Carlo Vigarani qui fit un autre coup d'éclat lors de la représentation de *Georges Dandin* donnée lors du divertissement qui célébrait la paix d'Aix-la-Chapelle en 1668. Félibien nota en effet : "[Au dernier acte] la décoration du théâtre est changée en un instant et l'on ne peut comprendre que tant de véritables jets d'eau ne paraissent plus, ni par quel artifice, au lieu de ces cabinets et de ces allées, on ne découvre sur le théâtre que de grandes roches entremêlées d'arbres, où l'on voit plusieurs bergers et bergères qui chantent et qui jouent de toutes sortes d'instruments[71]."

Versailles retourné à l'état sauvage, voilà le cauchemar que l'habile décorateur de Modène offrait à la curiosité amusée des courtisans. C'est encore à lui que fut confié le dessin d'un des bosquets les plus élaborés, le Théâtre d'eau, dont presque rien ne subsiste aujourd'hui, mais dont les plans, proches de ceux du Teatro Olimpico construit par Palladio à Vicence, offraient d'intéressants exemples de perspective accélérée. En faisant converger les bords de ses allées, Vigarani donnait en effet l'impression qu'elles s'enfonçaient dans la profondeur des arbres plus loin qu'elles ne le font en réalité, et que de telles merveilles naissaient dans des sous-bois secrets. Ce bosquet, certainement l'un des plus beaux des jardins à l'époque de Louis XIV, permettait de multiplier les effets d'eau et d'en varier la hauteur et l'abondance. Il était très réputé et prouvait, s'il en était besoin, que l'eau constituait un spectacle en soi.

Combiner l'eau et la lumière lors de fêtes nocturnes ajoutait encore au spectacle : les feux d'artifice, comme les jets d'eau, épanouissaient dans les airs l'élégance de leurs formes géométriques. De ces divertissements très prisés, il est heureux que soient restées des descriptions précises ainsi que des gravures qui nous en conservent l'image. En 1668, après la représentation de *Georges Dandin* et le bal qui suivit, un feu d'artifice embrasa soudain le château et les jardins. Félibien en a donné une description éblouie : "Mille feux sortaient au milieu de l'eau, qui, comme furieux et s'échappant d'un lieu où ils auraient été retenus par force, se répandaient de tous côtés sur les bords du parterre. Une infinité d'autres feux sortant de la gueule des lézards, des crocodiles, des grenouilles et des animaux de bronze qui sont sur les bords des fontaines, semblaient aller secourir les premiers ; et se jetant dans l'eau sous la figure de plusieurs serpents, tantôt séparément, tantôt joints ensemble par gros pelotons, lui faisaient une rude guerre. Dans ces combats accompagnés de bruits épouvantables et d'un embrasement qui ne se peut représenter, ces deux éléments étaient si étroitement mêlés ensemble qu'il était impossible de les distinguer. Ce spectacle ne dura qu'autant de temps qu'il en faut pour imprimer dans l'esprit une belle image de ce que l'eau et le feu peuvent faire quand ils se rencontrent ensemble et qu'ils se font la guerre[72]."

Ainsi le roi faisait parler la poudre après la victoire et déchaînait le tumulte pour la célébrer, ce qui se comprend bien si l'on se rappelle que des ingénieurs comme Belidor s'occupaient à la fois des bombardes et des feux d'artifice. Mais il en allait des jardins comme du château, où le salon de la Paix faisait face au salon de la Guerre. Certains soirs de fête, comme par exemple lors des fiançailles du duc de Bourbon avec Mlle de Nantes le 23 juillet 1685, les éléments se réconciliaient dans le calme de la nuit et le Grand Canal voyait passer un somptueux cortège. Le marquis de Sourches décrit ainsi le spectacle :

"Ensuite Sa Majesté monta en carrosse avec toutes les dames ayant fait tenir à cet effet plusieurs calèches toutes prêtes et il alla s'embarquer sur le canal, sur lequel cette belle compagnie se promena jusqu'à dix heures du soir dans des barques magnifiques qui suivaient un yacht dans lequel était toute la musique du Roi avec timbales et trompettes, chantant et jouant des airs de la composition de Lully.

"A dix heures, le roi vint débarquer au pied de Trianon : et, ayant monté dans le jardin, on y servit un magnifique souper sur quatre tables différentes qui furent servies dans les mêmes cabinets qui terminent les berceaux du jardin, lesquels étaient éclairés par un grand nombre de lustres de cristal. Après le souper le roi vint se rembarquer sur le canal au bout duquel était une magnifique illumination (le marquis de Sourches ajoute ici une note assez prosaïque : « Ces illuminations paraissaient plus qu'elles ne coûtaient, car elles se faisaient ordinairement avec des terrines pleines de graisse, dans lesquelles on mettait un lumignon de mèche, en disposant un grand nombre de ces terrines en différentes figures dans les endroits que l'on voulait illuminer. Quand on venait à les allumer, elles faisaient le plus agréable effet du monde. On faisait encore des illuminations avec des lampes comme celles de sceaux avec du papier frotté d'huile sur lequel il y avait différentes figures peintes, et derrière ces figures on mettait des terrines allumées ce qui faisait paraître ces figures toutes en feu : et c'était la plus belle et la plus magnifique manière d'illumination. ») avec un feu d'artifice. Tout le château était pareillement illuminé, aussi bien que la plupart des beaux endroits du jardin ; ce qui faisait un objet très magnifique et très agréable à voir du canal sur lequel le roi se promenait et duquel il ne revint qu'à une heure après minuit[73]."

Ces grands effets d'eau et de lumière qui exaltaient le goût du paysage "héroïque" pour reprendre le terme de Roger de Piles ne doivent pas faire oublier que Le Nôtre semble bien avoir eu quelque tendresse pour l'autre style, celui que ce même de Piles appelait "champêtre".

Le monde secret de Le Nôtre
Nous savons en effet que le bosquet de la Colonnade a été créé par Hardouin-Mansart sur l'emplacement d'un autre bosquet dessiné par Le Nôtre dans un esprit tout

différent puisqu'il s'appelait le bosquet des Sources. Il s'était en effet servi d'un petit ruisseau – encore visible sur le plan dit du Bus (1662) – qui allait se jeter dans la pièce d'eau transformée par la suite en bassin d'Apollon ; il y avait fait de petites "coulettes" d'eau entre les arbres pour donner à l'ensemble un aspect agreste où s'exprimait le "génie du lieu". En ceci, il se démarquait de Hardouin-Mansart pour qui le respect des caractérisques du site n'était pas le souci dominant et qui a souvent simplifié – et raidi – les lignes des bosquets en donnant à l'architecture la priorité que Le Nôtre réservait au décor végétal. Ce fut le cas au bosquet des Dômes et surtout à la montagne d'Eau.

Il faut croire que Le Nôtre tenait à son bosquet puisqu'il en a repris l'idée à Trianon, créant un autre bosquet des Sources, lui aussi disparu sans doute à cause

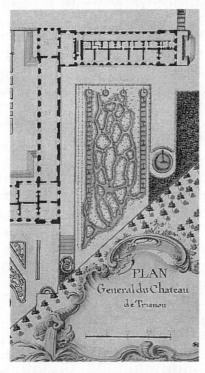

Détail du *Plan général du Grand Trianon, le jardin des sources*, Ecole française, musée du Château de Versailles

de la fragilité de son caractère naturel et agreste. Mais de ce second bosquet, qui se trouvait dans l'angle formé par la galerie des Cotelle et l'aile de Trianon-sous-Bois, il a laissé une description confirmée par le témoignage de Tessin. Voici ce que disait Le Nôtre : "Les sources sont tout le long de la galerie 10 et de [la galerie] 11 et en retour de l'appartement de Trianon-sous-Bois dans la longueur et largeur, rempli d'un bois en futaie dont les arbres sont séparés l'un de l'autre, qui ont donné moyen de faire des petits canaux qui vont serpentant sans ordre et tombent dans les places vides autour des arbres, avec des jets d'eau inégalement placés et tous les canaux se séparent et se tiennent, touchant l'un dans l'autre par une pente que tout le bois est formé insensiblement. Des deux côtés dans le bois sont deux coulettes qui tombent en petites nappes et dedans des jets d'eau de douze pieds de haut et finissent dans deux gouffres d'eau qui se perdent dans la terre. Je ne saurais assez vous écrire la beauté de ce lieu : c'est d'un frais où les dames vont travailler, jouer, faire collation, on y entre de plain-pied de l'appartement. Ainsi de cet appartement, on va à couvert dans toutes les beautés, différentes allées, bosquets, bois de tout le jardin, à couvert ; je puis dire que c'est le seul jardin, et les Tuileries, que je connaisse aisé à se promener et le plus beau. Je laisse les autres dans leur beauté et grandeur, mais le plus aisé[74]."

Certes la syntaxe de Le Nôtre a tout le charme et l'irrégularité de son jardin des sources, mais sa description est parlante. Il a créé un jardin d'eau et d'arbres, un jardin frais, "aisé", de plain-pied avec les appartements, qui n'a peut-être pas "la beauté et grandeur" de certains autres (de Piles disait, on s'en souvient, que "la nature sait bien mieux se parer lorsqu'on la laisse dans sa liberté que quand l'art lui fait violence"), mais qu'il trouve finalement le plus beau. Thierry Mariage, qui cite cette description dans son livre *L'Univers de Le Nostre*, se demande si "Le Nostre vieillissant a été gagné par les prémices du mouvement naturaliste[75]" : la question est tout à fait pertinente. Peut-être rappellera-t-on à ce propos que l'un des plus fins théoriciens de ce mouvement appelé aussi "paysagiste", l'Anglais Horace Walpole, remarquait que le goût de ce style naturel trouvait en partie ses origines dans la littérature galante du XVIIe siècle et plus particulièrement dans *L'Astrée*[76]. Cette remarque fine et profonde semble parfaitement fondée si l'on songe à la popularité dont de roman a joui dans tout le siècle, notamment chez les dames à qui Le Nôtre fait allusion dans sa description.

L'Astrée était dans toutes les mémoires. Son auteur, Honoré d'Urfé, était de ces gentilshommes qui avaient su lier les horizons de leur province aux intrigues amoureuses de bergers et de bergères qui passent du sourire aux larmes sans jamais quitter le ton de la meilleure compagnie. Ce genre a toujours réussi dans les époques où les mœurs s'épurent, et le plus souvent grâce au rôle des femmes dans la vie de société. Il convenait à la France au sortir des guerres de religion, comme il avait convenu à la cour de Kyoto à l'époque de Heian quand les empereurs unifiaient l'archipel et multipliaient les contacts avec la grande civilisation de la Chine des Tang. Militaire demeuré fidèle à la Ligue, Honoré d'Urfé est mort en se battant pour le duc de Savoie. Fidèle à une certaine idée chevaleresque de l'ancienne France, il fait de l'amour la grande affaire de la vie avec une tendresse et une subtilité qui a enchanté le public féminin et dont l'influence se retrouve aussi bien chez Mlle de Scudéry, déjà nommée, que dans toute la littérature précieuse et dans des romans d'analyse comme *La Princesse de Clèves*. En un temps où Louis XIII puis Louis XIV se faisaient gloire d'avoir interdit les duels – la galerie des Glaces en témoigne – et où la noblesse avait pour mission d'incarner à la fois les vertus guerrières et le raffinement des mœurs, les courants de sensibilité nés de *L'Astrée* étaient juste assez contradictoires et juste assez complémentaires pour inspirer des œuvres de fiction où les réalités vécues se trouvaient transposées. Cette transposition réussissait d'autant mieux que beaucoup des nobles qui vivaient à la cour pour faire figure auprès du roi n'en oubliaient pas pour autant le charme des horizons de province. On ne peut se représenter l'atmosphère des bosquets sans penser aux descriptions que d'Urfé donne des bois où le Lignon suivait son cours paisible.

"Il y avait près de sa chambre un escalier dérobé, qui descendait en une galerie basse, par où, avec un pont-levis on entrait dans le jardin agencé de toutes les raretés que le lieu pouvait permettre, [que ce] fût en fontaines et en parterres, [que ce] fût en allées et en ombrages, n'y ayant rien été oublié de tout ce que l'artifice y pouvait ajouter. Au sortir de ce lieu, on entrait dans un grand bois de diverses sortes d'arbres dont un quarré était de coudriers, qui tous ensemble faisaient un si gracieux dédale, qu'encore que les chemins par leurs gracieux détours se perdissent confusément l'un dans l'autre, si ne laissaient-ils pour leurs ombrages d'être fort agréables[77]."

Plus d'une des dames qui fréquentaient le jardin des Sources devaient penser aux associations littéraires de ce symbole sentimental des forêts de l'ancienne France. Et peut-être qu'en gagnant l'ombre des bosquets en compagnie galante ou qui promettait de l'être, se disaient-elles aussi qu'en de tels moments l'étiquette ne requérait plus, comme au Parlement de Paris, que la géométrie décide du parcours à suivre. La liberté prévalait, et avec elle la fantaisie propre à la nature qui affirmait ses droits. C'est à se demander, vraiment, si Honoré d'Urfé n'a pas fait rêver le vieux Le Nôtre avant d'inspirer le jeune Watteau.

NOTES

1. Mlle de Scudéry, *La Promenade…*, *op. cit.*, p. 27.

2. Voltaire, *Le Siècle…*, *op. cit.*, p. 903.

3. La Fontaine, *Les Amours de Psyché et de Cupidon*, in *Œuvres complètes*, Paris, 1965, p. 427.

4. Un bilan en a été fait récemment. On lira A. Rostaing, "André Le Nôtre et les jardins français du XVIIᵉ siècle : perspectives de recherche et «vues bornées»", *La Revue de l'art*, n° 129, déc. 2000, p. 15-27.

5. Mme de Sévigné, lettre du 7 août 1675 in *Lettres*, Paris, 1956, I, p. 782.

6. J. Thuillier, *Vouet*, Paris, 1990, p.13-14.

7. Cité par E. de Ganay, *André Le Nostre*, *op. cit.*, p. 123.

8. Plan conservé à la bibliothèque de l'Institut de France.

9. Colbert, *Lettres…*, *op. cit.*, V, p. 400.

10. Cette lettre est conservée au château de Chantilly.

11. M. Lister, *Voyage à Paris en 1698*, Paris, 1873, p. 48.

12. J. Du Breuil, père, *La Perspective pratique*, préface, 1642, p. 2.

13. T. Mariage, *L'Univers…*, *op. cit.*, p. 100.

14. J. Boyceau de La Barauderie, *Traité…*, *op. cit.*, III, 3, p. 71.

15. *Ibid.*, II, 1, p. 69.

16. A. Mollet, *Le Jardin de plaisir*, rééd. Paris, 1981, p. 31.

17. P. de Courcillon, marquis de Dangeau, *Journal, op. cit.*, XVI, p. 128.

18. Dézallier d'Argenville, *La Théorie…*, *op. cit.*, 1709, p. 13.

19. R. de Piles, *Cours de peinture par principes*, Paris, 1708, p. 42.

20. C. Wren, *Parentalia or Memoirs of the Family of the Wrens*, Londres, 1750, p. 351.

21. Descartes, *Discours de la méthode*, in *Œuvres et lettres*, Paris, 1953, p. 132-133.

22. L.-B. Alberti, *De l'architecture*, Paris, 1568, p. 187.

23. Sur les polémiques soulevées à Florence par les questions d'esthétique, voir F. Antal, *Florentine Painting and its Social Background*, Londres, 1948, II, p. 4 et III, p. 4.

24. Vitruve, *De l'architecture*, Paris, 1990, III, p. 7.

25. J. Rykwert, *Les Premiers Modernes*, Paris, 1991, III, IX et X.

26. A. Mollet, *Le Jardin de plaisir*, *op. cit.*, p. 31.

27. N. Poussin, *Mesures de la célèbre statue de l'Antinoüs suivies de quelques observations sur la peinture* publiées par Bellori en 1672 et à Paris, 1803, p. 2.

28. Pascal, *Pensées*, in *Moralistes du XVIIe siècle*, Paris, 1992, p. 330, n° 55.

29. J. Boyceau de La Barauderie, *Traité...*, *op. cit.*, III, 4, p. 72.

30. M. Kemp, *The Science of Art*, Yale, 1992, p. 93-96.

31. S. de Caus, *La Perspective avec la raison des ombres et des miroirs*, 1612, II.

32. J. Du Breuil, abbé, 5e instruction, *Perspective pratique*, Paris, 1642-1649, p. 115.

33. R. de Piles, *Cours de peinture...*, *op. cit.*, p. 200.

34. Racine, *Promenade de Port-Royal*, *Odes IV*, in *Œuvres*, Paris, 1866, p. 30-31.

35. La Fontaine, *Les Amours...*, *op. cit.*, p. 427.

36. Descartes, *Traité de l'homme*, in *Œuvres et lettres*, *op. cit.*, p. 814.

37. P.-A. Lablaude, *Les Jardins de Versailles*, Paris, 1995, p. 50.

38. Piganiol de La Force, *Nouvelle description des châteaux de Versailles et de Marly*, Paris, 1701, p. 103.

39. A. Rostaing a cherché à établir une précieuse chronologie des premiers canaux dans "André Le Nôtre et les jardins français du XVIIe siècle : perspectives de recherche et « vues bornées »", *La Revue de l'art*, n° 129, 2000, p. 15-27.

40. G. Fahrat, "Pratiques perspectives et histoire de l'art des jardins", *La Revue de l'art*, n° 129, 2000, p. 28-40.

41. J. Boyceau de La Barauderie, *Traité...*, *op. cit.*, III, 4, p. 72.

42. Voir chapitre précédent, note 42.

43. R. de Piles, *Cours de peinture...*, *op. cit.*, p. 209.

44. A.-J. Dézallier d'Argenville, *Abrégé de la vie des plus fameux peintres*, 1772, p. 68.

45. A. Félibien, *Description de la grotte de Versailles*, Paris, 1674, p. 70.

46. Mme de Sévigné, lettre à Mme de Grignan, *Lettres*, Paris, 1956, I, p. 265.

47. Montesquieu, *De l'esprit des lois*, IV, 2, Paris, 1956, I, p. 35-36.

48. R. de Piles, *Cours de peinture...*, *op. cit.*, p. 201-202.

49. Piganiol de La Force, *Nouvelle description des châteaux et des parcs de Versailles et de Marly*, 9e éd., 1764, II, p. 107.

50. P. Francastel, *La Sculpture de Versailles*, Paris, 1930, III. "Le Triomphe de Le Brun et de l'antique", p. 103-141.

51. Cité par M. Benes in "Inventing a Modern Sculpture Garden at the Museum of Modern Art New York", *Landscape Journal*, 1994, XIII, 1, p. 13.

52. N. Poussin, *Lettres et propos sur l'art*, Paris, 1989, p. 192.

53. La Fontaine, *Les Amours...*, *op. cit.*, p. 427.

54. A. Félibien, *Description de la grotte...*, *op. cit.*, p. 74.

55. La Fontaine, *Les Amours...*, *op. cit.*, p. 407.

56. Piganiol de La Force, *Nouvelle description...*, *op. cit.*, p. 164.

57. "Se dit aussi des petits ornements d'architecture qui se font au plus haut des corniches, et qui aboutissent en espèce de volutes." (*Dictionnaire universel* de Furetière.)

58. F. Colonna, *Le Songe de Poliphile*, Paris, 1994, p. 290.

59. M.-F. Christout, *Le Ballet de cour de Louis XIV, 1643-1672, mises en scène*, Paris, 1967, p. 29.

60. Piganiol de La Force, *Nouvelle description...*, *op. cit.*, p. 107.

61. *Ibid.*, p. 110.

62. M. Fumaroli, *Le Poète et le Roi*, Paris, 1997, plus particulièrement au chapitre "L'Olympe et le Parnasse".

63. Cité par J.-P. Néraudau, *L'Olympe du Roi-Soleil*, Paris, 1986, p. 65.

64. Pascal, *Pensées*, 115 dans l'éd. Brunschvicg, 65 dans l'éd. Lafuma, Paris, 1978.

65. Molière, *Amphitryon*, acte II, scène 2.

66. A. Félibien, "Les Divertissements de Versailles... au retour de la conquête de la Franche-Comté", in *Les Fêtes de Versailles*, Paris, 1994, 5e journée (18 août 1674).

67. Voltaire, *Le Siècle...*, *op. cit.*, p. 1012.

68. Une chronologie des fêtes de cour est donnée par M.-C. Moine dans son livre *Les Fêtes à la cour du Roi-Soleil*, Paris, 1984, p. 221-223. Sur les Plaisirs de l'Île enchantée, voir A. Marie, "Les Plaisirs de L'Isle enchantée", *Bulletin de la Société de l'histoire de l'art français*, 1941-1944, p. 118-125.

69. Molière, *Œuvres complètes*, Paris, 1959, I, p. 603-604.

70. *Ibid.*

71. A. Félibien, *Recueil de descriptions de peintures et d'ouvrages faits pour le roi*, Paris, 1681, p. 208-230.

72. A. Félibien, *Relation de la fête de Versailles du 18 juillet 1668*, Paris, 1999, p. 56-57.

73. Sourches, marquis de, *Mémoires*, *op. cit.*, p. 273.

74. Sur ce texte, on lira l'article déjà cité d'A. Rostaing, "André Le Nôtre et les jardins français du XVIIe siècle : perspectives et « vues bornées »", *Revue de l'art*, n° 129, 2000, p. 26. Cette description du jardin des sources est corroborée par le témoignage de Tessin et par celui de Mme Palatine qui n'était pas la première venue en matière de jardins.

75. T. Mariage, *L'Univers de Le Nostre*, *op. cit.*, p. 106.

76. A propos des treillages qui ornent les jardins parisiens, Walpole écrit : "Ils forment de légères galeries et des berceaux à jour où les rayons du soleil jouent avec l'ombre et que l'on pare de statues de vases et de fleurs qui s'accordent avec le faste des hôtels et qui conviennent aux oisives et galantes sociétés qu'on voit bigarrer en mille couleurs les allées du parterre et réaliser les tableaux imaginaires de Watteau et de Durfé." H. Walpole, *Essai sur l'art des jardins modernes*, Paris, 2000, p. 45.

77. Honoré d'Urfé, *L'Astrée*, Lyon, 1911, p. 25.

LES JARDINS DE VERSAILLES
DU RÈGNE DE LOUIS XV A NOS JOURS

L'histoire est large.

VICTOR HUGO

LOUIS XV

La disparition de Louis XIV marquait la fin d'une époque, tout le monde en était conscient, et l'on pouvait
légitimement craindre que l'éclat de Versailles pâlisse
sous la Régence. Cette crainte paraissait d'autant mieux
fondée que le prince héritier, son arrière-petit-fils,
n'avait que cinq ans et que l'interrègne s'annonçait
difficile. Le testament du roi cassé par le Parlement,
ses proches mis à l'écart, les leviers de l'Etat entre les
mains du Régent, Dubois aux Affaires étrangères, le
futur Louis XV parti à Paris pour y faire son éducation,
tout cela témoignait de profonds changements dans
les orientations politiques de la monarchie et dans les
allées du pouvoir. Le bruit courut, si l'on en croit Saint-
Simon, que l'on allait détruire Marly[1].

Pourtant, pendant les sept années que dura la Régence, les jardins de Versailles ne perdirent rien de
leur splendeur. Leur manteau végétal s'était étoffé ; on
commençait à sentir dans les bosquets "une atmosphère
déjà plus détendue, rendue plus floue par le relâche-
ment des charmilles[2]" ; il y avait dans tout cela un air
d'opulence annonçant l'âge mûr. Le travail du jardinier
est toujours un pari sur l'avenir, et Le Nôtre, quinze ans
après sa mort, avait visiblement gagné le sien. Hardouin-
Mansart, lui aussi disparu, demeurait également très
présent par la marque qu'il avait imposée à certains
bosquets du vivant même de Le Nôtre ou dans les
quatre années qui suivirent sa mort. En 1704, la salle des
Antiques aussi appelée la galerie d'Eau était devenue

la salle des Marronniers, la salle du Conseil ou salle des Festins s'était transformée en bosquet de l'Obélisque et la montagne d'Eau en bosquet de l'Etoile. Presque toujours, Hardouin-Mansart avait travaillé en architecte soucieux de simplifier, de réduire les coûts d'entretien et de diminuer au profit de la pierre le rôle jusque-là dévolu à l'eau. Les jardins y avaient sans doute perdu une partie de leur mystère, mais ils y avaient gagné une monumentalité élégante qui convenait bien aux contours assouplis de leurs masses végétales. C'est ainsi qu'ils apparaissent sur les gravures de Jacques Rigaud qui datent des années 1730, et l'on comprend le plaisir qu'éprouva le jeune Louis XV quand il les retrouva en s'établissant à Versailles.

Il en était parti enfant, il y revint en adolescent heureux de retrouver partout des souvenirs. L'avocat Barbier nous l'a décrit dans son *Journal*, se reposant après de longues courses en s'asseyant à même le parquet de la galerie des Glaces, au grand embarras de sa suite que l'on devine nombreuse. Les jardins l'attiraient autant que le château. Barbier a également noté, à la date du 4 septembre 1722 : "Je vis hier notre roi à Versailles ; il se porte bien, a un beau et bon visage, bon air, et n'a point la physionomie de tout ce qu'on a dit de lui, morne, indifférent, bête. Je le vis se promenant à pied dans les jardins, son chapeau sous son bras, quoiqu'il fît un vent froid. Il a une fort belle tête et cela fera un beau prince. Je fus fort content de le voir en cet état et je crois que, quand il sera majeur, il se fera bien obéir[3]."

Comme son bisaïeul qu'il admirait beaucoup, le jeune roi aimait la vie en plein air et ne tarda pas à montrer un goût prononcé pour la chasse. Le Grand Parc lui offrait des occasions de se distinguer par d'imposants tableaux. De plus, il était amateur d'art et il ne pouvait pas être indifférent à la beauté du cadre que son grand ancêtre avait donné à la fonction royale. Il était donc attaché à Versailles par ses plaisirs, par ses devoirs et par le simple fait que la haute administration était solidement implantée dans le château et dans la ville alentour. Le village de l'époque de Louis XIII était devenu en moins d'un siècle l'une des dix villes les plus peuplées du royaume et cette croissance rapide contribuait à y fixer le centre de gravité du pouvoir.

C'est donc à Versailles que commença un règne qui fut presque aussi long que celui du Roi-Soleil puisqu'il dura cinquante et un ans. C'est aussi à Versailles qu'il s'acheva, non sans avoir connu les secousses annonciatrices de profonds changements. Mais Louis XV n'aimait pas les profonds changements, à moins qu'ils ne servent ses aises. Il fit démolir l'appartement de Monseigneur, l'appartement des Bains, l'escalier des Ambassadeurs, le cabinet des Médailles parce que cela lui permettait de mieux loger ses filles ; il fit construire le salon d'Hercule par Hubert de Cotte et l'opéra par Jacques Ange Gabriel parce qu'il les estimait nécessaires à la vie de la cour. Tout en laissant intacts les lieux qui le liaient le plus étroitement au souvenir d'un roi qu'il admirait, et notamment la chambre où il l'avait vu mourir, il rechercha de plus en plus le calme et l'intimité de petits appartements qu'il se faisait aménager. Barbier a remarqué, en homme bien informé, que ce qui était vrai pour Versailles l'était pour toutes les résidences royales : "Dans toutes les maisons royales, il y a à présent des petits appartements pour les petits soupers particuliers[4]." Dans son journal, le duc de Croÿ donne de ces soupers une description rapide mais fidèle. Il note, en décembre 1748 : "Le roi me fit dire par le maréchal d'Harcourt de monter à 6 heures, et nous soupâmes tout en haut dans les petits cabinets de dessus, dans le plus grand intérieur, rien que six avec le roi qui fut charmant dans ce petit intérieur d'une aisance et même d'une politesse infinie[5]."

Louis XV avait alors trente-huit ans et l'on n'imagine pas son bisaïeul au même âge abandonnant les rites de sa vie publique pour dîner avec six personnes de son choix. Dès cette époque, le goût des plaisirs pris en particulier, et pas seulement les plaisirs gastronomiques, marqua la vie du roi et lui donna ce caractère raffiné, secret, sybaritique et pourtant sombre, qui devait aller s'accentuant. Il n'avait pas pour les jardins la même attention, la même passion toujours insatisfaite que Louis XIV. La mise en scène de la nature ne lui paraissait pas indispensable à l'exercice de sa fonction. Ce n'est pas lui qui aurait changé l'architecture et l'atmosphère d'un bosquet, ce n'est pas lui qui aurait transformé des jeux d'eau et pressé tout le monde pour jouir au plus vite de ce nouveau spectacle. Les jardins coûtaient très cher, il le savait et il se contenta de faire des travaux d'entretien indispensables dans les bosquets de l'Arc de triomphe, des Trois Fontaines et des Dômes. Il laissa disparaître la subtile organisation spatiale du Théâtre d'Eau (aujourd'hui le Rond vert) ainsi que ses jeux d'eau. En revanche, le bassin de Neptune fut achevé par la mise en place des groupes que l'on y voit aujourd'hui : le *Triomphe de Neptune* de Lambert Sigisbert Adam, *L'Océan* de Jean-Baptiste Lemoine et le *Protée* d'Edme Bouchardon.

Même s'il n'innova guère dans les jardins du Petit Parc, Louis XV aimait s'y promener et il y donna des fêtes, l'une des plus belles peu de temps avant sa mort, pour le mariage de Marie-Antoinette et du Dauphin. Ce bon observateur que fut le duc de Croÿ en a laissé une description dont l'exactitude est confirmée par une gravure de Moreau le Jeune exécutée l'année même du mariage :

"Dans les jardins tous les bosquets étaient disposés en décoration d'architecture, et garnis de lampions. Ce qui était superbe, c'était la suite des illuminations de la tête du canal : une immense salle d'arcs de triomphe, de girandoles, et de lustres s'entrecroisant qui, avec le canal garni d'ifs de feu et dont l'eau était couverte de gondoles d'illumination, faisaient au mieux.

"Les buffets de musique et les jeux pour le peuple, les illuminations dans tout cet immense jardin, n'étaient rien à côté du feu d'artifice. J'étudiai surtout le douzième et dernier coup, un bouquet qui était au milieu de la pente du tapis vert : il se composait de 24 000 fusées, grenades et baguettes, de 25 grosses bombes dont les mortiers de corde seuls coûtaient

300 livres, et d'une immense quantité de pétards, boulets et chapelets pour faire un feu roulant. Les chapelets et les bombes étant de la plus grande force devaient faire un prodigieux effet, et le tout penchant vers le canal, il n'y avait rien à craindre pour le château[6]."

Si fastueuses qu'aient pu être de telles fêtes, Louis XV n'en tirait pas la même gloire que Louis XIV. Il en comprenait l'utilité politique mais ne s'y complaisait pas. Au faste, il préférait le luxe. Il s'est toujours conduit comme s'il entendait faire son profit de la maxime de La Bruyère : "Il ne manque rien à un roi que les douceurs d'une vie privée." Cette douceur que le Roi-Soleil allait chercher à Marly, il la trouva tous les jours dans ses petits appartements et dans le château qu'il fit construire par Gabriel à Trianon.

Déjà du temps de Louis XIV, Trianon apparaissait comme la partie la plus intime du très vaste domaine de Versailles ; c'était aussi le monde des fleurs et des orangers face au large bras du Grand Canal qui renvoyait sur le château l'éclat et la chaleur du soleil de Midi. Le château lui-même offrait de tous côtés des vues sur les parterres auxquels on accédait de plain-pied. Mais les goûts de Louis XV le portaient vers quelque chose de plus commode, de plus ramassé que ce palais de marbre aux longues ailes. Il travailla avec Jacques Ange Gabriel à un Trianon de sa façon qui s'avéra finalement très original. Dans cette entreprise, il affirma comme toujours ses préférences pour l'intimité, la commodité et le raffinement, mais il ajouta à tout cela une note d'élégance rurale et de curiosité scientifique dont l'intérêt est indéniable.

Pour cela, il s'inspira de la Ménagerie construite par Louis XIV à l'extrémité nord du bras transversal du Grand Canal et créa, pour ainsi dire en vis-à-vis, une ferme modèle et un jardin botanique avec une serre qui bénéficiait des aménagements les plus modernes. L'intention n'était plus d'émerveiller le visiteur en lui faisant découvrir des animaux ramenés de pays lointains par les navires français partout présents sur les océans ; elle demeurait politique mais d'une autre façon : il s'agissait désormais de montrer et d'accroître les richesses naturelles du pays. Comme pour bien signifier cette intention, le nouveau domaine se plaça à l'écart du grand dispositif trapézoïdal prévu par Louis XIV et Le Nôtre pour faire du Trianon de marbre un satellite du château. On peut remarquer en effet que l'on y arrive par une longue oblique rectiligne, l'avenue de Trianon, qui part du bassin de Neptune et fait pendant à l'oblique tracée du pied des Cent Marches à la grille des Filles d'honneur. Vues du château, ces deux obliques paraissent symétriques et lancent le regard vers les extrémités du bras transversal du Grand Canal dont l'asymétrie est ainsi rattrapée par le Trianon de marbre.

Louis XV choisit d'implanter son nouveau domaine en marge du grand dispositif de Louis XIV et selon un axe nord-est/sud-ouest qui assurait son autonomie géographique ; il le nicha dans le Grand Parc comme il nichait ses petits appartements dans le grand château, et fit tout pour qu'il mérite son nom de Petit Trianon. On mesure ici la différence entre les deux règnes : ce Trianon-ci n'atteint pas la moitié de la surface de celui de Louis XIV, ou la moitié de la surface de Marly. Mais tout bien considéré, il n'y avait rien de petit dans un projet à la réalisation duquel furent associés Mme de Pompadour, maîtresse en titre depuis 1745, Jacques Ange Gabriel et le botaniste Bernard de Jussieu. L'ensemble des bâtiments et des jardins s'étendait sur deux hectares environ dont près d'un tiers était consacré au jardin d'agrément où furent édifiés le Pavillon (1748), le château (1762-1768) et le Salon frais (1751-1753, restauré en 1983-1984) que l'on peut voir aujourd'hui. Le reste n'existe plus qu'à l'état de vestiges. La maison du jardinier Claude Richard est toujours visible, mais rien ne demeure du jardin botanique. Il disparut en même temps que la ferme-modèle quand Marie-Antoinette et Richard Mique utilisèrent les lieux à d'autres fins.

Mme de Pompadour mourut avant que le château ne soit achevé, mais le Petit Trianon porte sa marque

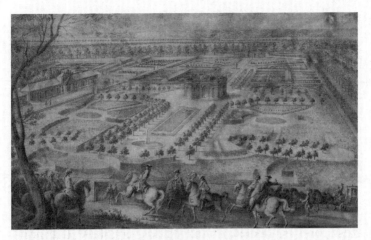

Louis XV en vue des jardins de Trianon, de la Ménagerie et des basses cours,
du Pavillon français et du portique de treillage, vers 1750,
Jacques-André Portail,
musée du Château de Versailles

Le château et le Salon frais n'existent pas encore. On remarque l'aspect "ferme modèle"
de l'ensemble.

par le climat intellectuel dont il témoigne. Son "art charmant de grâce et de vie[7]" est à l'image d'une personnalité féminine de premier plan. Plus jeune de quinze ans que le roi, elle avait des qualités intellectuelles qui lui permirent de fréquenter une partie de l'intelligentsia parisienne et aussi bien des artistes (Bouchardon, Carle Van Loo), que des hommes de lettres (Marmontel, Voltaire qui lui dédia *Tancrède*, Crébillon, Duclos) ou que des philosophes comme Helvétius, Diderot et Quesnay, qui était son médecin personnel. Elle était donc au fait de ce qui se passait dans le monde savant, et l'on sait, par les lectures du roi, qu'il partageait beaucoup de ses curiosités. Tout cela a compté dans les choix de Louis XV et dans l'orientation générale qu'il donna aux activités du domaine. Il s'y affirma homme de son temps, ouvert aux courants scientifiques qui se faisaient jour en Europe.

Comme Louis XIV, il suivait l'évolution de ces courants par goût personnel et par intérêt politique. Mais les temps n'étaient plus où la géométrie et l'optique apparaissaient comme des sciences pilotes détentrices d'une méthode infaillible dont les autres dépendaient.

Newton et les newtoniens mettaient en cause la méthode des géomètres qui imposait des principes et s'avérait réductrice parce qu'elle ne s'astreignait pas assez à l'observation minutieuse des faits. Ils s'appuyaient sur les sciences de la vie et s'intéressaient à la chimie qui n'avait que faire des figures géométriques.

Les temps étaient venus où, comme l'avait dit Huygens, les sciences de la vie imposeraient des méthodes d'investigation nouvelles, des méthodes qui ne prétendraient pas dicter des lois à la nature au lieu de l'observer[8]. En ce sens, La Quintinie s'était avéré bon prophète en s'amusant des géomètres qui comparait les greffes des arbres fruitiers aux ajutages des fontaines[9]. Il annonçait à sa façon naïve et benoîte les changements apparus peu de temps après sa mort. Le XVIIIe siècle fut le siècle de Linné, fondateur de la botanique moderne, et de Buffon dont l'*Histoire naturelle* est une vaste présentation du monde animal et du monde végétal. Diderot, qui avait, comme Buffon, ses entrées chez Mme de Pompadour, affirmait que la chose du géomètre n'avait pas plus d'existence que celle du joueur, ce qui revenait à dire que les figures de la géométrie étaient, comme le jeu de cartes, des conventions nées du cerveau de l'homme, des abstractions rigides, incapables de pénétrer les opérations complexes par lesquelles les corps vivent et meurent sans cesser de connaître des transformations successives.

L'heure était à la physiologie, à la médecine, à l'étude expérimentale des organismes vivants, c'est pourquoi les ouvrages de Locke, philosophe mais médecin de formation, connaissaient un tel succès. Or, Quesnay était lui aussi médecin et ses ouvrages d'économie se servaient de métaphores tirées de sa pratique. Il comparait la circulation des richesses à celle du sang, la nation à un organisme vivant, et accréditait l'idée que la culture de la terre par la "classe productive" fournissait aux échanges économiques la substance vitale qui se répandait dans les autres classes de la société. Or c'est à Versailles que fut imprimé son célèbre *Tableau économique* qui donnait une représentation schématique de la vie économique du royaume et expliquait, chiffres à l'appui, le rôle primordial de l'agriculture. Il semble bien, dans ces conditions, que le domaine modèle du Petit Trianon puisse être présenté comme une tentative intéressante d'établir entre le roi et la paysannerie productrice de richesse, c'est-à-dire la grande masse du peuple, un lien fondé sur une conception scientifique de la vie économique.

On est d'autant plus porté à le croire que la ferme et le jardin qui s'y trouvaient s'ornaient de bâtiments où l'on entrevoit des rapports avec le palladianisme alors en plein essor parmi les grands propriétaires fonciers anglais. Certes, comme l'a montré Jean-Marie Pérouse de Montclos, l'architecture du Petit Trianon s'inspire de l'aile de Trianon-sous-Bois construite par Hardouin-Mansart. Mais, aussi bien dans le "Petit Château" que dans le Pavillon, Gabriel s'est inspiré également du célèbre "cube" palladien dérivé de la villa Rotonda et si souvent reproduit en Angleterre avec des bonheurs divers aussi bien à Chiswick qu'à Stourhead ou à Marble Hill. Ce compromis permettait de promouvoir un nouveau style, d'ouvrir sur les quatre points cardinaux, d'aménager des appartements confortables et bien éclairés ; il permettait aussi de rappeler que Palladio avait fait un retour aux sources antiques en travaillant dans les grands domaines où la *villa* contrôlait la production agricole en s'inspirant de l'exemple des agronomes romains. C'est sans doute pour toutes ces raisons que le roi, au dire de d'Argenson, n'était jamais si heureux "qu'avec des plans et des dessins sur sa table". Et il vantait à ses visiteurs le style du Pavillon, disant que c'était "dans ce goût" qu'il fallait bâtir[10].

Le jardin d'agrément ne cherchait pas à s'inspirer d'un goût nouveau. Créé autour de l'axe central du domaine, il demeurait fidèle aux principes du règne précédent. Les parterres et les allées qui étalaient sagement leurs formes géométriques auraient pu servir à illustrer la première édition de Dézallier d'Argenville. Il n'y a pas là de quoi s'étonner quand on lit l'article

"Jardin" de l'*Encyclopédie* où Jaucourt s'en prend au "goût ridicule et mesquin" qui met à la mode "les allées tortueuses" et déplore que l'on voie partout "des vases de terre cuite, des magots chinois, des bambochades, et autres pareils ouvrages de sculpture d'une exécution médiocre". Pour lui, les jardins anglais ne sont pas beaux par leurs formes, mais parce que "les yeux y sont enchantés par le vert du gazon et des boulingrins, la variété des fleurs y flatte agréablement l'odorat et la vue, et la seule nature judicieusement parée et jamais fardée y étale ses ornements et ses bienfaits". Cette position de l'*Encyclopédie* restera inchangée dans le supplément qui fut publié en 1775 et où l'article "Jardin" mentionne encore tous les termes en usage dans le style régulier : *bosquets, palissades, pattes d'oie, pièces de broderie, salles vertes,* etc.

On peut donc présenter Louis XV comme un agronome proche, au fond, de Jaucourt ; animé par une authentique curiosité scientifique, il s'est intéressé à la botanique plus qu'au jardin d'agrément parce qu'il ne souhaitait pas, dans ce domaine-là, créer un style nouveau. En revanche, la botanique l'intéressait parce qu'elle connaissait des avancées importantes – il a correspondu avec Linné[11] – et parce qu'elle pouvait avoir une incidence directe sur le mode de vie de la population. Il confia l'organisation de son jardin à Bernard de Jussieu, l'un des fondateurs d'une dynastie dont le nom demeure associé au développement de la botanique du début du XVIII\ au milieu du XIX\ siècle. Antoine, l'aîné des trois frères Jussieu, né en 1686, fut médecin et professeur au Jardin royal, l'actuel Jardin des plantes, comme l'avait été Guy de La Brosse, le médecin de Louis XIII, et Fagon, l'un des médecins de Louis XIV. Le plus jeune, Joseph, né en 1704, participa à l'expédition de La Pérouse et compte parmi les premiers explorateurs de l'Amérique du Sud. Bernard de Jussieu, lui, ne voyagea pas hors d'Europe. Il était né en 1699 et succéda à Sébastien Vaillant dans les fonctions de démonstrateur au Jardin du roi. C'est en cette qualité qu'il dirigea la formation de son neveu,

Antoine Laurent de Jussieu, le botaniste le plus illustre de la famille, qui se fit connaître par son ouvrage sur la classification des plantes *Genera plantarum* (1788) où, tout en s'inspirant de Linné, il proposa une méthode plus naturelle de définition des espèces. C'est ce qui permet à Jean-Marc Drouin d'écrire : "[...] la création de la « méthode naturelle » a été essentiellement le fait des botanistes français Bernard de Jussieu, Michel Adanson et surtout Antoine Laurent de Jussieu[12]."

Ainsi trouve-t-on le conseiller de Louis XV parmi les fondateurs d'une méthode qui repose sur l'observation empirique du monde des plantes. Comme on sait par ailleurs qu'il touchait au monde de la médecine et de la chimie pharmaceutique par le réseau de ses relations familiales, on en déduit que les jardins de Versailles n'étaient pas plus coupés de la recherche scientifique au XVIIIe siècle qu'au XVIIe. Malheureusement, le rôle exact de Bernard de Jussieu est difficile à préciser puisqu'il n'a rien publié sur sa méthode, mais il a participé à la formation de Claude Richard qui vivait sur place et qui a dirigé la plantation d'arbres exotiques dont certains ont survécu jusqu'à nos jours.

LOUIS XVI ET MARIE-ANTOINETTE

Quand Louis XV disparut, dix ans après Mme de Pompadour, Louis XVI et Marie-Antoinette prirent en main les destinées des jardins. Les changements furent considérables. Le roi prit les mesures radicales qui s'imposaient et procéda à la grande replantation que son prédécesseur n'avait pas souhaité entreprendre. On savait que beaucoup d'arbres centenaires étaient à la merci d'une tempête. Il fallait les abattre et replanter. Se posa alors la difficile question du style à adopter pour cette refondation : il fut finalement décidé de conserver aux jardins la forme que leur avaient donnée Le Nôtre, Louis XIV et Hardouin-Mansart. Ce fut une sage décision, car les replanter dans le style anglais ou "anglo-chinois" dont la vogue allait croissant serait revenu à rompre leur lien organique avec la façade ouest du château et à dénaturer complètement leur structure et leur décor.

Le comte d'Angiviller, directeur des Bâtiments du roi, parla à cette occasion de "conserver les distributions originaires" afin de rendre hommage au "génie du célèbre Le Nôtre". Jean-Marie Morel, l'un des meilleurs théoriciens du siècle, justifia ce choix dans sa *Théorie des jardins* (1776) ; il avança l'idée que les jardins de Versailles étant publics puisqu'ils appartenaient à une maison royale, ils devaient "être dans la classe des symétriques". Les arguments qu'il fit valoir à cette occasion furent repris par Gabriel Thouin à l'époque romantique[13].

Vue du Tapis vert à Versailles en 1775, Hubert Robert,
musée du Château de Versailles

De cette grande opération, il reste le témoignage
de deux tableaux d'Hubert Robert. On peut juger du
bouleversement subi par les jardins du Roi-Soleil quand
on voit les grands arbres abattus, les scieurs de long
au travail parmi les statues, le château dominant la
scène comme s'il s'était réfugié dans sa propre histoire
et les enfants improvisant un jeu de bascule avec des
planches fraîchement débitées à deux pas du roi venu
observer la scène en compagnie du directeur des Bâtiments, le comte d'Angiviller. Dans ces vues étonnantes,
deux siècles se côtoient : l'un, dans un moment de sa
vie quotidienne qui, chacun le sait, s'accommode de
tout ; l'autre, dans la destruction de son grand paysage
idéal qui se dissipe à mesure que les arbres tombent.
La pierre des bâtiments, le marbre des statues sont les
témoins désolés de l'effondrement du couvert végétal
qui les abritaient et, quoique ce moment de désarroi
ait en fait préparé une renaissance, il y a dans ces
deux peintures une sorte de prémonition de grands
bouleversements à venir.

Les jardins étaient désormais assurés de connaître
une nouvelle vie, mais non sans concessions au goût
du jour. Le Labyrinthe fut détruit ; cet aimable dédale

disparut et avec lui les traits d'esprit de Benserade et les jeux d'eau fusant du bec de ses oiseaux bavards. Le bosquet de la Reine, beaucoup plus dépouillé, prit sa place. Hubert Robert fut chargé de refaire le décor des bains d'Apollon et de reloger les célèbres groupes de la grotte de Téthys détruite presque cent ans auparavant. Ces groupes – *Les Chevaux d'Apollon* de Guérin et des frères Marsy, et *Apollon servi par les nymphes* de Girardon et Regnaudin – qui avaient été placés sous des baldaquins dans le bosquet des Dômes semblaient attendre qu'une grotte puisse de nouveau les accueillir. Mais il y avait grotte et grotte. Pour les contemporains de Colbert et des frères Perrault, le mot *grotte* conservait encore une grande partie du sens qu'il avait à la Renaissance. C'était une fabrique construite pour évoquer la vie du monde souterrain, et pour cette raison on la tapissait de congélations et de rocaille. On y trouvait parfois des machines qui tiraient des effets singuliers de la force des jets d'eau : oiseaux siffleurs, automates jouant des scènes mythologiques. Salomon de Caus dans son livre *La Raison des forces mouvantes* a laissé d'intéressantes illustrations de ces prodiges inventés par les mécaniciens d'Alexandrie, reconstruits par les califes de Bagdad et perfectionnés par les ingénieurs de la Renaissance. Louis XIV n'avait pas été indifférent à ces curiosités. Lors de l'un de ses séjours à Saint-Germain, il avait fait aménager dans les appartements de Mlle de La Vallière et de Mme de Montespan qui jouxtaient le sien des grottes en miniature qui rappelaient celles des terrasses du grand jardin tout proche. Mais il se lassa de ces merveilles d'un autre âge et bannit les automates de la Grotte de Versailles. En revanche, comme nous l'avons vu, il y multiplia les effets d'eau : les cascades, les bouillons, les jets et les nappes furent l'un des enchantements que de nombreux visiteurs venaient y admirer.

Avec Hubert Robert, les choses changèrent de nouveau. C'étaient maintenant les jeux d'eau et la rocaille qui apparaissaient comme des artifices d'un autre âge. Il fallait qu'une grotte soit une grotte, c'est-à-dire un trou dans le rocher, une vision du monde primitif, et non une fabrique construite pour y donner les eaux en spectacle. Les précieux groupes des *Bains d'Apollon* furent donc logés dans les anfractuosités d'une sorte de falaise d'où l'eau s'écoulait à la façon d'une résurgence dans la montagne. Hubert Robert s'est certainement passionné pour son travail. Trois dessins conservés aux archives nationales montrent comment il a repris les plans pour leur conférer un caractère de plus en plus irrégulier[14], et il a peint le bosquet des Bains d'Apollon en 1803 pour le montrer dans le décor qu'il avait prévu lors de sa plantation vingt ans auparavant.

Nul doute qu'Hubert Robert ait rempli la mission que lui avait confiée d'Angiviller, celle de "trouver les moyens de donner aux Bains d'Apollon une situation, un aspect plus pittoresques et tels que les exige une si belle production de nos arts[15]". On aura remarqué le mot *pittoresque*, encore tout récent dans le monde des jardins, utilisé ici dans un sens dérivé de l'italien "à la manière des peintres" et, sous-entendu, pas à la manière des architectes. La question est de savoir si les statues ont gagné à ce changement de décor. Pierre Francastel remarque qu'elles ont beaucoup perdu à être vues "de trop loin et de trop bas[16]". Le prince de Ligne dans son *Coup d'œil sur Belœil et sur une grande partie des jardins d'Europe* est encore plus critique : "Je souhaite qu'on pardonne le rocher des Bains d'Apollon. Je le trouverais superbe à Fontainebleau, ou peut-être plus loin du château. Qu'on prenne garde de se laisser séduire par des tableaux. Il y a de quoi en faire un magnifique morceau de jardin. Mais les plus beaux chevaux et les plus belles figures de marbre y ont l'air de biscuits en proportion des masses énormes de pierre où on les a placés[17]."

Le visiteur moderne est tenté de partager ce sentiment. La grotte, belle en soi, convient mal à des statues d'un autre style. Les formes amoureusement polies, les attitudes même d'Apollon, de ses nymphes et de ses chevaux s'accordent mal avec ce décor sauvage qui fait penser à un écrin trop rustique et trop vaste pour

Le bosquet des Bains d'Apollon,
photographie de Jean-Baptiste Leroux

Cette photographie de Jean-Baptiste Leroux montre Les Bains d'Apollon en eau ; ils sont ici tels qu'Hubert Robert les avait imaginés, avec leurs cascades issues de grottes mystérieuses où apparaissent les vestiges d'une architecture primitive. On pense à Piranèse.

les bijoux qu'on y a logés. Hubert Robert a mieux réussi au Petit Trianon parce qu'il y travaillait avec Richard Mique, avec Claude et Antoine Richard, et avec la reine, dans une atmosphère propice aux inventions pittoresques qui lui plaisaient tant.

Marie-Antoinette s'était tout de suite sentie chez elle au Petit Trianon. Louis XVI lui en avait fait don, et elle ne tarda pas à y donner libre cours à tous ses désirs qui étaient nombreux. Son âge était pour quelque chose dans ce goût du plaisir puisqu'elle n'avait que dix-huit ans quand elle devint reine de France ; mais son caractère l'inclinait également à ce que l'impératrice Marie-Thérèse, sa mère, appelait une "terrible dissipation à ne s'appliquer à rien[18]". Ce fut, hélas, le cas pour la botanique : elle remodela le domaine de Louis XV et en fit disparaître les installations scientifiques. Toute à la joie de la découverte du style anglochinois, la jeune reine fit demander à Antoine Richard, conservateur du jardin botanique, des plans pour mettre les lieux au goût du jour. Les plans ne plurent pas ; en revanche les propositions du comte de Caraman qui avait créé son propre jardin dans son hôtel parisien furent rapidement acceptées.

La grande serre fut démolie pour laisser place à un étang. Les travaux furent dirigés par Antoine Richard demeuré sur place en raison de son admirable connaissance des arbres exotiques, par Richard Mique et Hubert Robert qui construisirent autour de cet étang un décor dans le style champêtre : un rocher, une grotte, un temple de l'Amour, un belvédère octogonal, une montagne de l'Escargot et un pont des Rochers. S'y ajoutèrent bientôt un jeu de bagues chinois et, à partir de 1783, les différentes maisons du Hameau de la reine avec une laiterie, un moulin, une grange et des petits potagers. Une tour dite de la Pêcherie permit d'avoir une vue circulaire de ce village en miniature. L'ensemble conserve un charme, une élégance qui ne laissent personne indifférent et les visiteurs savent en général assez d'histoire de France pour s'émouvoir du contraste entre l'utopie partout présente dans ce village de féerie et le sort d'une jeune femme passée en peu de temps du faîte des honneurs au malheur et à la mort.

Comment Marie-Antoinette en est-elle venue à se passionner pour la construction d'un hameau ? Tout porte à croire qu'elle a été séduite dès son arrivée en France par l'atmosphère intellectuelle grisante qu'elle y a trouvée. A l'avènement de Louis XVI, la France était en train de prendre sa revanche des cuisantes défaites de la guerre de Sept Ans. Elle aidait la jeune Amérique à conquérir son indépendance et se posait en libératrice des *insurgents*. Il soufflait partout un vent de jeunesse et de générosité. Dans le haut personnel politique, d'importants changements amenaient Turgot au ministère de la Justice puis des Finances. L'expérience fut de courte durée, mais les idées de ce brillant intellectuel étaient dans l'air du temps et suscitèrent des espoirs dont Necker tira parti plus tard.

Turgot était chimiste, linguiste, économiste. Il avait lancé, en 1748, un néologisme dont Rousseau s'était servi dans son *Discours sur l'origine de l'inégalité*. En utilisant une propriété des gaz, l'expansibilité, il avait expliqué que les hommes se distinguaient des animaux en ce qu'ils cherchaient toujours à rendre leurs conditions de vie meilleures ; ils étaient animés, disait-il, d'un instinct de "perfectibilité" qui les poussait à transformer le monde pour s'y faire une meilleure place. Partant de cette idée, Rousseau avait montré la lente évolution de l'humanité au cours de "multitudes de siècles" et soutenu que, puisque les hommes vivaient sous des lois faites par les forts et par les riches, tous leurs efforts se retournaient contre eux lorsqu'ils cherchaient à perfectionner des lois viciées dès l'origine. Seul, un législateur providentiel pouvait concevoir des lois justes qui rendait à la perfectibilité la possibilité de travailler enfin au bonheur de tous.

Les thèses physiocratiques étaient loin d'être incompatibles avec celles de Rousseau dans la mesure où elles voyaient dans la paysannerie une classe productrice de richesse mais sans expression politique. Louis XV avait peut-être pensé, comme certains philosophes, que le despotisme éclairé pouvait donner aux paysans leur place en faisant l'économie d'une révolution. Mais une jeune princesse peu portée à l'étude n'allait pas si loin : il est probable que Marie-Antoinette se laissait griser par la vague du rousseauisme en y voyant une bonne occasion de s'affirmer à la cour et de secouer des comportements compassés qui la gênaient. Peut-être aussi était-elle sensible au côté éloquent, aux effusions d'un mouvement qui gagnait les cœurs pour gagner les esprits. Le centre de gravité de l'Europe se déplaçait vers l'est et la civilisation d'expression allemande était très ouverte aux idées de Jean-Jacques en raison de son pouvoir sur les sentiments et de son amour de la musique. La France de l'époque découvrait Gluck ; Rousseau était suisse, Mique et Hubert Robert venaient de l'Est de la France. L'Autriche était bien connue des botanistes parce que les plantes venues du Moyen-Orient transitaient par Vienne, et Marie-Antoinette qui avait pris le goût des jardins dans sa ville natale appelait parfois son hameau Le Petit-Vienne.

Richard Mique avait fait son chemin en passant par la Lorraine[19]. Il avait été directeur général des Bâtiments du roi de Pologne. C'est par Marie Leczinska qu'il vint à Paris où il se fixa en 1766 et devint premier architecte de Louis XVI et contrôleur général des Bâtiments de Marie-Antoinette. Hubert Robert avait été présenté au jeune couple royal en 1774 par l'entremise du comte d'Angiviller qui avait participé à l'éducation du jeune prince et venait d'être nommé par lui directeur de ses Bâtiments ; c'est en cette qualité qu'il avait organisé la rencontre du roi avec le peintre juste avant la replantation de Versailles, et c'est à la suite du succès de ces deux *vues* que Robert fut chargé de la transformation du bosquet des Bains d'Apollon. Grâce aux Choiseul qui employaient ses parents, Hubert Robert avait eu pour parrain et marraine des personnages de haut rang au service de François de Lorraine. Or François de Lorraine avait épousé l'archiduchesse Marie-Thérèse, mère de Marie-Antoinette[20]. Il y avait entre Marie-Antoinette, Mique et Hubert Robert une sympathie née du glissement, déjà évoqué, des Lumières vers l'Europe centrale[21]. Jean-Jacques Rousseau était lui-même proche de courants piétistes très présents en Allemagne, et quand Goethe écrivit ses *Affinités électives*, il y transposa beaucoup de ses souvenirs de Wörlitz, jardin paysager dont d'importantes parties, le Neumark Garten, l'Ile Rousseau, l'Elysium, le Damen Platz, furent réalisées au moment où Marie-Antoinette faisait construire son hameau.

De plus, la perfectibilité de l'espèce humaine générait toutes sortes d'images dont l'aura poétique inspirait les artistes. Si les hommes devaient imaginer leur histoire au fil de "multitudes de siècles", les ruines accroissaient leur pouvoir sur les imaginations et avec elles, plus qu'elles peut-être, les huttes primitives et les cavernes où nos lointains ancêtres avaient vécu dans la souffrance, mais aussi dans l'innocence propre à la pauvreté. Les rochers, dont la "masse indestructible a fatigué le temps", disait l'abbé Delille, donnaient ainsi à un jardin un ancrage temporel qui le rendait poétique. Cette poésie trouvait un climat favorable à son éclosion dans les antres rustiques, les ponts moussus, les toits de chaume que l'on associait généralement à des mœurs qui n'avaient pas encore connu l'influence corruptrice de la civilisation. C'est ainsi que Marie-Antoinette et ses amis construisirent un décor villageois où la reine vivrait aux champs pour se rapprocher de la nature. Selon Mme Campan, "une robe de percale blanche, un fichu de gaze, un chapeau de paille, étaient la seule parure des princesses". "Le plaisir de parcourir les fabriques du hameau, de voir traire les vaches, de pêcher dans le lac, enchantait la reine[22]."

On se doute que cette initiative et ces habitudes ne furent pas du goût de tout le monde. Le duc de Croÿ relate sa première visite à Trianon avec une ironie qui en dit long sur ses sentiments : "Richard et son fils me menèrent et je crus être fou ou rêver de trouver, à la place de la grande serre chaude qui était la plus savante et chère de l'Europe, des montagnes assez hautes, un grand rocher et une rivière. Jamais deux arpents de terre n'ont tant changé de forme, ni coûté tant d'argent. La Reine y faisait finir un grand jardin anglais du plus grand genre, et ayant de grandes beautés, quoiqu'il me paraissait gênant qu'on y mêlât ensemble le ton grec avec le ton chinois. A cela près la grande montagne, des fontaines, le superbe palais de l'Amour, en rotonde, de la plus riche architecture grecque, et des parties de gazon sont au mieux. Les ponts, les rochers et quelques parties me parurent manqués. C'était un genre mêlé auquel les amateurs de jardins anglais auront peine à se prêter[23]."

Il est vrai qu'il ajoutait à cette charge contre le mélange du goût anglais et du goût chinois un note intéressante sur la botanique alpestre alors fort en honneur en partie grâce à Rousseau et à Haller : "Mais ce qui est superbe c'est que Monsieur Richard se livrant à son goût et à son talent y mettait de grands arbres rares de toutes sortes ; et comme je lisais alors avec enthousiasme le cahier de l'admirable Monsieur Besson sur les Alpes qu'il fait enfin connaître en naturaliste excellent, Monsieur Richard qui en a fait le voyage exprès me montra en nature tous les arbres et arbustes par gradation qui sont sur les Alpes jusqu'où cesse la végétation. C'est surtout pins, mélèzes superbes, puis en s'élevant, grands sapins, puis sapins rabougris à petite feuille, puis ce qu'on appelle aulnes dans le pays et par Monsieur Besson et qui y ressemble, mais est de toute une autre espèce et enfin un petit rosier et un petit genévrier rampant des Alpes qui sont les derniers avec cette apparence d'aulnes."

Le Hameau de la reine jouit aujourd'hui d'une telle réputation qu'on est tenté de compléter la description du duc de Croÿ par celle d'un page de Marie-Antoinette, le comte d'Hezecques, qui écrivit ses mémoires après la Révolution et qui donne des lieux une vision plus complète : "En face du château une pelouse [...] se terminait par une roche ombragée de pins, de thuyas, de mélèzes superbes, d'un pont rustique comme on en rencontre dans les montagnes de la Suisse et les précipices du Valais. Cette perspective agreste et sauvage rendait plus douce celle dont on jouissait de la troisième façade du château et ou, comme en Italie, l'œil découvrait parmi les fleurs et les lauriers le temple de l'Amour. Une magnifique statue du sculpteur Bouchardon représentait ce dieu dans toute la beauté de l'adolescence taillant dans une pièce de bois l'arc qui lui sert à percer les cœurs.

"[...] Au fond d'un petit vallon ombragé d'arbres épais, s'élevait une masse de rochers agrestes où se perdait en bouillonnant un ruisseau qui faisait mille détours dans une prairie émaillée de fleurs. C'était en suivant les sinuosités de son cours et par plusieurs détours que l'on parvenait à l'entrée d'une grotte si obscure que les yeux, d'abord éblouis, avaient besoin d'un certain temps pour découvrir les objets. Cette grotte toute tapissée de mousse était rafraîchie par le ruisseau qui la traversait. Un lit, également en mousse, invitait au repos. Mais, soit par l'effet du hasard, soit par une disposition volontaire de l'architecte, une crevasse qui s'ouvrait à la tête du lit laissait apercevoir toute la prairie et permettait de découvrir au loin tous

Vue du Temple de l'Amour dans le jardin anglais du Petit Trianon, vers 1780,
Louis Nicolas de Lespinasse,
musée du Château de Versailles

La statue de Bouchardon est à peine visible. En revanche le château du Petit Trianon apparaît nettement sur la gauche. Tout près de lui, sur la droite, le toit chinoisant du jeu de bague de Marie-Antoinette. Plus à droite encore le Belvédère sur une petite éminence.

Vue intérieure de la grotte, du côté de l'entrée,
ill. 26 de *Vues et plans du Petit Trianon à Versailles*,
Claude-Louis Chatelet,
Biblioteca Estense, Modène,
publié par P. Arizzoli-Clémentel, Paris, 1998

ceux qui auraient voulu s'approcher de ce réduit mystérieux, tandis qu'un escalier obscur conduisait au sommet de la roche dans un bocage touffu et pouvait dérober à la vue de l'importun l'objet qu'on aurait voulu lui cacher.

"[…] Au bout du jardin de Trianon, la rivière était bordée d'une infinité de chaumières qui, en offrant en dehors l'aspect le plus champêtre, présentaient à l'intérieur l'élégance et quelquefois la recherche. Au milieu de ce petit hameau une haute tour nommée la tour de Marlborough dominait les environs. Ses escaliers extérieurs garnis de giroflée, de géraniums, figuraient un parterre aérien. Une des chaumières renfermait la laiterie, et la crème contenue dans des vases de porcelaine superposés sur des tables de marbre blanc, était rafraîchie par le ruisseau qui travestit la pièce. Auprès se trouvait la véritable ferme où la reine avait un superbe troupeau de vaches suisses qui pâturaient dans les prairies environnantes.

"Près du château, un grand pavillon chinois où l'or et l'azur reflétaient avec éclat les rayons du soleil contenait un jeu de bagues. Trois figures chinoises semblaient donner le mouvement à la machine qui était mue par des gens invisibles placés dans un souterrain[24]."

On trouve dans ces deux passages toutes les fragilités du monde de Marie-Antoinette et tout le charme de lieux qui ne s'effacent pas de la mémoire une fois qu'on les a vus. Les fragilités naissent de contradictions criantes : les vases de porcelaine et les tables de marbre de la crémerie s'accordent mal avec les toits de chaume qui semblent faits pour illustrer les thèses de Rousseau sur le luxe et l'opposition dénoncée dans le *Contrat social* entre les chaumières et les palais[25] ; l'innocence des mœurs partout répandue, ou proclamée, ne peut pas s'accommoder des jeux dangereux que révèle cette ouverture pratiquée dans la paroi de la grotte, véritable boîte de Pandore de tous les commérages qu'on imagine ; l'éloge du travail aux champs et dans les potagers est difficilement compatible avec la décoration florale d'un "parterre aérien" ; et que penser du jeu de bagues chinois mû par des "gens" dissimulés dans un souterrain et commis à l'amusement de fermières ravies d'échapper à la simplicité des mœurs rustiques ?

Certains s'agacent des bergeries et des artifices du Hameau de la reine ; d'autres se gaussent du jeu de bagues chinois sans voir que les chinoiseries ont servi à s'affranchir des contraintes de la symétrie et à promouvoir de nouvelles catégories esthétiques, l'effrayant et l'étrange entre autres ; d'autres n'y voient que la tragédie où tout a basculé quand l'histoire a déchiré le voile des illusions. Reste de tout cela le charme même de l'illusion quand elle est généreuse, et ce charme se retrouve dans tous les grands jardins paysagers qui virent le jour en France à la fin du XVIIIe siècle. Au cours des années 1770, une superbe floraison d'ouvrages consacra le triomphe du nouveau style. Parurent, au rythme de presque un grand livre par an, *Sur la formation des jardins* de Duchesne (1775), la *Théorie des jardins* de Morel (1776), *De la composition des paysages* de Girardin (1777), la *Théorie de l'art des jardins* de Hirschfeld (1779-1785) et l'*Essai sur les jardins* de Watelet (1774). Dans le même temps le marquis de Girardin travaillait activement à Ermenonville, le marquis de Laborde à Méréville, M. de Monville créait le Désert de Retz, Carmontelle dessinait le parc Monceau, Bélanger parcourait l'Angleterre et, sitôt revenu en France, créait la folie Saint-James (1778). A Versailles même, derrière le potager du Roi, Chalgrin dessina pour Mme de Balbi, la maîtresse du comte de Provence, une ravissante miniature de jardin paysager avec grotte, belvédère et ponts chinois[26].

De Piles parlait d'enchantement à propos de ce qu'il appelait "les paysages héroïques". Cet enchantement a alors gagné les paysages champêtres parce que les songes nés de la perfectibilité de l'espèce, de *toute* l'espèce humaine, leur donnait le pouvoir de régénérer les êtres qui y vivaient. Il régnait dans les jardins de nuit comme de jour ainsi qu'en témoigne la fête nocturne donnée en l'honneur du frère de Marie-Antoinette,

Fête de nuit donnée par la reine au comte du Nord à Trianon, le 6 juin 1782,
Hubert Robert,
musée des Beaux-Arts, Quimper

284

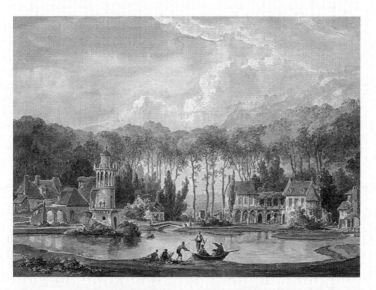

Vue générale du Hameau en amont de l'étang,
ill. 29 de *Vues et plans du Petit Trianon à Versailles,*
Claude-Louis Châtelet,
Biblioteca Estense, Modène,
publié par P. Arizzoli-Clémentel, Paris, 1998

l'empereur Joseph II : "Une fête d'un genre nouveau fut donnée au Petit Trianon ; l'art avec lequel on avait, non pas illuminé, mais éclairé le jardin anglais produisit un effet charmant : des terrines, cachées par des planches peintes en vert, éclairaient tous les massifs d'arbustes ou de fleurs et en faisaient ressortir les diverses teintes de la manière la plus variée et la plus agréable ; quelques centaines de fagots allumés entretenaient, dans le fossé derrière le temple de l'Amour, une grande clarté qui le rendait le point le plus brillant du jardin[27]." Ces paysages, il fallait apprendre à les voir pour qu'ils produisent leur effet bénéfique. Carmontelle écrivait : "On a des maîtres pour apprendre à parler, à danser, à chanter, etc., et l'on ne pense pas à apprendre à voir. De combien de plaisirs est-on privé en négligeant cette science ! C'est avec les peintres qu'on peut l'acquérir. Parcourez avec eux la nature, ils vous arrêtent à chaque pas pour vous en faire observer les beautés. Ils portent la lumière sur tout ce que vous voyez, ils vous font apercevoir les dégradations de la perspective linéaire et aérienne, ils vous dévoilent l'espace ; ils vous font connaître la diversité des tons, des couleurs, leurs rapports et leur harmonie[28]."

C'est pour mieux voir le paysage dans son intégralité que des tours s'élevaient ici et là : Colonne ruinée au Désert de Retz, tour Gabrielle à Ermenonville, colonne Trajane à Méréville et, bien sûr, tour Marlborough, dite aussi de la Pêcherie, au Petit Trianon. Cette expansibilité du regard, pour parler comme Turgot, s'est peut-être payée d'illusions, mais elle a ouvert la voie à notre conception du paysage.

DE L'ANCIEN RÉGIME A NOS JOURS

Lorsque Louis XVI et Marie-Antoinette quittèrent le château de Versailles le 6 octobre 1789, tout laissait prévoir une brusque accélération du temps. Le roi n'avait peut-être pas compris l'importance politique de la prise de la Bastille, mais il avait beaucoup appris au cours de l'été, et sachant que son retour à Paris serait fatal à l'édifice politique construit par Louis XIV, il dit en partant à M. de La Tour du Pin : "Vous restez le maître ici. Tâchez de me sauver mon pauvre Versailles." Pourtant, il demeurait populaire et la fête de la Fédération fut une sorte d'investiture d'une monarchie désormais constitutionnelle. Mais les menaces de guerre étrangère, la fuite de la famille royale, la radicalisation des luttes politiques, tout annonçait la fin du compromis établi tant bien que mal après Varennes. La journée du 10 août 1792 mit en péril l'existence même de la monarchie et Versailles en sentit immédiatement les conséquences.

En septembre 1792, une commission temporaire des arts fut créée par l'Assemblée législative après la suspension du roi ; elle décida que les œuvres accumulées à Versailles seraient divisées en plusieurs lots : les objets d'art, les antiques et les gemmes iraient au Muséum, c'est-à-dire au Louvre ; les livres et les médailles à la Bibliothèque nationale ; les pendules et les instruments scientifiques au Conservatoire des arts et métiers ; quant aux meubles, ils seraient vendus. Le château devint ainsi un musée où des tableaux aux

cadres superbes restaient en place dans des appartements richement décorés mais vides. Trois inspecteurs
furent nommés par l'Assemblée législative pour assurer
la garde des jardins et du château : Loiseleur s'occupait
des bâtiments qui se trouvaient sur le territoire de la
ville et du Petit Parc ; Devienne surveillait le Grand
Parc et tout le système d'arrivée et de distribution des
eaux ; Le Roy avait en charge l'entretien des bâtiments
et du "jardin national". La situation sembla stabilisée
pendant quelques mois, mais les événements allaient
très vite et tous les compromis destinés à sauver la
monarchie constitutionnelle échouèrent. La royauté fut
abolie par la Convention en septembre 1793.

L'ennemi aux frontières, le roi exécuté, la France devenue une république, Versailles risquait fort d'apparaître comme l'image même du régime aboli. Dans la
tourmente, des voix discordantes se faisaient entendre :
alors que Lenoir et l'abbé Grégoire cherchaient à protéger les monuments du passé en créant le concept de
patrimoine national, d'autres auraient volontiers fait
subir aux lieux de pouvoir de l'Ancien Régime le sort
que Henry VIII avait réservé aux monastères de Grande-
Bretagne. Ceci se vérifia à Versailles : la Convention
décréta que les châteaux royaux ne seraient pas vendus mais entretenus aux frais de la république "pour
servir aux jouissances du peuple et former des établissements utiles à l'agriculture et aux arts[29]" ; pendant ce temps-là, l'un de ses représentants sur place,
Charles Delacroix, parlait de "faire passer la charrue"
sur le parc. Le 7 novembre 1793, il annonçait qu'il était
temps de "rompre l'espèce de charme qui semblait
veiller à la conservation de tous les embellissements
du séjour des tyrans" et il ajoutait : "Toutes les grilles du
palais se démolissent et la hache est au pied des arbres
de ses immenses avenues[30]."

En fait, cet habile administrateur qui se retrouva préfet de la Gironde sous Napoléon et qui fut par ailleurs
le père présumé du célèbre peintre, semble avoir été
plus violent dans ses discours que dans ses actes. Si la
grille de la cour royale fut effectivement abattue, si les

abords du château furent dépavés et si une partie des arbres du Grand Parc fut abattue pour faire du bois de chauffage et servir aux besoins de la marine, il n'y eut pas de dommages irréparables. Les bâtiments étaient protégés par des gardes portant brassard qui faisaient visiter les bosquets dont ils avaient la clef. Mais les jardins souffraient du manque d'entretien et ils étaient mal défendus contre les empiètements de la population locale : des arbres fruitiers furent plantés autour du Grand Canal, dans les quinconces et autour du bassin d'Apollon.

Sous le Directoire, les jardins commencèrent à ressembler à ceux des palais romains qu'Hubert Robert avait peints lors de son séjour en Italie. L'ancienne splendeur y côtoyait des ruines. On fit donner les eaux en août 1795 alors qu'en février de la même année le Grand Canal avait été asséché et partagé en trois lots. Le 18 mars 1796, une note de Le Roy, toujours en poste, reprochait aux militaires cantonnés dans le château de s'être montrés trop désinvoltes en "lavant leur linge dans les bassins dits des Buffets de chaque côté de la Terrasse, en le battant sur des tablettes de marbre et en l'étendant sur les charmilles". Un visiteur suisse, Charles de Constant, a noté en 1796 qu'il n'y avait plus de meubles dans les appartements, mais que les glaces, les dorures et les livres étaient intacts ; il s'était cru, disait-il, "entouré d'ombres[31]", ce qui correspond bien à cette impression d'irréel, "cette espèce de charme" dont parlait Charles Delacroix.

Le château attendait que sa mission se précise. Le Directoire y installa un cabinet d'histoire naturelle et un musée de l'école française de peinture avec trois cent cinquante tableaux dont vingt-trois Poussin et deux cent cinquante sculptures venues des jardins. On s'orientait vers une solution qui ferait de ce musée un pendant du Louvre : au premier, les grandes œuvres de l'école française, au second celles des écoles étrangères. Pendant ce temps, les jardins survivaient : Antoine Richard, ancien jardinier de Marie-Antoinette, s'était suffisamment rapproché du pouvoir républicain pour obtenir de la Convention un décret qui les défi- nissaient comme des "établissements utiles à l'agriculture". Sous le Directoire, il resta en place et put ainsi travailler à la conservation des arbres exotiques qu'il avait plantés au Petit Trianon du temps de Mique et d'Hubert Robert.

La chute de la république marqua un changement d'orientation prévisible. Napoléon entendait manifester sa présence à la tête de l'Etat en réoccupant les rési- dences royales, mais les dépenses s'avérèrent telles à Versailles qu'il recula. Peut-être était-il assez politique pour sentir que le château demeurait associé au sou- venir des Bourbons. Peut-être souhaitait-il se faire cons- truire un palais encore plus grand dans la capitale. Il s'est ouvert à Las Cases de projets grandioses qu'il avait envisagés au temps de sa splendeur. Il entendait alors faire de Paris la capitale de l'Europe et transfor- mer Versailles, qu'il condamnait "dans son principe", en une sorte d'avant-poste de l'immense métropole. Ceci impliquait une transformation radicale des jardins et il se voyait déjà partir en guerre contre leurs sta- tues : "De ces beaux bosquets je chassais toutes ces nymphes de mauvais goût, ces ornements à la Turcaret et je les remplaçais par des panoramas en maçonnerie de toutes les capitales où nous étions rentrés victorieux, de toutes les célèbres batailles qui avaient illustré nos armes. C'eût été autant de monuments éternels de nos triomphes et de notre gloire nationale, posés à la porte de la capitale de l'Europe, laquelle ne pouvait man- quer d'être visitée par force du reste de l'univers[32]."

On saisit mal le rapport que les statues de Girardon et de Tuby pouvaient avoir avec les milieux d'argent que Lesage a peints dans *Turcaret*, mais on conçoit bien, en revanche, le bénéfice politique que Napoléon entendait tirer de cette initiative. Peu lui importaient les jardins dont il lui était arrivé de dire en une autre occasion que c'étaient des "caprices de banquiers", ajoutant "mon jardin à moi, c'est la forêt de Fontaine- bleau[33]" ; ce qu'il voulait faire, c'était les transformer en lieux de spectacle par la construction de panoramas, ces curieux théâtres où se pressaient les foules des grandes métropoles du début du XIXᵉ siècle.

Les premiers panoramas avaient vu le jour en Grande-Bretagne dans les années 1780. Ils se présentaient comme de grands édifices circulaires au centre desquels était construite une colonne munie d'un escalier en colimaçon. Ce dernier permettait d'accéder à un balcon situé à mi-hauteur de la colonne et, en faisant le tour de ce balcon, on découvrait un panorama peint sur toute l'étendue du mur que l'on avait en face de soi. Les sujets de ces vastes tableaux pouvaient varier, mais les genres qui avaient le plus de succès étaient bien établis : la vue générale d'une capitale, les différents épisodes d'une chasse au fauve en Asie ou en Afrique, et, bien sûr, une grande bataille avec son lot de faits d'armes, de généraux chamarrés, de régiments héroïques et de brancardiers débordés. On voit comment l'empereur entendait se servir de ce moyen moderne pour frapper les imaginations en montrant à l'univers les grands épisodes d'une épopée moderne qui réduisait au rang de simples parades militaires les campagnes de Louis XIV.

Fort heureusement, Napoléon ne mit pas ses projets à exécution et il se borna à venir de temps en temps au Grand Trianon pour faire des promenades à cheval dans le parc ou pour chasser. Il logea sa mère au Petit Trianon où elle ne se plut guère, et fit restaurer le Hameau de la reine pour sa seconde épouse Marie-Louise, autrichienne comme sa tante Marie-Antoinette. A cette occasion, il fit reconstruire l'escalier de la tour de Marlborough ou tour de la Pêcherie, et on peut se demander s'il se rappelait qu'à Méréville, au Désert de Retz ou à Ermenonville, ces "caprices de banquiers" qu'il méprisait, des tours semblables avaient été construites pour offrir une vue circulaire du paysage, ce qui faisait d'elles les ancêtres pacifiques des panoramas qu'il voulait édifier[34].

Après le retour des Bourbons sur le trône, Louis XVIII songea un moment à réoccuper Versailles, mais il recula, lui aussi, devant le prix de la restauration des bâtiments ; il fit néanmoins procéder à des travaux dans les jardins, et c'est de son époque que date l'actuel Jardin du roi qui fut créé à l'emplacement de l'île Royale dont le bassin et les îles n'étaient plus entretenus. Le Jardin du roi est caractéristique des tendances qui se développèrent à l'époque romantique. Avec sa pelouse aux ondulations douces, ses arbres exotiques et ses corbeilles de fleurs en forme de médaillons, il donne une juste image du compromis qui vit alors le jour entre le style paysager de la fin du XVIIIe siècle et les formes géométriques qui connaissaient un regain de faveur.

Ce retour aux formes géométriques avait trouvé un défenseur talentueux et savant en la personne de Quatremère de Quincy que Louis XVIII avait nommé intendant des Arts et Monuments publics. Membre de l'Institut depuis 1804, Quatremère de Quincy était passionné par l'histoire de l'architecture et apparaissait comme un défenseur très ferme de l'héritage antique. Dès 1788, il s'était vu confier par Charles Joseph Panckoucke le *Dictionnaire d'architecture* de l'*Encyclopédie méthodique,* où, dans l'article "Jardins", il s'en était pris à la mode des jardins paysagers. Il estimait en effet que l'art n'est pas une simple copie, mais une imitation, et qu'un jardin qui se borne à être un morceau de nature n'est pas une œuvre d'art. Il reprit cet argument dans son *Essai sur la nature, le but et les moyens de l'imitation dans les beaux-arts* qui fut publié en 1823, peu de temps après la création du Jardin du roi par l'architecte Dufour : "De quoi jouit-on dans un semblable ouvrage ? On jouit de la nature, dit-on. Mais autre est le plaisir de la nature, autre est celui de l'imitation. Autre est le plaisir que fait la peinture de paysage, autre celui du paysage en nature ; ce qui fait que ce prétendu art du jardinage est le moins art qu'il est possible, c'est qu'il donne le plus possible à la réalité[35]."

Le Jardin du roi semble assez représentatif du compromis que Quatremère de Quincy appelait de ses vœux. Sa vaste pelouse a la souplesse du style paysager

Le jardin du Roi au printemps,
photographie de Jean-Baptiste Leroux

à la Brown ; ses corbeilles en forme de médaillons ré-
introduisent la géométrie dans de larges bordures et
offrent aux jardiniers l'occasion de déployer leur talent
dans des compositions florales où les fleurs exotiques
jettent de vives couleurs. Ces effets contrastés étaient
à la mode parce que la navigation à vapeur permettait
des échanges plus rapides avec l'Amérique, l'Asie et le
Moyen-Orient, et parce que la chimie des colorants
créait sans cesse des teintes nouvelles[36]. Les jardins de
l'époque romantique parvenaient ainsi à rivaliser avec
le décor des salons de la Restauration. Ils alliaient la
somptuosité des couleurs à l'élégance classique des
formes. Leur atmosphère était sereine et luxueuse. On
pense à ce que Hegel disait des jardins dans son *Cours
d'esthétique* qui date vraisemblablement des années 1820
alors que le romantisme était en plein épanouissement :
"Un jardin comme tel doit être une ambiance souriante,
et rien qu'une ambiance, ne s'imposant pas par une
valeur intrinsèque et ne détachant pas l'homme de
l'humain, ne le distrayant pas de son intériorité. Ici
l'architecture intervient efficacement avec ses lignes

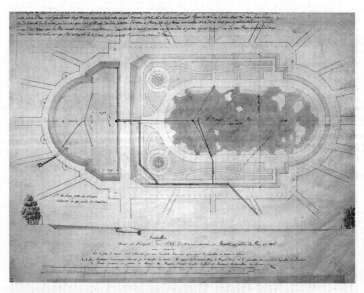

Le jardin du Roi,
planche n° 22 du *Recueil de plans relatifs aux eaux des jardins
et des bâtiments des châteaux de Versailles et des Trianon,
fait depuis 1809 jusqu'en 1830 par Dufour architecte du Roi,*
Archives du service des fontaines, Château de Versailles

Dans ses annotations manuscrites, Dufour explique que le bosquet de l'Ile royale, dessiné par Le Nôtre, était devenu un "marais infect" et qu'il fut chargé de le remodeler. Il ajoute : "Louis XVIII pendant l'hiver de 1816 où le pain était très cher, pour occuper les indigents de la ville ordonna que l'on y fît un jardin planté d'arbres à fleurs et de fleurs naturelles." Enfin, il prend soin de mentionner que ce jardin ne doit rien à celui de Hartwell où Louis XVIII résidait pendant son exil en Angleterre.

rationnelles, en introduisant l'ordre, la régularité, la symétrie, en soumettant les objets naturels eux-mêmes à une élaboration architectonique." Hegel terminait son analyse du rôle des jardins par un éloge des jardins réguliers français dans lesquels "le principe architectonique a trouvé son illustration la plus parfaite" et qui ont ainsi transformé la nature "en une vaste demeure à ciel ouvert[37]". On ne saurait mieux décrire l'impression que le jardin du Roi fait sur le visiteur d'aujourd'hui quand il le découvre après avoir admiré le vertugadin du bassin du Miroir où l'art de Le Nôtre déploie les formes non pas d'une vaste demeure, mais d'un véritable palais à ciel ouvert.

Après la création de ce bosquet, les jardins furent peu affectés par les vicissitudes de la vie politique.

Replantés à l'époque de Louis XVI, ils avaient triomphé d'un grand péril, celui de voir leur sort dissocié de celui des bâtiments. Ce risque évité, sans doute par égard pour le "charme" qu'ils contribuaient à faire régner sur le château lui-même, ils purent aller sur leur erre et vieillir paisiblement pendant que les bâtiments subissaient les profondes transformations imposées par Louis-Philippe. De ces transformations on peut penser des choses diverses : il est certain que les appartements ont souffert de l'installation de grandes salles qui sont autant de halls d'exposition des gloires militaires de la France. Il est non moins certain qu'il fallait faire des choix, et que le roi des Français, petit-fils de régicide, et qui tenait son pouvoir des barricades, ne pouvait pas s'installer hors de Paris, dans des lieux que les Bourbons eux-mêmes n'avaient pas réoccupés. La solution qui fut adoptée est une curieuse synthèse de ce qu'avait ébauché la Révolution et de ce qu'avait rêvé l'Empire : le palais des rois allait servir à l'éducation de la nation par le moyen de toiles aussi vastes que des panoramas. En le vouant à toutes les gloires de la France, on lui épargnait le sort que subit Cluny à la même époque ; il devint un lieu de mémoire reconnu pour tel par un consensus national : les légitimistes y voyaient la reconnaissance publique de l'œuvre des rois de France, les bonapartistes la consécration de la légende napoléonienne, les républicains la geste du peuple français, et les orléanistes un grand succès pour leur cause. Victor Hugo résuma tout cela dans une de ses grandes formules : "Ce que le roi Louis-Philippe a fait à Versailles est bien. Avoir accompli cette œuvre c'est avoir été grand comme roi et impartial comme philosophe ; c'est avoir fait un monument national d'un monument monarchique[38]."

Le "monument national" dont parle le poète avait devant lui quelques années paisibles. Les jardins étaient alors en pleine force et n'inspiraient pas d'inquiétude particulière. La Deuxième République et le Second Empire ne virent se produire aucun événement majeur. Napoléon III donna des fêtes à Versailles, et c'est à l'occasion de la visite de la reine Victoria, en 1855, que l'architecte Questel plaça "des décorations éphémères en verres de couleurs agencées le long des parterres[39]", décorations qui eurent un tel succès qu'elles furent souvent imitées par la suite dans le décor des fêtes parisiennes. Ce même Charles-Auguste Questel (1807-1887) eut les jardins en charge pendant les années dramatiques qui virent la défaite des armées françaises, la Commune de Paris, l'établissement du gouvernement à Versailles et la proclamation de l'Empire allemand dans la galerie de Glaces. Les jardins furent le théâtre de l'un des plus douloureux épisodes de cette tragédie : l'Orangerie abrita le conseil de guerre qui envoya des dizaines de fédérés aux poteaux d'exécution dressés dans les bois de Satory.

Dans les années qui suivirent, le gouvernement demeura dans le château jusqu'au vote de la constitution de 1875 et de l'amendement Wallon par lequel le régime républicain fut fermement établi. Pendant que le Sénat et la Chambre des députés rentraient à Paris, l'architecte Questel achevait la replantation des jardins qui s'étala sur près de vingt ans, de 1863 à 1880. Cette replantation sauvait l'essentiel, mais l'entretien des bosquets n'était guère assuré ; les jardins voyaient passer peu de touristes et il y régnait une atmosphère dont Pierre de Nolhac, qui joua un rôle essentiel dans la redécouverte d'un Versailles authentique, a donné une description très enlevée : "L'indifférence de l'Etat pour Versailles se marquait encore au délabrement où on laissait les bosquets. Les bassins continuaient à se disjoindre et les jeux d'eau se ruinaient peu à peu ; un seul chantier restait ouvert, considérable, il est vrai, celui de Neptune. Peu visité des étrangers, le parc ou plutôt le jardin, selon le terme ancien, appartenait uniquement aux habitants de la ville. Les retraités et les enfants avaient pour lieu de rendez-vous l'allée très abritée qu'on appelait «la Petite Provence». La jeunesse jouait au pied de *L'Hiver* de Girardon, tout près des charmants bronzes des *Marmousets*. Aux beaux jours de l'été, des familles se retrouvaient à la «Plage» c'est-à-dire au perron qui domine Latone et qui, après le coucher du soleil, recevait de tous côtés la fraîcheur des bois[40]."

La restauration du bassin du Dragon accompagna celle du bassin de Neptune. Quand fut donnée, en 1889, une fête pour commémorer le centenaire du serment du Jeu de Paume, la foule qui se pressait autour du président Sadi Carnot put voir un puissant jet d'eau monter de la gueule du monstre expirant ; elle put voir aussi les quatre chérubins qui lui ont porté le coup de grâce se disperser à la surface de l'eau en chevauchant leurs cygnes. Le groupe dont il ne restait que peu de chose avait été refait par Tony-Noël et Onésime Croisy ; il est toujours en place aujourd'hui. Les deux artistes ont doté le bassin d'un monstre qui semble tout droit sorti de l'imagination d'un peintre romantique ; c'est un léviathan, une gargouille gothique qui vomit son eau vers le ciel dans une dernière convulsion. A chaque siècle son idée du monstre. Celui qu'avaient sculpté les frères Marsy en 1667 était sans doute assez semblable à ceux que Hardy a fait placer à Trianon, en 1702, dans le bassin du Miroir. Ce sont des monstres replets au long col que l'artiste a dotés de petites ailes charmantes, plus propres à les éventer qu'à les porter dans les airs où seule l'imagination de l'Arioste est jamais parvenue à les transporter.

Dans les années 1880, la restauration des jardins commençait sous l'impulsion de Pierre de Nolhac, nommé conservateur à Versailles en 1887, et qui le resta jusqu'en 1920. Ses souvenirs abondent en anecdotes : certaines sont amusantes – Carnegie s'ennuyant pendant la visite du parc et qui tout à coup s'écrie, ravi, en entendant des chants d'oiseaux : "Des oiseaux ! Il y a des oiseaux !" –, d'autres sont touchantes – Gabriel Fauré se promenant en musique sur le Grand Canal –, d'autres tristement révélatrices – la démolition des restes de la Ménagerie par des particuliers à la recherche de pierres de taille. C'est encore Pierre de Nolhac qui a raconté comment il était parvenu à faire disparaître les verrières reliant les deux ailes du Grand Trianon : "L'ancien péristyle avait disparu ; ce n'était plus qu'une salle entièrement vitrée qui réunissait commodément les deux parties du bâtiment et qui ne se recommandait au souvenir historique que pour avoir servi de salle de tribunal au conseil de guerre qui condamna le maréchal Bazaine. Je demandais l'enlèvement de tous les vitrages [...] le dégagement du péristyle fut donc accompli à peu de frais, tandis que la suppression de cette longue continuité de persiennes rendait aux façades leur charme ancien. A travers les colonnes dégagées et qui reprenaient le bel éclat de leur marbre, on apercevait désormais, dès l'arrivée, les grandes baies qui ouvraient sur les jardins et en laissaient deviner la beauté[41]."

Les jardins commençaient à rompre le "charme" dont parlait Charles Delacroix. Après la fin de la Première Guerre mondiale et l'intense activité diplomatique dont le château fut le théâtre, ils reprirent dès les années 1920 un visage plus jeune, une vie plus active, et ceci en grande partie grâce au mécénat. John D. Rockefeller, par ses dons très importants, a permis de restaurer la toiture du château ainsi que le Petit Trianon et son hameau. Il a été très imité depuis. De grandes entreprises comme le MATIF, des donateurs privés, des sociétés comme la Société des amis de Versailles, la Versailles Foundation ou les Friends of Versailles aux Etats-Unis ont collecté ou versé des fonds qui s'ajoutent aux subsides de l'Etat français. Les Américains ont toujours manifesté intérêt et sympathie pour Versailles ; peut-être est-ce par reconnaissance pour l'aide militaire que leur a donnée la France à l'époque de Louis XVI, de Beaumarchais et de La Fayette ; peut-être est-ce par nostalgie d'une époque où Franklin et Jefferson, pères fondateurs de leur nation et héritiers des Lumières européennes, étaient reçus en France en héros. Toujours est-il que leur soutien n'a jamais failli dans les moments difficiles.

Ceci s'est vérifié une fois de plus après les tempêtes de 1990 et de 1999 qui ont causé aux jardins et au château des dommages dont les médias se sont largement fait l'écho. Encore faut-il dire que les dégâts auraient été moins spectaculaires si la replantation, déjà nécessaire dans les années 1970, n'avait pas été retardée si longtemps. A certains égards, ils apparaissent donc comme un mal nécessaire ; les désordres de la nature ont contraint les hommes à mettre de l'ordre dans leur propre domaine. Mais pour remettre de l'ordre dans les choses il faut savoir ce qu'on en pense, et cette reprise en mains a porté en pleine lumière les difficiles problèmes de la restauration des jardins.

Replantation et restauration supposent une attitude cohérente et responsable vis-à-vis de l'héritage du passé que nous transmet la nature. Dans son livre *La Résurrection de Versailles*, Pierre de Nolhac écrivait : "Qui pourrait avoir la prétention de reconstituer autrement que par la pensée et par l'étude les aspects somptueux du siècle ancien ? [...] Non seulement nous avons perdu le droit de remplacer une œuvre par une autre, mais nous ne devons même plus refaire celles qui ont disparu[42]."

Ces propos semblent fort pessimistes aujourd'hui, et il est très heureux que nous n'en soyons plus là. En effet, rien n'interdit de retrouver les "aspects somptueux du siècle ancien" par des recherches d'archives et par des travaux de fouilles. L'archéologie des jardins vient au secours de leur histoire, et toutes deux veillent sur leur renaissance. Les sondages pour retrouver les canalisations et les ouvrages de maçonnerie, l'examen des graines demeurées dans le sol ou sur de simples tessons, les contrats passés pour l'achat des arbres, des arbustes et des fleurs, les illustrations d'époque, les comptes et les rapports administratifs sont des mines de renseignements qui contiennent les indications nécessaires pour reconstituer un état des jardins aux différentes époques de leur histoire.

Mais de ces époques, laquelle choisir ? Les décisions qui ont été prises correspondent bien aux exigences de cohérence et de logique que toute bonne restauration suppose : il s'agit de "rechercher un retour à l'état Louis XIV avec ses charmilles hautes et ses boisements bas[43]", c'est-à-dire l'état des années 1700-1710, celui que les jardins ont connu juste après la mort de Le Nôtre. Certes, le Petit Trianon, le bosquet des Bains d'Apollon et le Jardin du roi sont postérieurs et doivent être conservés dans leur style, mais ne se voyant pas depuis la Grande Terrasse ou depuis la galerie des Glaces, ils ne risquent pas de créer de hiatus gênant. Le choix du boisement bas permet de demeurer fidèle aux intentions de l'équipe qui a conçu les jardins, équipe où le roi a travaillé aux côtés de Le Nôtre, de Le Brun et de Hardouin-Mansart pour obtenir une composition aérée dont la structure doit être bien lisible : "La croissance actuelle des bosquets avec des arbres culminant à près de quarante mètres détruit complètement l'effet de cette composition, en étrangle la lecture des axes principaux et en raccourcit surtout les perspectives par la constitution d'un écran rapproché masquant les vues lointaines[44]."

C'est donc bien l'esprit de Le Nôtre, dont on connaît le mépris pour "les vues bornées", qui préside à la restauration des jardins de Versailles. Afin d'obtenir assez rapidement, après les tempêtes qui ont dévasté certains bosquets, une reconstitution efficace de l'architecture végétale, il a fallu "diversifier la palette" des essences choisies. Ceci permet d'utiliser des vitesses de croissance différentes, les unes assurant l'opacité rapide des bosquets, les autres leur servant d'ossature à plus long terme. Cette diversification présente de multiples avantages : elle permet une meilleure résistance aux maladies et élargit "la gamme des verdoiements et leur variété au fil des saisons" ; elle permettra aussi d'éviter "le traumatisme d'une coupe à blanc" qui est inévitable tous les cent ans, si l'on se contente, comme on l'a fait jusqu'ici, de planter des essences mieux appropriées à des forêts qu'à des jardins ; elle permettra enfin de retrouver "aux angles des bosquets, ces silhouettes d'arbres en découpe chères aux peintres paysagistes du Grand Siècle[45]" et de jouer sur les couleurs des différentes essences des palissades afin d'obtenir des effets marbrés sur les grandes surfaces planes de l'architecture végétale. Le progrès technique

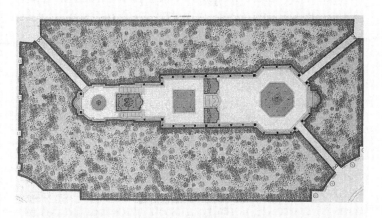

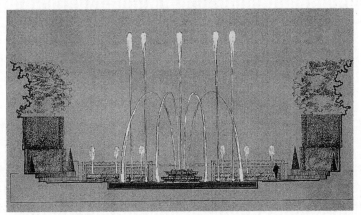

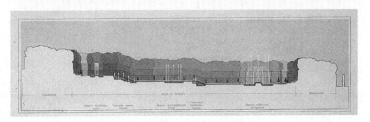

Trois dessins pour le *Projet de restauration du bosquet des Trois Fontaines*,
Pierre-André Lablaude,
musée du Château de Versailles

apporte ici son aide précieuse : les machines d'élagage sont aujourd'hui dotées de barres de coupe montées sur des bras télescopiques et l'emploi du rayon laser donne aux alignements une précision qu'ils n'avaient encore jamais atteinte.

Ainsi, le programme de restauration des bosquets est connu et il avance au même rythme que celui des espaces ouverts où des topiaires de grande taille reconstituent les surfaces chantournées qui se voient sur les peintures d'Allegrain et de Martin. Ces objectifs ambitieux mais réalisables ne concernent pas que l'architecture végétale. On peut voir réapparaître au bosquet des Trois Fontaines le réseau hydraulique qui permettra un jour aux visiteurs de voir jouer les eaux dans le cadre de verdure mis en place par Le Nôtre. Ils y retrouveront non seulement le spectacle de jets croisés mais aussi l'effet de perspective ralentie dans un sens, accélérée dans l'autre, qui allonge le bosquet quand on le voit du bas, et au contraire le raccourcit quand on le voit du haut.

Le difficile problème que pose la restauration des jardins de Versailles montre à l'évidence que l'approche du paysagiste doit être, comme le dit Pierre-André Lablaude, "aussi rigoureuse que celle qu'on peut exiger pour la restauration d'un tableau, d'une sculpture, d'un objet archéologique ou d'une cathédrale". Conduite par des principes aussi solidement établis, cette restauration laisse espérer qu'un jour prochain Versailles sera, encore plus pleinement qu'aujourd'hui, l'image d'une parfaite alliance entre patrimoine monumental et patrimoine paysager.

L'HISTOIRE, LES JARDINS ET LE PAYSAGE

En alliant le patrimoine paysager au patrimoine monumental, les jardins entretiennent un rapport à l'histoire
qui est différent de celui des monuments. La pierre
parle d'elle-même ; façonnée et mise en place par des
hommes d'un autre temps, elle invite le visiteur à faire
en imagination un voyage dans le passé. Les jardins,
eux, sont moins directs dans leur approche de l'histoire. Leurs feuillages et l'eau de leurs bassins qui ne
cessent de s'agiter sous la main invisible du vent les
font apparaître pour ce qu'ils sont : un tissu vivant qui
réagit aux sollicitations de son milieu et qui passe par
de multiples changements, les uns très brefs comme
le tremblement d'une feuille, les autres plus longs au
fil des heures, les autres plus longs encore avec les
saisons, l'évolution des essences et même du climat
dans le très long terme. A cela s'ajoutent les décisions
– ou les indécisions – des politiques[46] et les progrès
techniques qui transforment les méthodes d'entretien.

Mais dira-t-on, si les jardins sont en perpétuelle transformation, s'ils plient mais ne rompent point sous la
pression de toutes les formes du temps, et si cette
souplesse même fait leur force, pourquoi les ramener
sans cesse à une phase bien précise de leur histoire
au prix d'un travail incessant de taille qui les rogne
comme on rogne une vigne ?

La réponse tient en deux points.

Le premier c'est que les jardins ont été faits pour être
vus dans l'état où ils se trouvaient à la fin du règne de

Louis XIV, époque où leurs arbres atteignaient l'âge adulte et où ils correspondaient le mieux à l'architecture de la façade qui a été construite à mesure qu'ils prenaient forme. A la différence des appartements qui ont été remodelés puis restaurés et qui font coexister différents styles, cette façade est d'une unité absolue et elle a été conçue pour les jardins qu'elle domine. Puisque le Petit-Trianon et les bosquets du XVIIIe et du XIXe siècles ne sont pas visibles de la Grande Terrasse il faut en profiter pour maintenir l'unité de l'ensemble. C'est d'abord cet ensemble que cherche à voir le visiteur qui arrive à Versailles. Il connaît en général assez d'histoire pour y retrouver une image idéale de la nature et de l'architecture en un temps où la France était en train de fixer sa langue et de s'illustrer dans les sciences comme en philosophie, en littérature et dans les arts. Rompre à Versailles l'unité de la façade et des jardins équivaudrait à dénaturer l'ensemble ; ce serait aussi irresponsable que briser les liens qui existent à Stowe entre le style de Brown et le palladianisme des temples, ou ceux que l'on voit à Berlin entre les créations de Schinkel et les puissantes harmonies de Beethoven.

Mais il y a autre chose.

Le paysage qui s'étend au-delà des jardins quand on les regarde du haut de la Grande Terrasse n'est pas et ne peut pas être dessiné dans un style donné. La question se pose donc de savoir s'il existe un hiatus entre la rigueur géométrique partout présente dans ces jardins et le libre déploiement des horizons de l'Ile-de-France qu'ils ont pour toile de fond. Les architectes de la Renaissance ne s'embarrassaient pas d'un problème de cette sorte. Au temps où la perspective courte rendait les jardins semblables à des tableaux plaqués à terre, leur quadrature établissait un dialogue entre l'art, en deçà de leur clôture, et la nature au-delà. Mais Le Nôtre travaillait selon d'autres principes. La perspective longue qu'il utilisait à la suite de Boyceau et de François Mansart effaçait la quadrature parce qu'elle étendait jusqu'à l'horizon le cadre des jardins. Il était donc dans l'obligation de créer une transition entre l'art, représenté par les parterres de broderie proches du château, et la nature dont les formes libres apparaissaient au-delà du Grand Canal. Cette difficulté, loin de l'embarrasser, lui a permis de montrer sa maîtrise.

Puisque le site lui imposait la création d'un canal afin de drainer le marais où il travaillait, il s'en est servi pour prolonger l'harmonieux ensemble des bosquets, des allées et des bassins par un long point d'orgue. De même qu'un point d'orgue laisse lentement mourir la musique dans le silence d'où on l'a tirée par un effet de l'art, de même le Grand Canal permet aux jardins, vivante image du travail de l'homme, de déboucher sur des horizons libres que seule la nature façonne. Mais chacun sait que le silence n'est plus le même quand la musique le laisse peu à peu reprendre son empire, et chacun peut voir à Versailles que le spectacle de la nature n'est plus le même quand il s'offre au-delà des jardins qui en sont issus. Le difficile problème de la transition insensible a donc été résolu par Le Nôtre avec une aisance qui fait de lui le premier de nos grands jardiniers paysagistes. Par un coup de génie, il a résolu un problème aussi complexe que la quadrature du cercle.

En effet, qui dit jardin, dit espace clos. Qui dit paysage, dit espace ouvert. *Jardin* est un très vieux mot dérivé d'une racine indo-européenne qui exprime l'idée de clôture. *Paysage*, au contraire, est un mot récent dérivé de *pays*, et qui n'est apparu dans le vocabulaire des peintres qu'au XVIe siècle. Pour ces artistes, le paysage c'était l'étendue de pays qui s'offrait à leurs yeux, celle que leur regard balayait librement, celle où la perspective linéaire récemment découverte permettait une mise en ordre de l'espace à perte de vue. C'était donc, et c'est toujours, une conquête du regard.

Nos yeux, quand ils parcourent toute l'étendue qui se déploie depuis le château de Versailles, dominent d'abord un jardin historique puis une vaste partie de l'Ile-de-France. C'est en ce sens qu'on peut parler du

La Grande Perspective vue du parterre de Latone,
photographie de Jean-Baptiste Leroux

patrimoine paysager de Versailles. Le château a ses jardins certes qui portent, intacte, la marque du siècle où ils furent conçus. Mais ces jardins se fondent, grâce au Grand Canal, dans un paysage qui n'a pas d'âge, le paysage éternel de l'Ile-de-France. Ceci, les grands artistes qui avaient nourri l'imaginaire créateur de Le Nôtre, Nicolas Poussin, l'Albane, Annibal Carrache, Claude Lorrain, l'avaient exprimé dès le début du XVIIe siècle en peignant la *campagna* romaine ; dès cette époque, ils éveillaient le paysage à l'histoire car, en plaçant les vestiges fondateurs de notre univers culturel sur un fond de collines éternelles et sous un ciel baigné d'une lumière étale, ils exprimaient déjà le caractère éphémère de toute œuvre humaine au regard de l'éternité de la nature. Ces liens entre le paysage et l'histoire sont aujourd'hui plus forts que jamais.

Lorsque nous lisons sur nos autoroutes des panneaux indiquant *Paysages de Cézanne* ou *Paysage de Picardie*, nous savons qu'ils invitent notre mémoire à tisser un lien entre ce que nous voyons et ce que nous savons, mais nous sentons aussi que le savoir acquis par les livres ou par les bribes d'histoire que charrie la mémoire collective est ici remis en forme, ranimé, par un paysage vivant. Ces panneaux ne seraient rien si notre vision des campagnes qu'ils désignent n'était pas en même temps la vision d'un état du ciel, d'arbres dans le vent, de toits au soleil, et d'hommes entrevus au travail dans les champs. Ces hommes vont rentrer la journée finie vers des maisons qui ont pris la place d'autres maisons comme eux ont pris la place d'autres hommes. Si un village trouve sa permanence dans l'instant où il apparaît alors que nous passons, il le doit à son paysage qui vit le temps à des rythmes multiples : temps des maisons qui vieillissent, temps des saisons, temps des heures du jour, temps de la poussière qui vole. C'est de tout cela que naît le temps historique tel qu'il émane du paysage.

L'apparition de jardins dans un paysage approfondit encore le sens de ce dialogue avec l'histoire. Leurs formes sont tracées par l'homme, et elles sont donc éphémères, mais elles vivent la vie de la nature, ce qui les rend éternelles. En elles, l'histoire et la nature se conjuguent, et s'il est un lieu où l'on voit la fécondité intellectuelle de cette union, c'est bien Versailles.

Le premier touriste venu sent, en visitant les appartements, que l'histoire renaît sous ses yeux. Quand il va sur la Grande Terrasse, il éprouve un autre sentiment : l'histoire est toujours présente dans l'ordonnancement des surfaces et des volumes, dans les statues, dans les bassins ; les fontainiers se sont succédé, des générations de jardiniers ont veillé sur les parterres, et les jardins ont vécu sans changer de visage. Mais ces jardins vivants conduisent son regard vers l'horizon immuable qui s'ouvre devant lui. Il voit alors que les arbres des campagnes de l'Ile-de-France sont aussi ceux des bosquets qu'il a sous les yeux, et il comprend que les transitions insensibles ménagées par Le Nôtre depuis le château jusqu'à l'extrémité du Grand Canal, mettent l'histoire en marche vers l'horizon où elle va se fondre dans l'immense spectacle de la nature.

La longue durée historique est faite de moments dont certains, parfois très courts, sont comme des sommets escaladés au cours d'une promenade ; lorsqu'on y parvient, on jouit d'une vue qui éclaire le chemin déjà parcouru et celui qui reste à faire. Versailles est l'un de ces sommets. Les jardins que l'on découvre depuis la Grande Terrasse sont la vision idéale de la nature telle que l'imaginait l'homme de savoir et de goût en un temps où la science et l'Etat modernes prenaient forme. Au-delà, le regard rejoint les horizons de l'Ile-de-France tels qu'on les retrouve dans la peinture française depuis les miniatures des livres d'heures jusqu'aux impressionnistes, jusqu'à Delaunay, jusqu'à Marquet. Les blancs éclatants des nuages, les bleus profonds mais lumineux du ciel, les verts que les forêts étendent dans le paysage, sont ceux qu'ont vus les hommes du Moyen Age, ceux qu'a vus Le Nôtre et ceux que nous voyons. Les couleurs de ce paysage viennent jusqu'à nous, portées par les reflets mobiles du Grand Canal et par les arbres qui moutonnent depuis les lointains jusqu'aux sommets des bosquets. C'est ainsi que les jardins de Versailles, vivants piliers du patrimoine, font entrer notre histoire dans le spectacle de la nature.

NOTES

1. Saint-Simon, *Mémoires*, *op. cit.*, VI, p. 167.

2. P.-A. Lablaude, *Les Jardins…*, *op. cit.*, p. 117.

3. E.-J. Barbier, *Journal historique et anecdotique du règne de Louis XV*, Paris, 1847, I, p. 155.

4. *Ibid.*, II, p. 258.

5. M. Antoine, *Louis XV*, Paris, 1989, p. 440.

6. Duc de Croÿ, *Mémoires sur les cours de Louis XV et Louis XVI*, publiés par le vicomte de Grouchy, *La Nouvelle Revue rétrospective*, Paris, 1897, p. 225.

7. P. de Nolhac, *La Création de Versailles*, Paris, 1937, p. 7.

8. Sur les sciences de la vie et les méthodes d'observation empiristes voir M. Baridon, "Les Deux Grands Tournants du siècle des Lumières", *Dix-huitième siècle*, n° 31, 1999.

9. Voir ci-dessus, chapitre "L'Empire des géomètres", note 59.

10. M. Antoine, *Louis XV*, *op. cit.*, p. 513.

11. H. Himelfarb, "Versailles, fonctions et légendes", in *Les Lieux de mémoire*, II. *La Nation*, Paris, 1986, p. 267.

12. J.-M. Drouin, *L'Ecologie et son histoire*, Paris, 1993, p. 35.

13. Susan B. Taylor-Leduc, "Louis XVI's Public Gardens : The Replantation of Versailles in the 18th Century", *Journal of Garden History*, vol. 14, 2, 1994.

14. J. de Cayeux, *Hubert Robert et les jardins*, Paris, 1987, p. 77.

15. Lettre de d'Angiviller à Soufflot citée par J. de Cayeux, *Hubert Robert…*, *op. cit.*, p. 77.

16. P. Francastel, *La Sculpture…*, *op. cit.*, p. 46.

17. Cité par J. de Cayeux, *Hubert Robert…*, *op. cit.*, p. 78.

18. Cité par P. Arrizoli-Clémentel, *Vues et plans du Petit Trianon*, Paris, 1998, p. 10.

19. Mique, né à Nancy en 1788, devint à la mort de Héré directeur général des Bâtiments du roi de Pologne.

20. J. de Cayeux, "Des amateurs compromettants", in *Hubert Robert et la Révolution*, Valence, 1989, p. 13.

21. Lundi 25 juillet 1774, la reine a donné au comte de Caraman la commission de lui faire au Petit Trianon, qu'elle a baptisé le Petit Vienne, un jardin à l'anglaise d'après ceux de M. Botin et du duc de Chartres (Bandeau, *Revue rétrospective*, III). Cité par M.-P. Morey, *Richard Mique, architecte de Stanislas...*, Nancy, 1868, p. 17.

22. *Ibid.*, p. 17. Ce texte figure p. 150 dans une édition moderne des *Mémoires* de Mme Campan, Paris, 1988.

23. Duc de Croÿ, *Mémoires, op. cit.*, p. 8.

24. Hezecques, comte d', *Page à la cour de Louis XVI*, Paris, 1987, p. 100.

25. Dès 1750, Rousseau oppose "la simplicité des premiers temps" aux "vices que l'on ne vit jamais poussés plus loin que quand on les vit pour ainsi dire soutenus à l'entrée du palais des grands, sur des colonnes de marbre". *Discours sur les sciences et les arts*, in *Œuvres complètes*, Paris, 1966, I, p. 22.

26. B. Scott, "Madame's Pavillon de musique", *Apollo*, mai 1972.

27. Mme Campan, *Mémoires sur la vie privée de Marie-Antoinette*, Paris, 1822, p. 123.

28. Carmontelle, *Le Jardin de Monceau*, Paris, 1779, p. 1.

29. O. Caffin-Carcy et J. Villard, *Versailles et la Révolution*, Versailles, 1988, p. 44.

30. Cité par O. Caffin-Carcy, *Versailles..., op. cit.*, p. 44. Charles Delacroix opéra par la suite un ralliement réussi à l'Empire et termina sa carrière comme préfet de la Gironde.

31. Cité par P. de Nolhac, *La Création..., op. cit.*, p. 49.

32. Las Cases, *Le Mémorial de Sainte-Hélène*, Paris, 1978, II, p. 970.

33. Cité par G. Teyssot, "Un art si bien dissimulé, le jardin éclectique et l'imitation de la nature", in M. Mosser et G. Teyssot, *Histoire des jardins..., op. cit.*, p. 360.

34. M. Baridon, *Les Jardins. Paysagistes. Jardiniers. Poètes, op. cit.*, p. 835.

35. Quatremère de Quincy, *Encyclopédie méthodique*, 2ᵉ éd., article "Jardin".

36. Sur cette évolution du goût et sur le rôle irremplaçable de Chevreul, voir M. Baridon, *Les Jardins..., op. cit.*, p. 969-974 et 1025-1030.

37. Hegel, *Cours d'esthétique*, Paris, 1944, III, p. 99.

38. V. Hugo, *Choses vues*, 1830-1846, Paris, 1972, I, p. 133. Placé par T. W. Gaehtgens en exergue à son livre *Versailles, de la résidence royale au musée historique*, Anvers, 1984.

39. H. Delaborde, *Notice sur la vie et les ouvrages de Monsieur Questel*, Paris, 1890, p. 17.

40. P. de Nolhac, *La Résurrection de Versailles. Souvenirs d'un conservateur, 1887-1920*, Paris, 1937, p. 8.

41. *Ibid.*, p. 130.

42. P. de Nolhac, *La Création...*, *op. cit.*, p. 14.

43. P.-A. Lablaude, "Restauration et régénération de l'architecture végétale des jardins de Versailles", *Monumental*, IV, sept. 1993, p. 80.

44. *Ibid.*, p. 79.

45. *Ibid.*, p. 83.

46. Sur l'évolution du domaine de Versailles des origines à nos jours voir V. Maroteaux, *Versailles, le roi et son domaine*, Paris, 2000.

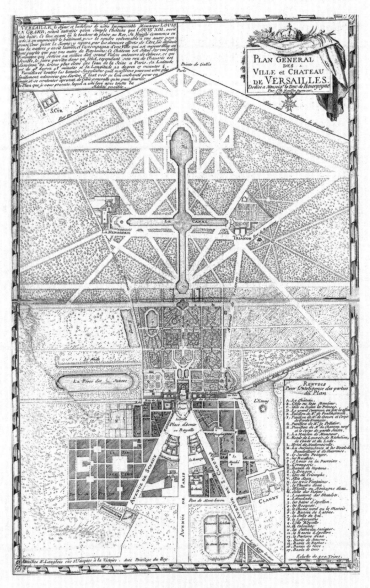

Versailles entre 1688 et 1704,
musée du Château de Versailles

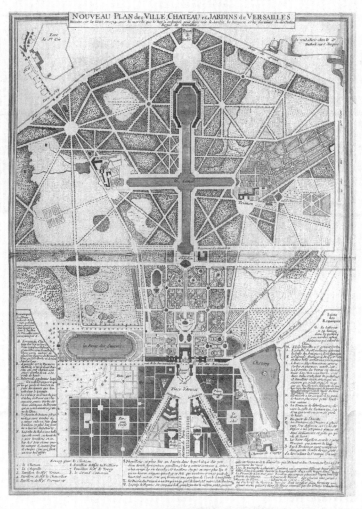

Versailles en 1714,
musée du Château de Versailles

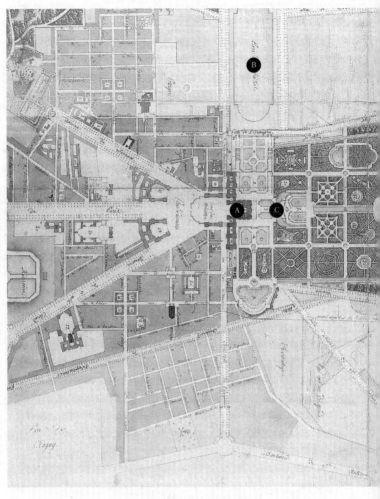

LE DOMAINE DE VERSAILLES

A - CHÂTEAU
B - PIÈCE D'EAU DES SUISSES
C - PETIT PARC
D - TRIANON
E - GRAND PARC
    1 - BASSIN D'APOLLON
    2 - ALLÉE D'APOLLON
    3 - GRAND CANAL
    4 - ÉTOILE ROYALE

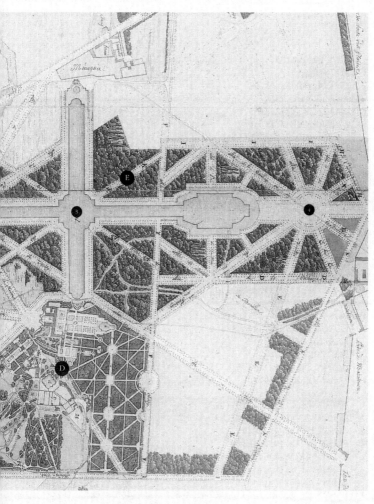

*Plan du château, des jardins, du Petit Parc, de Trianon,
de la ville de Versailles sous le Premier Empire*

LE PETIT PARC

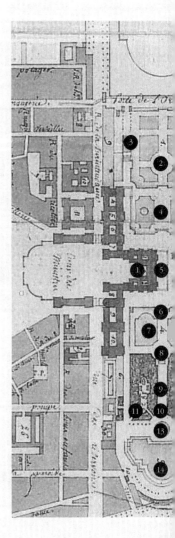

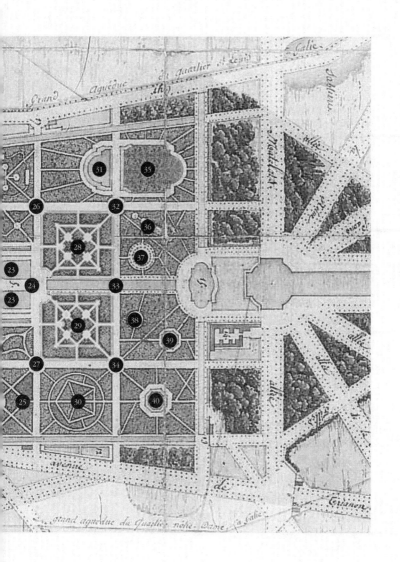

LE DOMAINE DE TRIANON

1 - GRAND TRIANON
2 - BASSIN DU FER A CHEVAL
3 - BASSIN DU PLAT-FOND
4 - JARDIN DU GRAND TRIANON
5 - SALLE DES ANTIQUES ET BASSIN DES NYMPHES
6 - TRIANON-SOUS-BOIS
7 - PETIT TRIANON
8 - BELVÉDÈRE
9 - JARDIN ANGLAIS
10 - TEMPLE DE L'AMOUR
11 - HAMEAU DE LA REINE

CHRONOLOGIE

1623. Louis XIII fait construire une maison de chasse à Versailles et la transforme en un petit château dix ans plus tard.

1633-1639. Construction du château, de la ville et des jardins de Richelieu.

1650. Mansart achève le château de Maisons.

1656. Le Nôtre à Vaux-le-Vicomte.

1661. Début du règne de Louis XIV.

1662. Construction de la Ménagerie et de la première Orangerie par Le Vau.

1664. Création du bosquet nord qui devient bosquet du Dauphin en 1669.

Création du bosquet sud qui devient bosquet de la Girandole en 1669.

1665-1670. Construction de la grotte de Téthys et du Trianon de porcelaine.

Création du Fer à cheval, du bassin de Latone, des Lézards, du bassin d'Apollon et du Grand Canal.

Elargissement de l'Allée royale (Tapis vert).

Création du Labyrinthe et du bosquet du Marais qui accueillera les Bains d'Apollon en 1704.

Nomination de La Quintinie à la direction des jardins fruitiers et potagers des maisons royales (1670).

Le visage des jardins prend forme au cours de ces cinq années. De plus la construction d'une "enveloppe" autour du château de Louis XIII est commencée.

1671. Création du berceau d'Eau qui devient les Trois Fontaines en 1677-1678.

Création du pavillon d'Eau qui devient l'Arc de triomphe en 1677-1678.

1671-1672. Création de l'Etoile qui devient la Montagne d'Eau.

1671-1674. Création de l'Ile royale et du Miroir.
Création du théâtre d'Eau.
Création de la salle des Festins, puis du Conseil devenue l'Obélisque en 1706.

1672. Création du bassin de Cérès.
Création du bassin de Flore.

1673. Création du bassin de Bacchus.

1674. Création du bassin de Saturne.
Divertissements pour célébrer la conquête de la Franche-Comté.
Grande commande de Colbert.

1675. Création du bosquet de l'Encelade.
Création du bosquet de la Renommée qui deviendra le bosquet des Dômes en 1681 et logera les trois groupes de la grotte de Téthys jusqu'en 1705.
Création du bosquet des Sources qui devient la Colonnade en 1685.
Création de la galerie d'Eau qui devient galerie des Antiques vers 1683, puis salle des Marronniers en 1704.
Creusement du bassin de Neptune.

1678-1682. Creusement de la pièce d'eau des Suisses.

1679. Création du bosquet des Sources.

1681-1683. Création de la Salle de Bal ou bosquet des Rocailles.

1682. Le parterre d'Eau est remplacé par les deux miroirs d'eau de la Grande Terrasse.
Construction de la Machine de Marly.

1683. Démolition de la grotte de Téthys.
Construction de la nouvelle Orangerie achevée en 1688.

1683-1689. Pose de 12 statues et 12 vases de marbre blanc dans l'Allée royale (Tapis vert).

1684. Mise en chantier du canal de l'Eure.

1684-1689. La Colonnade construite sur l'emplacement du bosquet des Sources.

1686. La statue de Latone est surélevée et tournée non plus vers le château mais vers le bassin d'Apollon.

1687-1688. Le Trianon de marbre remplace le Trianon de porcelaine.

1699. L'Enlèvement de Proserpine de Girardon installé au centre de la Colonnade.

1700. Mort de Le Nôtre.
Remplacement des tuyaux en plomb par des canalisations de fonte.

1715. Mort de Louis XIV.

1741. Nouveau décor du bassin de Neptune.

1743. Destruction du théâtre d'Eau qui deviendra le Rond vert en 1774.

1749-1750. Construction par Jacques Ange Gabriel du Pavillon français et du Jardin français au Petit Trianon.

1760-1764. Construction du château du Petit Trianon.
Destruction des bosquets de la Girandole et du Dauphin qui deveinnent les quinconces nord et sud.

1774. Mort de Louis XV, avènement de Louis XVI.

1774-1776. Louis XVI fait replanter Versailles.
Les bosquets du Dauphin et de la Girandole deviennent les quinconces du Nord et du Midi.
Le Labyrinthe est détruit, il devient le bosquet de la Reine.
Hubert Robert crée le bosquet des Bains d'Apollon, achevé en 1778.

1777. Débuts des travaux au Petit Trianon dans le jardin à l'anglaise de Marie-Antoinette.
Le Temple de l'Amour et le Belvédère sont achevés en 1778, le Hameau en 1787.

1789. La famille royale quitte Versailles.

1793. Sur proposition d'Antoine Richard la Convention décide de faire des Jardins de Versailles "un établissement utile à l'agriculture et aux arts".

1815. Avènement de Louis XVIII.

1817-1818. Création du Jardin du Roi par Dufour à l'emplacement de l'Ile royale.

1820. Destruction des pavillons dans le bosquet des Dômes.

1837. Louis-Philippe fait de Versailles un musée dédié "A toutes les gloires de la France".

1860. Napoléon III commence la deuxième replantation des jardins.

1889. Fête populaire pour célébrer le centenaire du serment du Jeu de Paume et le nouveau décor du bassin du Dragon.

1991. Début de la troisième replantation.

1992. Restitution du Jardin français au Petit Trianon.

1997. Restitution du bosquet de l'Encelade.

1999. Tempête qui a accéléré la troisième replantation en cours.

2001. Restitution du parterre de l'Orangerie.

Les quinconces du Nord et du Midi redeviennent bosquets du Dauphin et de la Girandole.

BIBLIOGRAPHIE

SOURCES

Académie royale des sciences, *Histoire de l'académie royale des sciences depuis son établissement en 1666 jusqu'à 1699*, Paris, 1729-1733.

Id., *Mémoires de l'Académie royale des sciences depuis son établissement en 1666 jusqu'à 1699*, Paris, 1729-1733.

Alberti, Leon Battista, *L'Architecture et art de bien bastir*, trad. de Jean Martin, 1568.

Barbier, Edmond Jean-François, *Journal historique et anecdotique du règne de Louis XV*, Paris, 1847.

Belidor, Bernard Forest de, *Architecture hydraulique*, 1737.

Id., *Le Bombardier français ou nouvelle méthode pour jeter les bombes avec précision, avec un traité des feux d'artifice*, 1734.

Blondel, Jacques Francois, *Cours d'architecture civile*, 1771-1777.

Bosse, Abraham, *Moyen universel de pratiquer la perspective sur les tableaux ou surfaces irrégulières, ensemble quelques particularités concernant cet art et celui de la gravure en taille douce*, 1653.

Bossuet, Jacques Bénigne, *Politique tirée des propres paroles de l'Ecriture sainte*, éd. critique de Jacques Le Brun, Droz, Genève, 1967.

Boyceau de La Barauderie, Jacques, *Traité du jardinage selon les raisons de la nature et de l'art*, 1638.

Campan, Jeanne Louise, dame, *Mémoires sur la vie privée de Marie Antoinette*, Paris, 1822 ; rééd., Hachette, Paris, 1988.

Carmontelle, Louis Carrogis dit, *Le Jardin de Monceau*, 1779.

Cassini, Jean-Dominique, *Mémoires pour servir à l'histoire des sciences et à celle de l'Observatoire royal de Paris avec une vie de J.-D. Cassini écrite par lui-même*, 1810.

Caus, Salomon de, *La Perspective avec la raison des ombres et des miroirs*, 1612.

Choisy, François-Timoléon, abbé de, *Mémoires pour servir à l'histoire de Louis XIV*, 1727.

Colbert, Jean-Baptiste, *Lettres, instructions et mémoires de Colbert*, éd. Pierre Clément, Paris, 1861-1882.

Colonna, Francesco, *Le Songe de Poliphile*, Imprimerie nationale, Paris, 1994.

Croÿ, duc de, *Mémoires sur les cours de Louis XV et Louis XVI*, publiés par le vicomte de Grouchy, *La Nouvelle Revue rétrospective*, Paris, 1897.

Dangeau, Philippe de Courcillon, marquis de, *Journal du marquis de Dangeau*, avec les annotations inédites du duc de Saint-Simon par J. Feuillet de Conches, 1854.

Descartes, René, *Œuvres et lettres*, La Pléiade, Paris, 1953.

Dézallier d'Argenville, Antoine Joseph, *La Théorie et la Pratique du jardinage*, éd. de 1709 et de 1747.

Du Breuil, Jean, père, *La Perspective pratique*, 1642-1649.

Id., *L'Art universel des fortifications*, 1665.

Félibien, André, *Description sommaire du château de Versailles*, 1674.

Id., *Description de la Grotte de Versailles*, 1672.

Id., *Les Divertissements de Versailles donnés par le roi à toute sa cour au retour de la conquête de la Franche-Comté de 1674*, in *Relation de la fête de Versailles du 18 juillet 1668*, Maisonneuve et Larose, Paris, 1994.

Id., *Recueil de descriptions de peintures et d'ouvrages faits pour le roi*, Paris, 1689.

Guiffrey, Jules, *Comptes des bâtiments du roi sous le règne de Louis XIV*, 5 vol., Paris, 1881-1901.

Hegel, Georg Wilhelm Friedrich, *Cours d'esthétique*, trad. de V. Jankélévitch, Aubier, Paris, 1944.

Hezecques, comte de, *Page à la cour de Louis XVI*, Tallandier, Paris, 1987.

Hobbes, Thomas, *Léviathan*, 1651 ; introduction, traduction et notes de François Tricaud, Vrin, Paris, 1983.

Huygens, Christiaan, *Correspondance*, in *Œuvres complètes*, vol. I à X, La Haye, 1888-1910.

Jardins de Le Nôtre à Versailles. Plans de Jean Chaufourier, présentation et commentaire de Pierre Arizzoli-Clémentel, A. de Gourcuff, Paris, 2000.

La Fontaine, Jean de, *Œuvres complètes*, Le Seuil, Paris, 1965.

La Hire, Philippe de, *L'Ecole des arpenteurs*, 1689.

La Quintinie, Jean de, *Instructions pour les jardins fruitiers et potagers*, 1690 ; rééd., Actes Sud, Arles, 1999.

Las Cases, Emmanuel Auguste, marquis de, *Le Mémorial de Sainte-Hélène*, La Pléiade, Paris, 1963.

Lister, Martin, *Voyage à Paris en 1698*, Paris, 1873.

Louis XIV, *Mémoires et divers écrits*, éd. Longnon, Club français du livre, Paris, 1960.

Luynes, duc de, *Mémoires sur la cour de Louis XV*, éd. Dussieux, Paris, 1865.

Manesson-Mallet, Allain, *Les Travaux de Mars*, 1685.

Mariotte, Edme, abbé, *Traité du mouvement des eaux*, 1686, cité dans l'édition de 1700.

Molière, *Œuvres complètes*, éd. M. Rat, La Pléiade, Paris, 1959.

Mollet, André, *Le Jardin de plaisir*, 1652 ; rééd., éd. Michel Conan, Le Moniteur, Paris, 1981.

Montalivet, comte de, *Le Roi Louis-Philippe et sa liste civile*, Paris, 1850.

Orléans, Charlotte Elisabeth de Bavière, duchesse d' (princesse Palatine), *Lettres* ; nouv. éd. par M. Goudeket, Paris, 1943-1947 ; rééd., Mercure de France, Paris, 1981.

Perrault, Claude, *Mémoires de ma vie* ; rééd., Macula, Paris, 1993.

Picard, Jean, *Traité du nivellement mis en lumière par les soins de M. de La Hire*, 1684.

Piganiol de La Force, Jean Aymar, *Description de Paris, de Versailles... des environs de Paris*, 1742.

Id., *Nouvelle description des châteaux et parcs de Versailles et de Marly*, 1713.

Piles, Roger de, *Cours de peinture par principes*, 1708.

Poussin, Nicolas, *Mesures de la célèbre statue de l'Antinoüs suivies de quelques observations sur la peinture*, 1672 ; éd. traduite de l'italien par P. M. Gault de Saint-Germain, Paris, 1803.

Id., *Lettres et propos sur l'art*, Hermann, Paris, 1989.

Quatremère de Quincy, Antoine Chrysostome, *Encyclopédie méthodique*, Panckouke, Paris, 1788.

Id., *Essai sur la nature et l'imitation dans les beaux-arts*, Paris, 1822.

Racine, Jean, *La Promenade de Port-Royal, Odes IV*, in *Œuvres*, éd. Mesnard, Paris, 1865-1873.

Rousseau, Jean-Jacques, *Discours sur les sciences et les arts*, in *Œuvres complètes*, La Pléiade, Paris, 1966.

Saint-Simon, L. de Rouvroy, duc de, *Mémoires*, éd. Yves Coirault, La Pléiade, Paris, 1983-1986.

Scudéry, Madeleine de, *La Promenade de Versailles*, 1669 ; rééd., Mercure de France, Paris, 1999.

Serres, Olivier de, *Théâtre d'agriculture et mesnage des champs*, 1600 ; rééd., Actes Sud, Arles, 1996 et 2001.

Sévigné, Marie de Rabutin-Chantal, marquise de, *Lettres*, La Pléiade, Paris, 1955.

Sourches, marquis de, *Mémoires*, publiés par le comte de Cosnac et Arthur Bertrand, Paris, 1882.

Spanheim, Ezechiel, *Relation de la cour de France en 1690*, publié par Emile Bourgeois, *Annales de l'Université de Lyon*, V, Picard, Lyon-Paris, 1900.

Tauvry, Daniel, *Nouvelle anatomie raisonnée*, 1690.

Tessin le Jeune, Nicodemus, "Relation de la viste de Nicolas Tessin à Marly, Versailles, Clagny, Rueil et Saint-Cloud en 1687", *Revue de l'histoire de Versailles et de Seine-et-Oise*, 28e année, 1926.

Thomassin, Simon, *Recueil des figures, groupes, termes, fontaines et vases et autres ornements tels qu'ils se voient à présent dans le château et le parc de Versailles*, 1694.

Tournefort, Joseph Pitton de, *Relation d'un voyage du Levant fait par ordre du roi*, 1727.

Urfé, Honoré d', *L'Astrée*, 1607-1627 ; rééd., Lyon, 1911.

Vauban, Sébastien Le Prestre de, *Traité des sièges et de l'attaque des places*, "Découvertes", Gallimard, Paris, 1992.

Vitruve, *De l'Architecture*, Les Belles Lettres, Paris, 1990.

Voltaire, *Le Siècle de Louis XIV*, La Pléiade, Paris, 1957.

Wren, Christopher, *Parentalia or Memoirs of the Family of the Wrens*, Londres, 1750.

ÉTUDES

I. VERSAILLES SOUS LOUIS XIV

Le contexte historique, les idées, les arts

Actes du colloque international sur les plans reliefs, SEDES, Paris, 1993.

Antal, Frederick, *Florentine Painting and its Social Background*, Londres, 1948 ; trad. franç., *Florence et ses peintres*, Gérard Montfort, Paris, 1991.

Apostolidès, Jean-Marie, *Le Roi-machine. Spectacle et politique au temps de Louis XIV*, Minuit, Paris, 1981.

Barbiche, Bernard et Dainville-Barbiche, Ségolène de, *Sully*, Fayard, Paris, 1997.

Batiffol, Louis, *Autour de Richelieu*, Paris, 1937.

Bellaigue, Raymonde de, *Le Potager du roi*, ENSH, Versailles, 1982.

Bluche, François, *Louis XIV*, Fayard, Paris, 1986.

Id. (sous la dir. de), *Dictionnaire du Grand Siècle*, Fayard, Paris, 1990.

Bottineau, Yves, "Essais sur le Versailles de Louis XIV", *Gazette des beaux-arts*, sept. et oct. 1988, livraisons 1436 et 1437.

Boudon, Philippe, *Richelieu, ville nouvelle*, Dunod, Paris, 1978.

Chaunu, Pierre, *La Civilisation de l'Europe classique*, Arthaud, Paris, 1966.

Christout Marie-Françoise, *Le Ballet de cour de Louis XIV. 1643-1672. Mises en scène*, Picard, Paris, 1967.

Clément, Pierre, *Lettres, instructions, mémoires de Jean-Baptiste Colbert*, 10 vol., Paris, 1861-1862.

Cloulas, Ivan, *Catherine de Médicis*, Fayard, Paris, 1979.

Cottret, Monique, *La Vie politique en France aux XVIe, XVIIe et XVIIIe siècles*, Ophrys, Paris, 1991.

Fêtes de la Renaissance, Les, études réunies par Jean Jacquot, CNRS, Paris, 1956.

Fumaroli, Marc, *Le Poète et le Roi*, Ed. de Fallois, Paris, 1997.

Guiffrey, Jules, *Comptes des Bâtiments du roi sous le règne de Louis XIV*, 5 vol., Imprimerie nationale, Paris, 1881-1901.

Kantorowicz, Ernest, *Les Deux Corps du roi. Essai sur la théologie politique au Moyen Age*, trad. de Jean-Philippe et Nicole Genet, Gallimard, Paris, 1987.

Kemp, Martin, *The Science of Art*, Yale, Yale University Press, 1992.

Lacour-Gayet, Georges, *L'Education politique de Louis XIV*, Paris, 1898.

Lecoq, Anne-Marie, *François Ier imaginaire*, Macula, Paris, 1987.

Maindron, Ernest, *L'Ancienne Académie des sciences*, Paris, 1895.

Mandrou, Robert, *La France aux XVIIe et XVIIIe siècles,* Presses universitaires de France, Paris, 1987.

Murat, Ines, *Colbert*, Fayard, Paris, 1980.

Néraudau, Jean-Pierre, *L'Olympe du Roi-Soleil*, Les Belles Lettres, Paris, 1986.

Newton, William R., *L'Espace du roi. La Cour de France au Château de Versailles*, Fayard, Paris, 2000.

Niderst, Alain, *Madeleine de Scudéry, Paul Pélisson et leur monde*, Rouen, Publications de l'université de Rouen, 1976.

Petitfils, Jean-Christian, *Louis XIV*, Perrin, Paris, 1995.

Picon, Antoine, *Claude Perrault ou la curiosité d'un classique*, Picard, Paris, 1988.

Plans en relief de villes belges levées par des ingénieurs militaires français, XVIIe-XIXe siècles, Pro Civitate, Bruxelles, 1965.

Poudra, Noël Germinal, *Histoire de la perspective ancienne et moderne*, Paris, 1864.

Relation des ambassadeurs vénitiens sur les affaires de France, trad. de M. N. Tommaseo, Collection des documents inédits pour servir à l'histoire de France, Paris, 1838.

Rorive, Jean-Pierre, *La Guerre de siège sous Louis XIV*, Editions Racine, Bruxelles, 1998.

Rykwert, Joseph, *Les Premiers Modernes*, trad. franç., Hazan, Paris, 1991.

Sabatier, Gérard, *Versailles ou la figure du roi*, Albin Michel, Paris, 1999.

Salomon-Bayet, Claire, *L'Institution de la science et l'Expérience du vivant. Méthode et expérience à l'Académie royale des sciences 1666-1793*, Flammarion, Paris, 1978.

Saule, Béatrix, "Le Château de Versailles", in *Colbert 1619-1683*, catalogue de l'exposition à l'Hôtel de la Monnaie, Archives nationales, Paris, 1983.

Id., *Versailles triomphant. Une journée de Louis XIV*, Fayard, Paris, 1996 ; rééd., *Une journée de Louis XIV, 15 novembre 1700*, Actes Sud, Arles, 2003.

Serres, Michel (sous la dir. de), *Eléments d'histoire des sciences*, Bordas, Paris, 1989.

Solnon, Jean-François, *La Cour de France*, Fayard, Paris, 1987.

Taton, René (sous la dir. de), *Histoire générale des sciences*, II. *La Science moderne*, Presses universitaires de France, Paris, 1958.

Id., *Les Origines de l'Académie royale des sciences*, Palais de la découverte, Paris, 1965.

Théories et pratiques politiques à la Renaissance, 17e colloque international de Tours, Vrin, Paris, 1977.

Thuillier, Jacques, *Simon Vouet*, Paris, Réunion des Musées nationaux, 1990.

Les jardins

Adams, William Howard, *Les Jardins de France*, Editions de l'Equerre, Paris, 1980.

Barbet, Louis-Albert, *Les Grandes Eaux de Versailles*, Dunod et Pinat, Paris, 1907.

Barchilon, Jacques, "Les Frères Perrault à travers la correspondance et les œuvres de C. Huygens", *XVIIe siècle*, LVI, 1962.

Baridon, Michel, "The Scientific Imagination and the Baroque Garden", *Studies in the History of Gardens and Designed Landscapes*, XVIII, 1, 1998.

Id., *Les Jardins. Paysagistes. Jardiniers. Poètes*, "Bouquins", Robert Laffont, Paris, 1998.

Beaussant, Philippe et Bouchenot-Déchin, Patricia, *Les Plaisirs de Versailles : théâtre et musique*, Fayard, Paris, 1996.

Berger, Robert W., *In the Garden of the Sun-King*, Dumbarton Oaks, Washington, 1985.

Bouchenot-Déchin, Patricia, *Henry Dupuis, jardinier de Louis XIV*, Perrin, Paris, 2001.

Castelluccio, Stéphane, "Les Collections d'André Le Nôtre", *L'Estampille. L'Objet d'art*, juillet-août 2000.

Charageat, Marguerite,"André Le Nôtre et ses dessins", *Gazette illustrée des amateurs de jardins*, 1953-1954.

Christiany, Janine, *Le Canal de l'Eure, un ouvrage inachevé. Inscriptions et traces dans le paysage*, thèse, univ. Paris I, 1995.

Conan, Michel, *Dictionnaire historique de l'art des jardins*, Hazan, Paris, 1999.

Id., "The Conundrum of Le Nôtre's Labyrinth", in *Garden History : Issues, Approaches, Methods*, Dumbarton Oaks Foundation, Washington, 1992.

Id., "Les Jardins chez La Fontaine", *Studies in the History of Gardens and Designed Landscapes*, XVIII, 1, 1998.

Constans, Claire, *Versailles, Château de la France et orgueil des rois*, rééd., Gallimard, Paris, 2000.

Dauchez, Chantal, *L'Administration des jardins au Grand Siècle*, thèse, univ. Paris II, 1993.

Id., *Les Jardins de Le Nôtre*, Compagnie du livre, Paris, 1994.

Daufresne, Jean-Claude, *Le Louvre et les Tuileries*, Mengès, Paris, 1994.

Davy de Wirville, Adrien, *Histoire de la botanique en France*, Paris, 1954.

Demoris, René, "Le Corps royal et l'Imaginaire au XVIIᵉ siècle : le portrait du roi par Félibien", *Revue des sciences humaines*, XLIV, 1978.

Desgots, Claude, "Abrégé de la vie d'André Le Nôtre", in Desmolets, *Continuation des mémoires de littérature et d'histoire de M. de Salengre*, t. IX, 1730.

Fahrat, Georges, "Pratiques perspectives et histoire de l'art des jardins", *La Revue de l'art*, CXXIX, 2000.

Francastel, Pierre, *La Sculpture de Versailles*, Mouton, Paris, 1970.

Friedman, Ann, "The Evolution of the Parterre d'eau", *Journal of Garden History*, VIII, 1, 1988.

Ganay, Ernest de, *André Le Nostre*, Vincent Fréal, Paris, 1962.

Id., *Bibliographie de l'art des jardins*, Musée des arts décoratifs, Paris, 1989.

Garnier-Pelle, Nicole, *André Le Nôtre (1613-1700) et les jardins de Chantilly*, Paris, Somogy-musée Condé, 2000.

Garrigues, Dominique, *Jardins et jardiniers de Versailles au Grand Siècle*, Champ Vallon, Seyssel, 2001.

Guiffrey, Jules, *André Le Nôtre*, Institut de France, Paris, 1908.

Guillou, Edouard, *Versailles, palais du soleil*, Plon, Paris, 1963.

Hautecœur, Louis, *Les Jardins des dieux et des hommes*, Paris, 1959.

Hazlehurst, Francis Hamilton, *Gardens of Illusion. The Genius of André Le Nôtre*, Vanderbilt University Press, Nashville, 1980.

Hedin, Thomas F., "Le Nostre to Mansart : Transition in the Gardens of Versailles", *Gazette des beaux-arts*, CXXX, 1997.

Hoog, Simone, *Manière de montrer les jardins de Versailles par Louis XIV*, Réunion des Musées nationaux, Paris, 1992.

Jardins des Médicis, Les, sous la dir. de Cristina Acidini-Luchinat, Federico Motta, Milan, 1996 ; trad. franç., Arles, Actes Sud/Motta, 1997 et 2000.

Jeannel, Bernard, *Le Nôtre*, Hazan, Paris, 1985.

Josephson, Ragnar, "Relation de la viste de Nicodème Tessin en 1687", *Revue de l'histoire de Versailles et de Seine-et-Oise*, 1926.

Id., "Description de Trianon en 1694", *Revue de l'histoire de Versailles et de Seine-et-Oise*, 1927.

Lablaude, Pierre-André, *Les Jardins de Versailles*, Scala, Paris, 1995.

Le Nôtre, un inconnu illustre..., actes du colloque international organisé à Paris et Chantilly à l'occasion du tricentenaire de la mort de Le Nôtre (à paraître en 2003).

Lodari, Renata, *I Giardini di Le Nôtre*, Umberto Allamandi, Turin, 2000.

Mabille, Gérard, *Vues du Jardin de Marly*, A. de Gourcuff, Paris, 1998.

Id., "La Ménagerie de Versailles", in Mosser, Monique et Teyssot, Georgres, *Histoire des jardins de la Renaissance à nos jours*, Flammarion, Paris, 1992.

Mariage, Thierry, *L'Univers de Le Nostre*, Mardaga, Bruxelles, 1990.

Marie, Alfred, *Naissance de Versailles*, Vincent Fréal, Paris, 1968.

Id., "Les Plaisirs de L'Isle enchantée", *Bulletin de la Société de l'histoire de l'art français*, 1941-1944.

Maroteaux, Vincent, *Versailles, le roi et son domaine*, Picard, Paris, 2000.

Moine, Marie-Christine, *Les Fêtes à la cour du Roi-Soleil*, François Sorlot, Paris, 1984.

Mosser, Monique et Teyssot, Georges, *Histoire des jardins de la Renaissance à nos jours*, Flammarion, Paris, 1992.

Moulin, Jacques, *Etude préalable à la restauration des parcs et des jardins de Vaux-le-Vicomte*, Bibliothèque du patrimoine, Paris, 1995.

Nolhac, Pierre de, *La Création de Versailles*, Librairie Bernard, Versailles, 1901.

Id., *Versailles, les extérieurs et les jardins*, Paris, 1930.

Orsenna, Erik, *Portrait d'un homme heureux, André Le Nôtre, 1613-1700*, Fayard, Paris, 2000.

Pérouse de Montclos, Jean-Marie, *Vaux-le-Vicomte*, Mengès, Paris, 1997.

Id., *Versailles*, Scala, Paris, 1996.

Pincas, Stéphane, *Versailles, un jardin à la française*, La Martinière, Paris, 1995.

Pommier, Edouard, "Versailles, l'image du souverain", in *Les Lieux de mémoire*, sous la dir. de Pierre Nora, II. *La Nation*, Gallimard, Paris, 1986.

Potager du Roi, Le, Versailles, Ecole nationale supérieure du paysage, 1998.

Projets pour Versailles. Dessins des Archives nationales, catalogue d'exposition, Archives nationales, Paris, 1985.

Rommel, Alfred, *Die Entstehung des Klassischen französischen Gartens im Spiegel der Sprache*, Deutsche Akademie der Wissenschaften zu Berlin, Berlin, 1954.

Rostaing, Aurélia, "André Le Nôtre et les jardins français du XVIIe siècle : perspectives de recherche et «vues bornées»", *La Revue de l'art*, déc. 2000.

Tenenti, A., "Claude Perrault et la pensée scientifique française dans la seconde moitié du XVIIe siècle", in *Hommage à Lucien Febvre*, II, Armand Colin, Paris, 1953.

Verlet, Pierre, *Le Château de Versailles*, Albin Michel, Paris, 1999.

"Versailles Colloquium, The", *Gazette des beaux-arts*, CXIX, avril 1992.

Weber, Gerald, *Brunnen und Wasserkünste in Frankreich im Zeitalter von Louis XIV*, Wernersche Verlaggesellschaft, Worms am Rhein, 1985.

Woodbridge, Kenneth, *Princely Gardens*, Thames and Hudson, Londres, 1986.

Le contexte historique, les idées, les arts

Vincent Maroteaux, Versailles, le roi et son domaine, *déjà cité, et Theodore W. Gaehtgens dont l'ouvrage est cité ci-dessous, donnent des bibliographies très complètes.*
L'étude de Versailles dans cette période doit beaucoup aux sociétés savantes. On consultera notamment les collections de Versalia *(Société des Amis de Versailles),* Revue de l'histoire de Versailles et de Seine-et-Oise *devenue* Revue de l'histoire de Versailles et des Yvelines.

Antoine, Michel, *Louis XV*, Fayard, Paris, 1989.

Baridon, Michel, "Les Deux Grands Tournants du siècle des Lumières", *Dix-huitième siècle*, XXXI.

Bertier de Sauvigny, Guillaume de, *La Restauration*, Flammarion, Paris, 1990.

Blanchard, Anne, *Les Ingénieurs du "Roy" de Louis XIV à Louis XVI*, Anne Blanchard, Montpellier, 1979.

Bourde, André-Jean, *Agronomie et agronomes en France au XVIIIᵉ siècle*, Ecole des hautes études en sciences sociales, Paris, 1967.

Caffin-Carcy, Odile et Villard, Jacques, *Versailles et la Révolution*, Art Lys, Versailles, 1988.

Gaehtgens, Theodore W., *Versailles, de la résidence royale au musée historique*, Fonds Mercator, Anvers, 1984.

Himelfarb, Hélène, "Versailles en notre temps", in Y. M. Bercé *et al.*, *Destins et enjeux du XVIIᵉ siècle*, Presses universitaires de France, Paris, 1985.

Id., "Versailles, fonctions et légendes", in *Les Lieux de mémoire*, sous la dir. de Pierre Nora, II. *La Nation*, Gallimard, Paris, 1986.

Koyré, Alexandre, *Etudes newtoniennes*, Paris, 1968.

La Rue, Adolphe de, *Les Chasses du Second Empire*, Pygmalion, Paris, 1984.

Marie, Alfred, "Napoléon et le domaine de Versailles", *Archives de l'art français*, XXIV, 1969.

Sylvestre de Sacy, Jacques, *Le Comte d'Angiviller, dernier directeur des Bâtiments du roi*, Paris, 1953.

Weulersse, Georges, *Le Mouvement physiocratique en France de 1756 à 1770*, 2 vol., Paris, 1910.

Waresquiel, E. de et Yvert, B., *Histoire de la Restauration 1814-1830 : naissance de la France moderne*, Perrin, Paris, 1996.

Zweig, Stefan, *Marie-Antoinette*, trad. de l'all., Grasset, Paris, 1934.

Arrizoli-Clémentel, Pierre, *Vues et plans du Petit Trianon,* Gourcuff, Paris, 1998.

Babelon, Jean-Pierre, "La Restauration des jardins de Versailles", *Monumental,* IV, 1993.

—Baridon, Michel, *Le Jardin paysager anglais au XVIIIe siècle,* Presses de l'université de Bourgogne, Dijon, 2001.

—Id., "The Garden of the Perfectibilists : Méréville and the Désert de Retz", in *Tradition and Innovation in French Garden Art,* éd. J. D. Hunt et M. Conan, University of Pennsylvania Press, Philadelphie, 2002.

Cayeux, Jean de, *Hubert Robert et les jardins,* Herscher, Paris, 1987.

Id., "Des amateurs compromettants", in *Hubert Robert et la Révolution,* musée de Valence, Valence, 1989.

Delaborde, Henri, *Notice sur la vie et les ouvrages de Monsieur Questel,* Academie des beaux-arts, Institut de France, Paris, 1890.

Desjardins, Gustave, *Le Petit Trianon,* Editions Bernard, Versailles, 1885.

Francastel, Pierre, *La Création du musée historique de Versailles,* Editions Bernard, Versailles, 1930.

Id., "La Replantation du parc de Versailles au XVIIIe siècle", *Bulletin de la Société de l'histoire de l'art français,* 1950.

Ganay, Ernest de, *Les Jardins à la francaise en France au XVIIIe siècle,* Paris, 1943.

Garrigues, Dominique, *Jardins et jardiniers de Versailles au Grand Siècle,* Champ Vallon, Seyssel, 2001.

Hamy, Ernest, "Les Derniers Jours du jardin du roi et la Fondation du Muséum d'histoire naturelle", in *Centenaire de la fondation du Muséum d'histoire naturelle,* Paris, 1893.

—Heitzmann, Annick, "Les Jardins du Petit Trianon", in Hoog, Simone, *Les Jardins de Versailles et de Trianon d'André Le Nôtre à Richard Mique,* catalogue d'exposition, Château de Versailles, Réunion des Musées nationaux, Paris, 1992.

Hoog, Simone, *Plan des jardins de Versailles et de Trianon : relevé topographique du décor sculpté,* Art Lys, Versailles, 1987.

Id., *Les Jardins de Versailles d'André Le Nôtre à Richard Mique,* catalogue d'exposition, Château de Versailles, Réunion des Musées nationaux, Paris, 1992.

Id., *Jardins en France 1760-1820 : Pays d'illusion, terre d'expérience,* Paris, Réunion des Musées nationaux, 1977.

Jehan, Auguste, "Le Labyrinthe de Versailles et le Bosquet de la Reine", *Gazette des beaux-arts,* XXIII, 1900.

Lablaude, Pierre-André, "Restauration et régénération de l'architecture végétale des jardins de Versailles", *Monumental,* IV, sept. 1993.

Ledoux-Lebard, Denise, *Le Petit Trianon,* Editions de l'Amateur, Paris, 1989.

Morel, Jean-Marie, *Théorie des jardins*, Paris, 1776.

Morey, Mathieu-Prosper, *Richard Mique, architecte de Stanislas, roi de Pologne et de la reine Marie-Antoinette*, 1868.

Mosser, Monique, "Les Architectures paradoxales ou petit traité des fabriques", in Mosser, Monique et Teyssot, Georges, *Histoire des jardins de la Renaissance à nos jours*, Flammarion, Paris, 1992.

Nolhac, Pierre de, *Histoire du Château de Versailles. Versailles au XVIIIᵉ siècle*, Paris, 1926.

Id., *La Résurrection de Versailles. Souvenirs d'un conservateur, 1887-1920*, Plon, Paris, 1937.

Scott, Barbara, "Madame's Pavillon de musique", *Apollo*, XCV, 123, mai 1972.

Taylor-Leduc, Susan B., "Louis XVI's Public Gardens : The Replantation of Versailles in the 18th Century", *Journal of Garden History*, XIV, 2, 1994.

Versailles vu par les peintres de Demachy à Lévy-Dhurmer, catalogue d'exposition, musée Lambinet, Versailles, 1992.

Walpole, Horace, *Essai sur l'art des jardins modernes*, trad. du duc de Nivernois, Londres, 1785 ; rééd., Gérard Monfort, Paris, 2000.

Wiebenson, Dora, *The Picturesque Garden in France*, Princeton University Press, Princeton, 1985.

INDEX DES NOMS

Les chiffres en italiques renvoient aux illustrations.

341

INDEX DES LIEUX

Les chiffres en italiques renvoient aux illustrations.

CRÉDITS PHOTOGRAPHIQUES

TABLE

OUVRAGE RÉALISÉ
PAR L'ATELIER GRAPHIQUE ACTES SUD
REPRODUIT ET ACHEVÉ D'IMPRIMER
EN MARS 2003
PAR NORMANDIE ROTO IMPRESSION S.A.S.
61250 LONRAI
POUR LE COMPTE DES ÉDITIONS
ACTES SUD
LE MÉJAN
PLACE NINA-BERBEROVA
13200 ARLES

DÉPÔT LÉGAL
1re ÉDITION : AVRIL 2003
N° d'impression : 030828
(Imprimé en France)